JN073479

食堂・玄関ホールから書斎・居間を介し北側の畑へ抜ける小屋裏吹抜け空間

南側正面外観。縁側の既存欄間窓を軸に木製建具と板張り壁で構成（第1期施工部分）

東側外観。南側からの板張りと竈に因んだ黒漆喰壁を真壁がつなぐ（第1期施工部分）

北側外観。東側から連続する黒漆喰壁（第Ⅰ期施工部分）

書斎・居間。ワークデスクから食堂・玄関ホールを見る

縁側。玄関より既存化粧垂木天井と欄間窓を見上げる

神棚の間。草葺屋根の時代からの変遷を物語る小屋組・軸組を見上げる

仏間。神棚の間を介して食堂・玄関ホールを見る

神棚の間。縁側、仏間を見る

キッチン。書斎・居間と竈土間格子壁側を見る

寝室 2。廊下を介して仏間を見る

竈土間。隣室をつなぐ格子窓・壁を見る

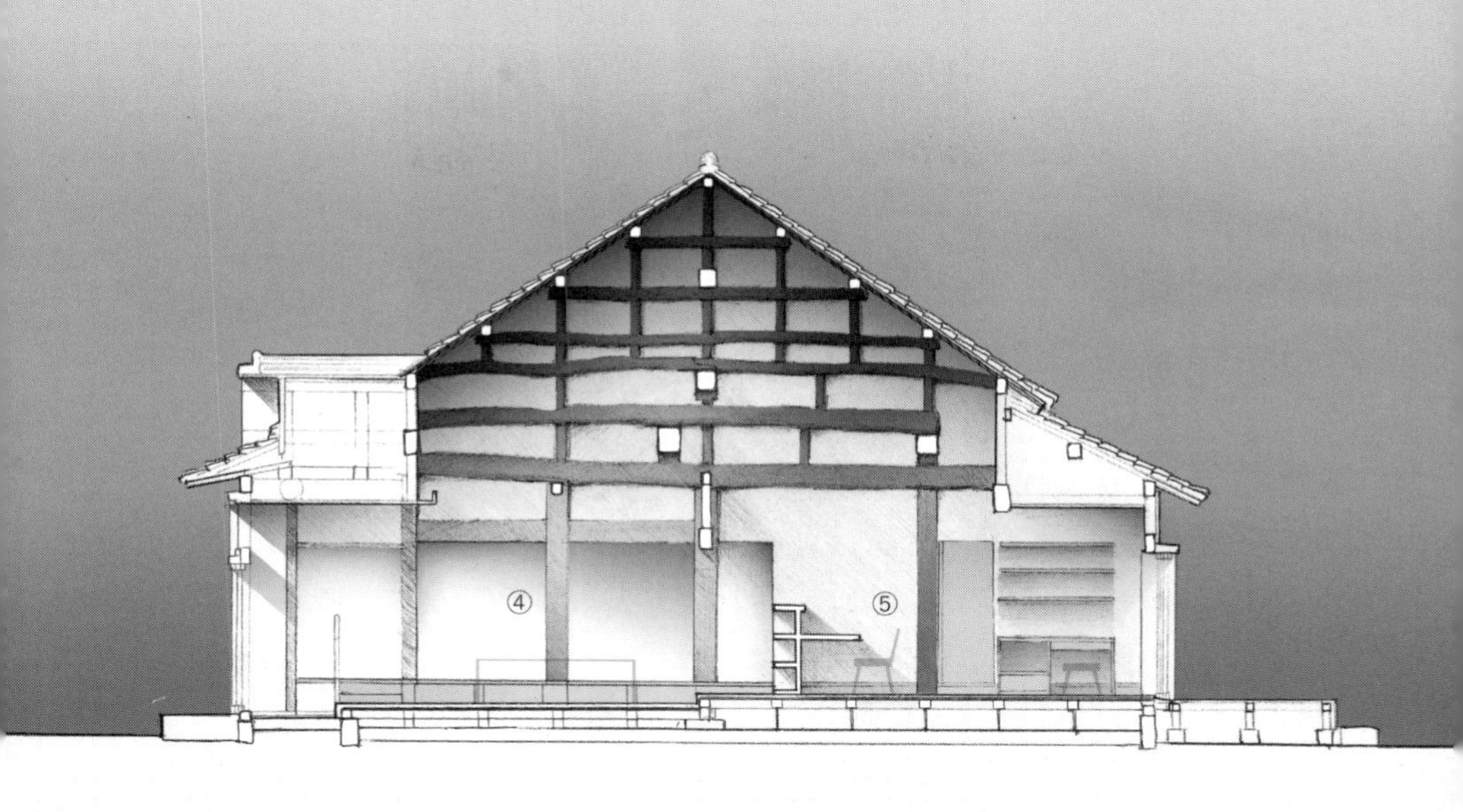

短手方向断面スケッチ(2018 年)

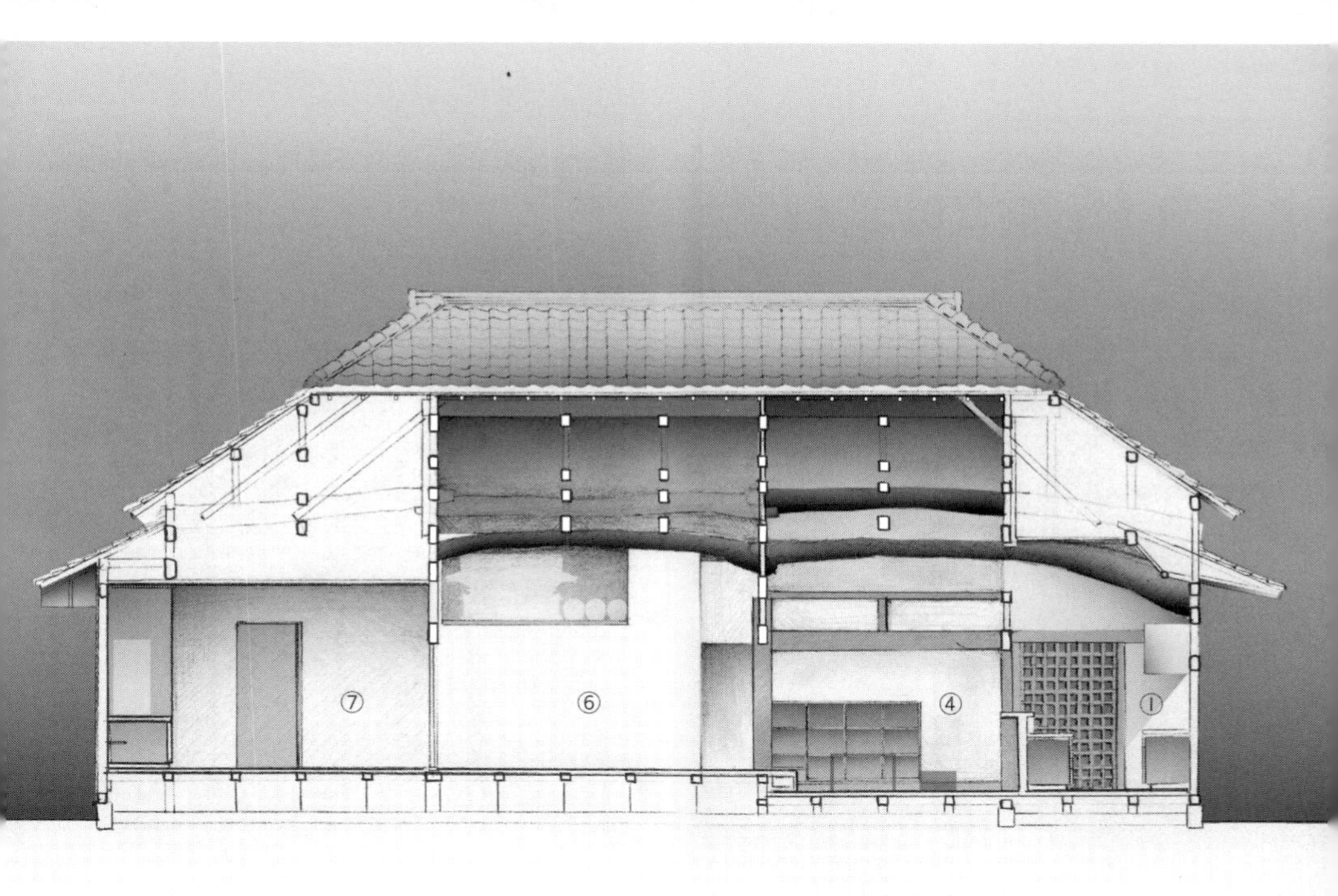

長手方向断面スケッチ (2018 年)
草葺屋根の時代から現代までの変遷が刻まれた小屋組をそのまま現し、
日常と共存するように高天井や吹抜けを多用している

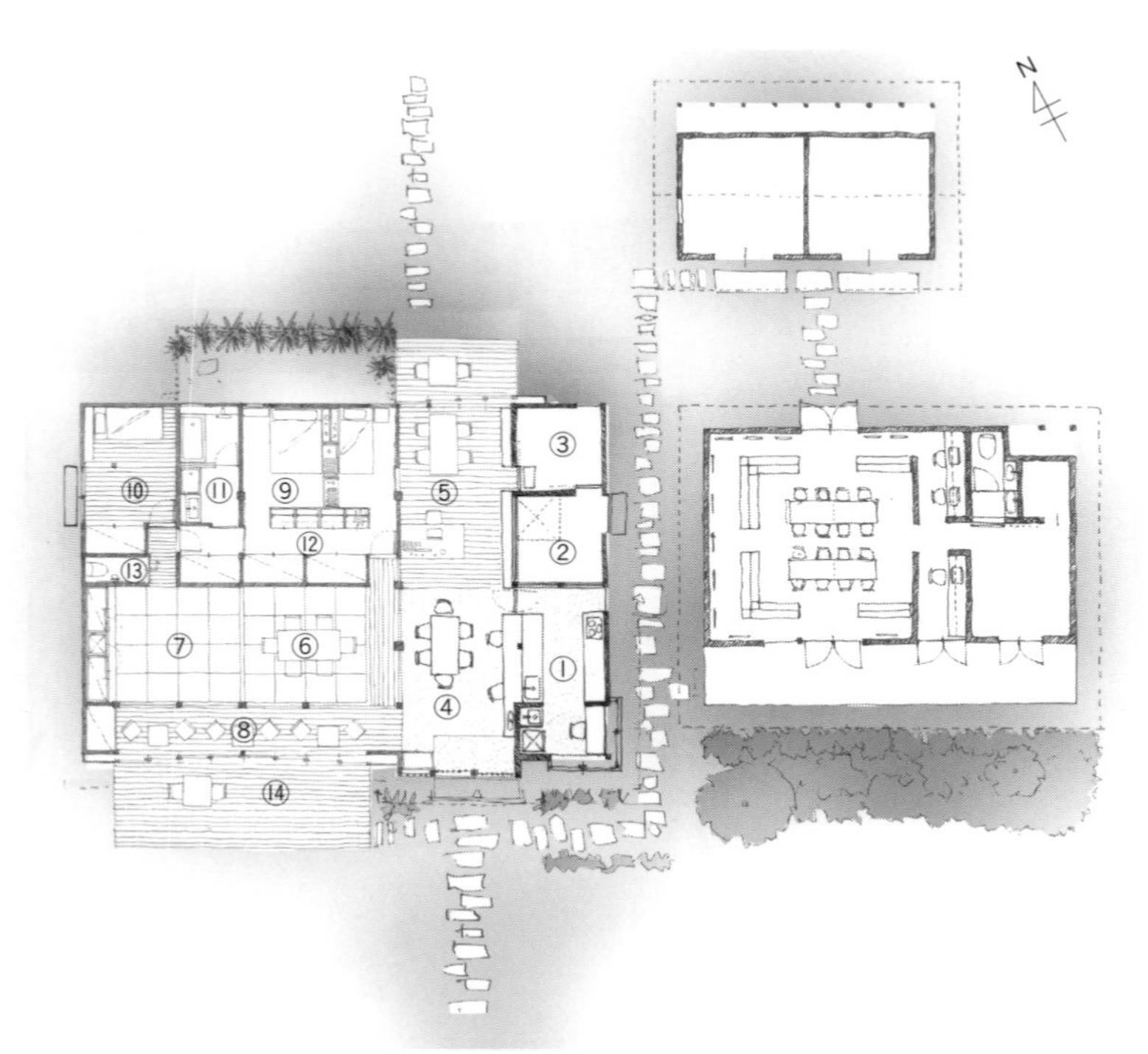

平面スケッチ(2013年)
将来計画として、「小さな食堂」の実現にあたってウッドデッキによる屋外客席の拡張、隣接する作業場を地域の子供たちのために「寺子屋（ワークショップ兼図書ギャラリー）」として開放するなど、様々な構想がある

①キッチン(将来食堂用キッチン)
②竈
③パントリー(将来住宅用キッチン)
④食堂・玄関ホール(将来食堂)
⑤書斎・居間(将来住宅用食堂兼用)
⑥神棚の間
⑦仏間(将来居間)
⑧広縁(将来食堂)
⑨寝室1
⑩寝室2
⑪バスルーム
⑫収納棚スペース
⑬WC
⑭濡れ縁(将来食堂)

東日本大震災からの古民家復興

スミツグイエ

君塚健太郎

建築資料研究社

はじめに

住まいの復興は終わらない

東日本大震災という契機

東日本大震災から10年という節目を過ぎ、各地でこれまでの復旧、復興の状況を改めて見返す動きが出初めている。大方のインフラや生活環境を形成するハードの復旧や再生においては、福島の一部を除き、当初の事業計画をほぼ達成できたという報告を聞く。本書で取り上げる「スミツグイエ」のある宮城県においても、２０２０年度の環境・生活・衛生廃棄物関連の復興進捗状況としては、一部の土地区画整理事業を若干残すものの、数値上はほぼ達成したという報告がされている。実際、２０２１年に仙台を訪れた限りでは、震災の爪痕は、少なくとも表層的には感じられない状況にまで回復しているように見える。また、この10年の間に、仙台市のコンパクトシティ化構想の重要なインフラである地下鉄東西線が荒井駅まで開通し、沿線移転を誘導する区画整理やそれに伴う商業開発は現在進行形で進められている。

２０１１年3月11日の出来事は今も記憶に新しい。私はその前日、1年余りに渡って設計・監理を行っていた横浜の住宅の竣工引き渡しを終え、当日は一段落して東京の事務所でのんびりと過ごしていた。初めは、よくある少し大きめの地震程度にしか思っていなかったが、次第に揺れが増し、しかも、なかなか収まる気配がない。倒れかけた本棚を抑えながら窓越しに外を見ると、民家の瓦屋根が踊るように上下に激しく揺れていた。その瞬間は、この揺れが東北から流れついた数百年に一度という大地震によるものであるとは、想像すらしなかった。その後の国内の被災状況については、皆の知るところである。

このような、天変地異に近い事件が起き、様々なモノがリセットされるたびに、我々は、それまで惰性によって突き進んできた自らを含む社会全体を問い直し、本当に大切なことは何なのか、これから、どのように生きるべきなのかという思考を巡らすものである。もっとも、半ば漠然とした抽象的な問いに対して、単純明快な一つの解答があるわけではないことは誰しもわかっている。また、解答そのものを即席に見いだすこと自体が重要なわけでもない。重要なことは、漠然とした「問い」をモチベーションとして、何かを考え、行動し、あわよくば、何かを生み出そうと試行錯誤する人々のエネルギーである。それが、我々の社会を次世代へと繋いでいくことになる。

それでは、私たちのような職業的建築家にできることは何か。こういうとき、誇大妄想的なドローイングや、被災地を利用した派手なインスタレーションを企てることも、職業上の性として否定はしない。しかし、泥臭く地に足をつけ、目の前にいる具体的な人に対してできることを通して、その背後にあるより大きな問題について考えることも、地味ではあるが意義深いことのように思うのは私だけだろうか。そういった、一人一人の職業的建築家によるケーススタディは微力ではある。しかし、星の数ほどいる職業的建築家による小さなアーカイブが蓄積されていくことによって、次世代が参照し得る何かを伝えていくことができるかもしれない。

とはいえ、ボランティアのようなかたちでは持続性になかなか自信が持てないという現実もある。一時の感情だけで始めても、すぐに力尽きてしまっては意味がない。だから、できれば仕事として貢献したい。10年でも20年でも。細く、長く。そう考えていた。そして、その強い思いが功を奏したのか、震災後一年余りの時を経て、これからお話しする「スミツグイエ」のクライアント、鈴木鉄平さんとちひろさん夫妻との出会いが幸運にも引き寄せられてきた。

スミツグイエが問いかけるもの

スミツグイエは、仙台東部の田園地域に位置する被災古民家（農家住宅）の復興プロジェクトである。クライアントである鈴木鉄平さんとちひろさんは、東日本大震災時は東京に住んでいたが、もともと農家を営む鉄平さんの仙台の実家にUターン移住することを計画していた。東日本大震災により、実家の古民家は全壊判定を受けるほど被災してしまったが、それによって計画が暗礁に乗り上げるどころか、むしろ、強度を増して加速することになった。それは、逆境に立たされたが故の、大きな希望と夢を携えた開拓者精神が宿り始めているかのように私には映り、ぜひとも力になりたいと思った。

鉄平さんとちひろさんは、先祖代々受け継がれてきた低地にある農地とともに、鉄平さんの実家である古民家を建て替えるのではなく、守り続ける道をあえて選んだ。これは、彼らの敷地が、仙台市の復興計画が構想する津波からの多重防御エリアであるかないかということよりも、３００年程前に原型を持つと伝えられてきた古民家を、代々住み継いできた農家であったからこその選択であったと言えよう。

住宅の防災性能を重視するならば、地盤を嵩上げし、耐震性能が保証された現代住宅に建て替えることもできただろう。しかし、代々住み継いできた古民家を守っていくことが、リスクを自覚した上での絶対的な優先順位として位置付けられていたのである。


そこで、多少、大風呂敷と思われようが、私は、以下の二つの問いと向き合いながら、このプロジェクトに携わってきたつもりである。

一つ目は、このようなプロジェクトのケーススタディを、単なる個人的な価値観を扱った自己充足的な事例に留めてよいものなのかという問いである。私は、この価値観の背後には、今後の暮らしと住まいづくりを考える上での共通地下道のようなものがあると考えたい。それは、記憶や意味に満たされた「場所」、農がつくり出す「暮らしのリズム」や「生み出す喜び」、そして、お金には変換され得ない豊かさへの渇望から生まれる、ある種の「尊厳」のようなものへ続く道である。

二つ目は、住まいの復興に求められるプロセスへの問いである。今まで慣れ親しんでいた家や場所が、ある日住めないほどに破壊されてしまう。鉄平さんとちひろさんは、他の場所へ移るのではなく、被災した古民家を修復、改修することにより住み継ぐ道を選んだ。しかも、年月をかけてつくって行くと決め、移り住んだ後も、なおつくり続ける。被災後の10年、そしてその先の10年、20年、年月をどのように使うかによって、住まいに対する思いも、全く違ったものになり得るだろう。これは、私自身が日頃感じていた住まいづくりにおけるプロセスの価値、その手法の選択の重要性が、復興という極限状態の中で改めて顕在化したといってもよい。

そして、これら二つの問いは、現在、そしてこれからも、住宅建築がそのハードの余白に抱え続けるに違いない課題と無関係ではないと考えている。

住宅は生きている

２０２０年の春、足掛け8年をかけて段階的に行ってきた改修工事がひと段落した。新型コロナウィルス感染症の拡大で身動きがとれなくなる時期と入れ替わるかのように、鉄平さんとちひろさんは、このプロジェクトの間に誕生した娘の花さんを加えた3人で、無事に仙台への移住を成し遂げ、既に3年が経過した。被災後10年目を節目に、その暮らしが少しずつ軌道に乗り始めてきたという意味では、冒頭でふれた公的復興事業に見られる社会状況とシンクロしている部分があると言えるかもしれない。

しかし、住まいの復興という意味では、全てが終わったわけではない。スミツグイエは、定量的な建物やインフラといったハードだけに留まらない。鉄平さんとちひろさんが描く新たなライフスタイルや将来的なヴィジョンといった、定性的なソフトとの表裏一体性が求められている。そして、それを実現するための計画プロセスは、長い時間軸を伴うものであり、彼らはそこに建築家の職能を求めていた。

つまり、ここでいう建築家の職能とは、狭義のハコものをつくるデザイナー的役割に留まらず、長期的に彼らの価値観と向き合うコンサルタントであり、状況に応じた外科治療を提案する主治医でもあり、さらには私自身、このプロジェクトの行く末を見守りながら、自らも刺激を受け、多くのことを学ばせて頂いている友人ですらあるのかもしれないと思うこともある。

現在、鉄平さんはこれまでの仕事を続けながら、ちひろさんと農業に精力的に取り組んでいる。出会ったばかりの頃に将来的な構想を語り合った際、畑は在来種の野菜に特化したらどうかと提案し、種類を調べたことがあった。あれから10年以上経った今、珍しい野菜を含む多品種少量生産の無農薬栽培に取り組み、直販売を始め、興味を持つリピーターも開拓し始めたと伺っている。生産者と消費者が直結する規模を限定したこのやり方は、都市農業における地産地消や体験型農園のようなシステムと同様、顔が見える者同士の信頼関係によって価値が生み出されている。そして、このような取り組みは、本書で紹介する「小さな食堂」のある家の実現に向けた基盤づくりにもつながるものである。

一方、東日本大震災から10年目である２０２１年は、しばらくみられなかった震度5以上の余震が度々起きた。石場建ての古民家にとっては、連続する強い地震はなかなか厳しいものがあるが、今のところ躯体に損傷は見られていない。しかし、老朽化した瓦葺きの雨仕舞が、継続的な余震によって、その都度の応急措置にも限界を感じ始めてきたという相談を、この本の執筆中に受けた（そのエピソードについては、本書の「むすび」のところで紹介している）。

永遠に未完であるとも言える古民家の維持管理は、農作物の栽培とどことなく似ている。手を入れれば入れただけの反応が返ってくる。もちろん、その逆もしかりである。そして、それらの反応のひとつひとつが、単なる物理的客体としてというよりも、住まい手の身体の延長であるかのように、心の中に覚える豊かさとして蓄積されていく。

つまり、住宅は生きている。

そして、住まいの復興は終わらないのである。

本書は、東日本大震災が起きた２０１１年から、その「終わらない復興」の始まりとも言える２０２１年までの記録である。時系列的にまとめたドキュメンタリーとともに、古民家の歴史を辿る（想像する）試みや、通常は改めて解説することもない住宅建築の細部が決まっていく背景についても記している。

なお、本書全体を通じて、住宅建築における私のような建築家の職能のあり方に様々な意見があるのではないかと思うが、段階的整備におけるそれぞれのステージで、予算や工期、物理的制約などの諸条件から、優先順位をどこに据えるかについては、必ずしも、教科書的な判断基準に従っていないことを前置きしておく。言い換えれば、鉄平さんとちひろさんと共に現実と向き合いながら、日常を生きていく上で本当に大切なことは何かということを、一般論を超えて常に問いかけ、考えながら進めてきた。

どのようなプロジェクトであっても、程度の差こそあれ、予算や工期、その他の困難な条件に伴う制約はつきものである。しかし、ある極限状態の中で決断を迫られた時、何が優先され得るのか。もちろん、個人住宅の場合、それは個々の価値観によって均一ではありえない。しかし、価値観の問題だからと切り捨ててしまうのではなく、それらの決断の中に見られるものが、一見、個人的な問題、あるいは、マイノリティの問題だったとしても、その奥に人間の本質的な問題が含まれている場合がある。そんな、民族誌的視点による定性的なケーススタディにつながるものとして、本書を読んで頂ける読者がいたら嬉しい。

スミツグイエ復興年表

2011年—2021年

被災直後の鈴木さんの実家敷地

塩害により樹木（居久根）伐採後

敷地は、外周に居久根を形成していたが、津波による塩害で、樹木の多くは伐採を余儀なくされた。復興では、居久根の再生も視野に入れた＊3

津波が防潮林をなぎ倒し、襲い掛かる（仙台市若林区）＊1

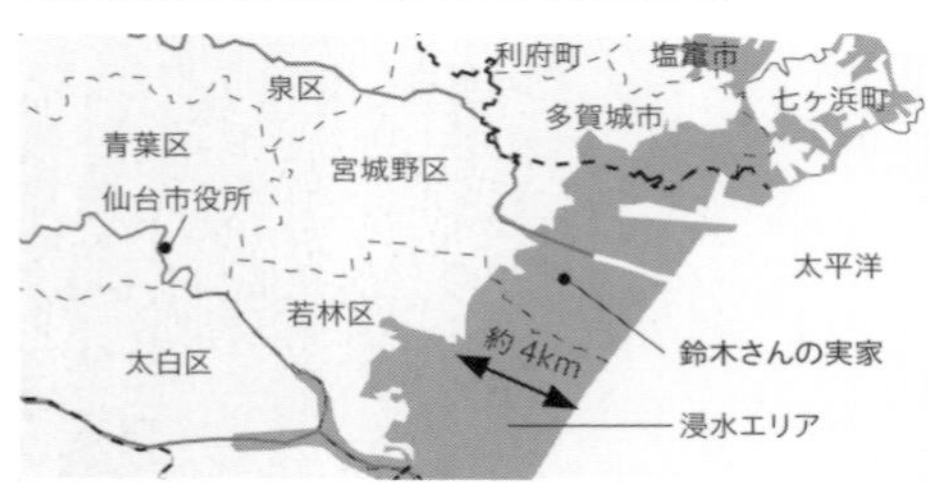

仙台市浸水エリア。宮城野区にある鈴木さんの実家は、津波によって多くの木造家屋が倒壊して流されるなか、石場建ての伝統的構法にもかかわらず、その地に残った＊2

2011

月	出来事
12	
11	
10	
9	●仙台市復興計画報道 ●住宅再建可能地域となる
8	
7	●構造専門家による現地調査 ●防風林の伐採方針を固める
6	●瓦礫撤去完了 ●屋根暫定養生
5	●家族会議で主屋の復興方針を固める ●被災区分全壊判定
4	●ボランティアによる汚泥搬出 ●仙台市による瓦礫撤去開始
3	**東日本大震災**
2	
1	

2011年3月11日、仙台市宮城野区（旧高砂村エリア）で、代々農家を営んで来た鈴木鉄平さんの実家は被災した。

被災後の正面外観＊4

鉄平さんは震災時、妻のちひろさんと東京に在住。将来は、やがて誕生する子供とともにUターンして実家を継ぐ考えであったが、実家の被災を契機に、その計画がより具体的なものへと動き出すことになった。

主屋は崩れこそしなかったが、瓦の脱落による漏水、津波による床下への汚泥の流入、外壁の損壊などがあり、このまま放置しておくならば、近い将来、解体も余儀なしという状況。地域的には津波による全壊判定を受けていた。

また、1000坪を超える居久根（イグネ）を構成する敷地の防風林は塩害によって伐採することになり、畑の土は天地返しをした。

写真、図版出典　＊1：仙台市　＊2：仙台市「東日本大震災 仙台市の被災状況と復旧に向けて」より作成　＊3：Google Earth　＊4：鈴木鉄平・ひちろ提供　＊5：フォトスタジオモノリス　特記以外：君塚健太郎

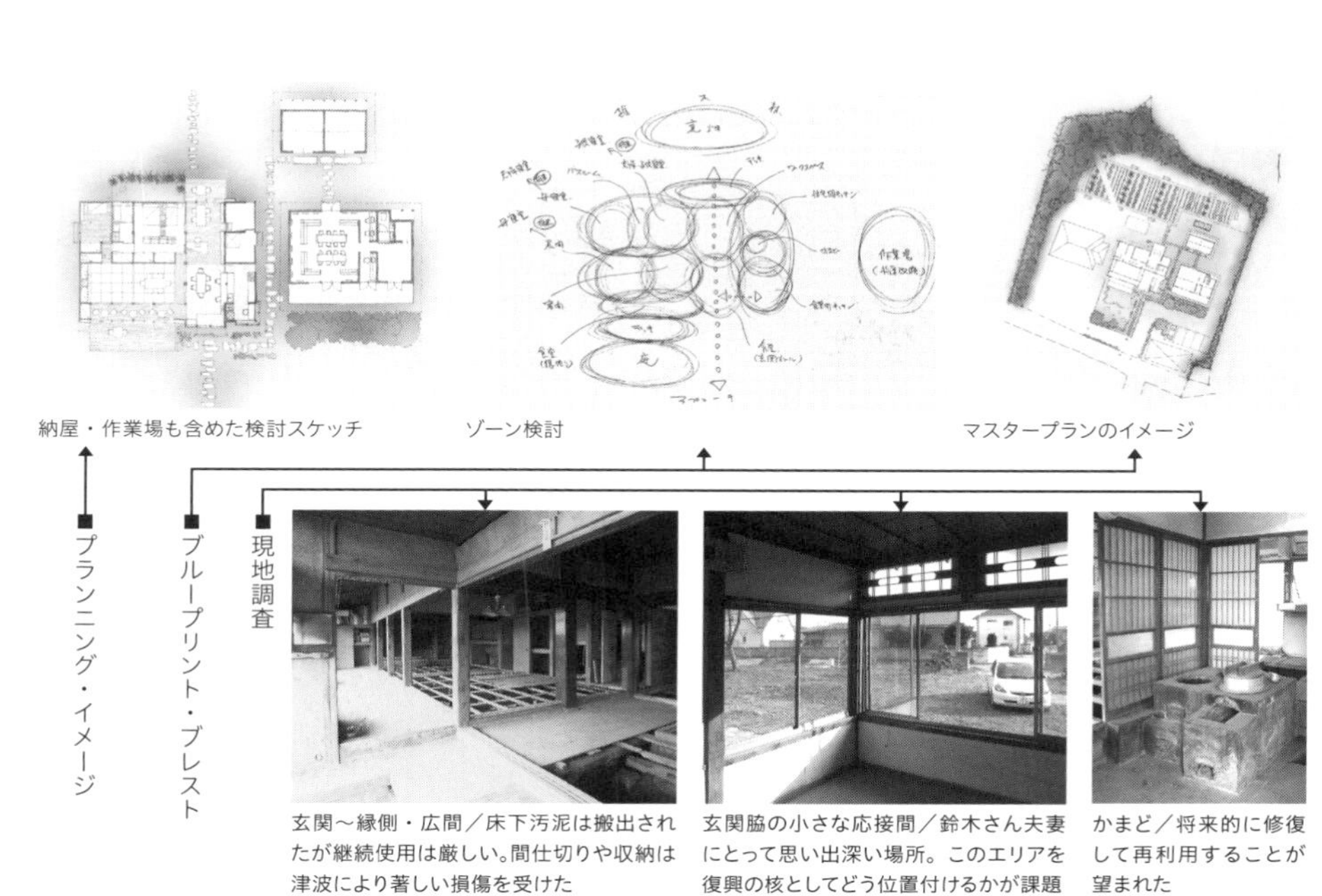

納屋・作業場も含めた検討スケッチ

ゾーン検討

マスタープランのイメージ

玄関～縁側・広間／床下汚泥は搬出されたが継続使用は厳しい。間仕切りや収納は津波により著しい損傷を受けた

玄関脇の小さな応接間／鈴木さん夫妻にとって思い出深い場所。このエリアを復興の核としてどう位置付けるかが課題

かまど／将来的に修復して再利用することが望まれた

2012

1	2	3	4	5	6	7	8	9	10	11	12
			●施主判断による瓦屋根補修工事発注	●塩害に伴う畑の土の天地返し ●防風林伐採		●建築家選定を本格的に開始	●出会い		●瓦屋根補修工事完了 ●**第1期　設計・監理契約** ●現地調査	●基本計画打合せ①	●基本計画打合せ②

震災から1年、復興の兆しが徐々に見え始めるなか、鈴木さん夫妻は、高台移転や現代住宅への建替えを選ぶことなく、主屋の復興を本格化する決心をした。そして、パートナーとなり得る建築家を探し始めた。

「即席で建てた、あるいは買った家に30年以上のローンを組んで返し続けるより、30年かけて家をつくり続ける方が、本当はずっと豊かなのではないだろうか」という住まいに関する根本的なテーマについて、鈴木さん夫妻と意気投合し、2012年10月、第1期工事の設計・監理契約を正式に結ぶことになった。

「第1期工事」という命名は、プロジェクトのテーマを象徴していたが、実務的にも、当時、予算に余裕がないという状況、そして、彼らの目指す移住のタイミングを鑑みた際、段階的整備で行うことが、合理性を伴っていると思われた。

契約後、初めての現地調査で、段階的整備の判断が、やはり正しかったことを確認し、第1期工事のノルマを、躯体と建物外皮の復旧と改修に設定した。

しかし、復旧と改修といっても、建物を単に元に戻せばよいというものではない。我々はまず、将来的なブループリントについて語り合うことにした。

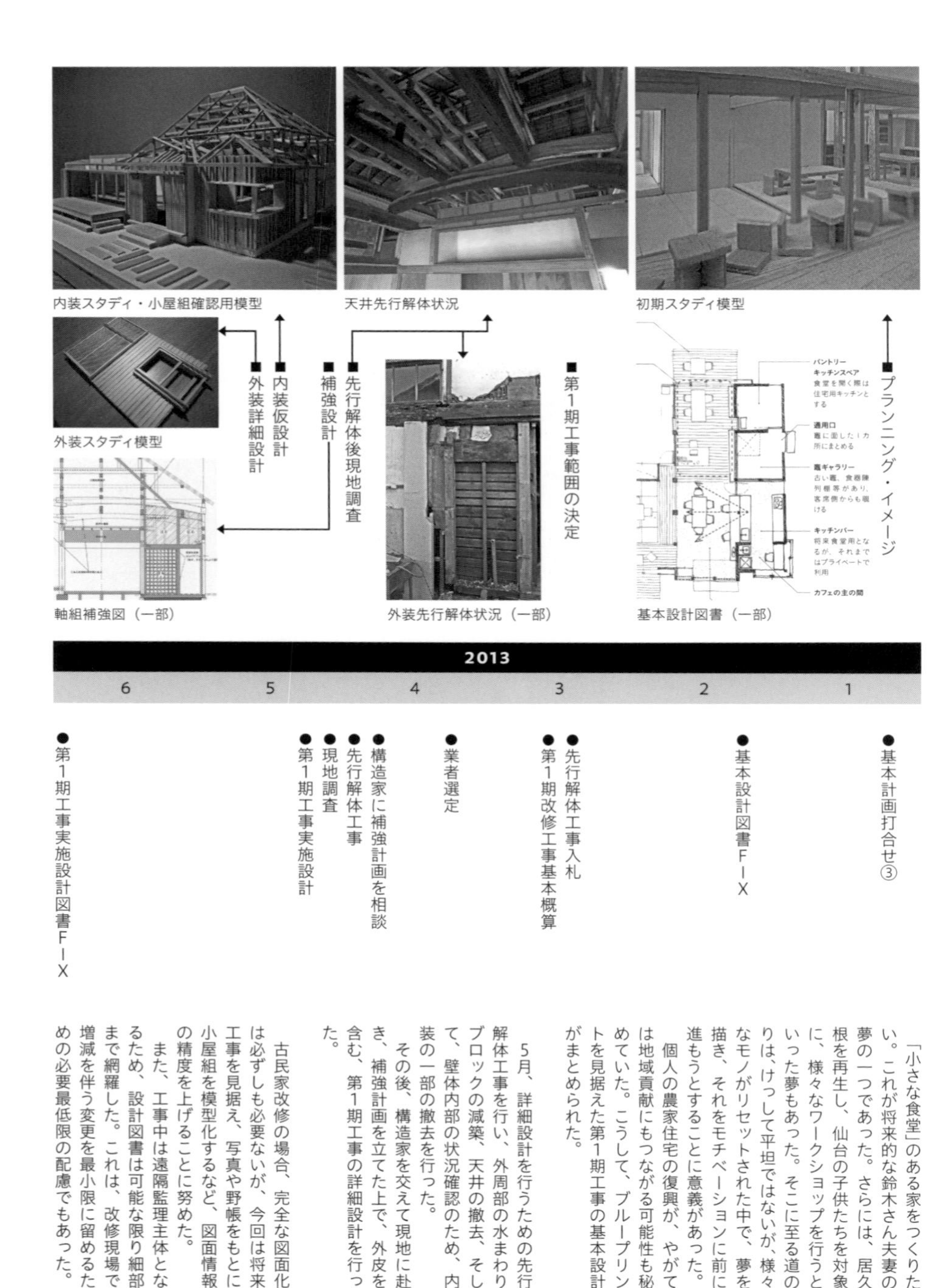

初期スタディ模型

天井先行解体状況

内装スタディ・小屋組確認用模型

基本設計図書（一部）

外装先行解体状況（一部）

外装スタディ模型

軸組補強図（一部）

「小さな食堂」のある家をつくりたい。これが将来的な鈴木さん夫妻の夢の一つであった。さらには、居久根を再生し、仙台の子供たちを対象に、様々なワークショップを行うといった夢もあった。そこに至る道のりは、けっして平坦ではないが、様々なモノがリセットされた中で、夢を描き、それをモチベーションに前に進もうとすることに意義があった。

個人の農家住宅の復興が、やがては地域貢献にもつながる可能性も秘めていた。こうして、ブループリントを見据えた第1期工事の基本設計がまとめられた。

5月、詳細設計を行うための先行解体工事を行い、外周部の水まわりブロックの減築、天井の撤去、そして、壁体内部の状況確認のため、内装の一部の撤去を行った。

その後、構造家を交えて現地に赴き、補強計画を立てた上で、外皮を含む、第1期工事の詳細設計を行った。

古民家改修の場合、完全な図面化は必ずしも必要ないが、今回は将来工事を見据え、写真や野帳をもとに小屋組を模型化するなど、図面情報の精度を上げることに努めた。

また、工事中は遠隔監理主体となるため、設計図書は可能な限り細部まで網羅した。これは、改修現場で増減を伴う変更を最小限に留めるための必要最低限の配慮でもあった。

既存玉石基礎補強用土間コンクリート打設状況

既存玉石基礎、かさ上げ基礎状況

本工事解体状況

■予算調整

■本工事解体・腐食材交換

腐食梁などの交換

■土台・柱脚部確認

■玉石基礎補強配筋検査

既存玉石基礎補強用配筋状況

2013

12	11	10	9	8	7

●本改修工事本見積

●**本改修工事着工**

●現場確認①スケルトン

●現場確認②柱脚・部材交換

●現場確認③防湿・補強配筋

●現場確認④土間コン打設後

●現場確認⑤床下隠蔽前

8月、先行解体工事に引き続き、本改修工事を古民家の躯体改修経験のある大工主体の工務店に発注した。本見積にあたっては、一泊二日で工務店の事務所に赴き、図面説明および遠隔監理に伴う写真提出のタイミングなどを念入りに打ち合わせた。

耐震補強は石場建てを維持した上で、低倍率好バランスを意識した面材耐力壁と格子壁により、できるところまで行うという方針であった。土壁や貫構造を主体につくる予算上の余裕はなく、伝統的構法の補強としては、必ずしも模範的な方法ではなかったが、市井の古民家において、経済性や持続性という意味では、希少化している宮大工の技術に依存することは、必ずしも現実的ではない場合もある。

本改修工事ではまず、全体をスケルトン化し、腐食部材交換や外周まわりの土台補強を行った上で、玉石基礎補強に着手した。①旧玉石基礎の上にかさ上げされた基礎石のぐらつき防止のため、土間コンを打設、②小屋組を支える主要柱の腐食柱脚部は切断し、基礎石をコンクリートでかさ上げ。その際、有事の横ずれによる脱落を防止するため、平面サイズを拡張、③強固な床組と柱脚部の接合による足元の固定——といった手順で行った。途中、材料調達や是正に伴う中断で工期が延びたが、年末年始を挟んで床下が完了した。

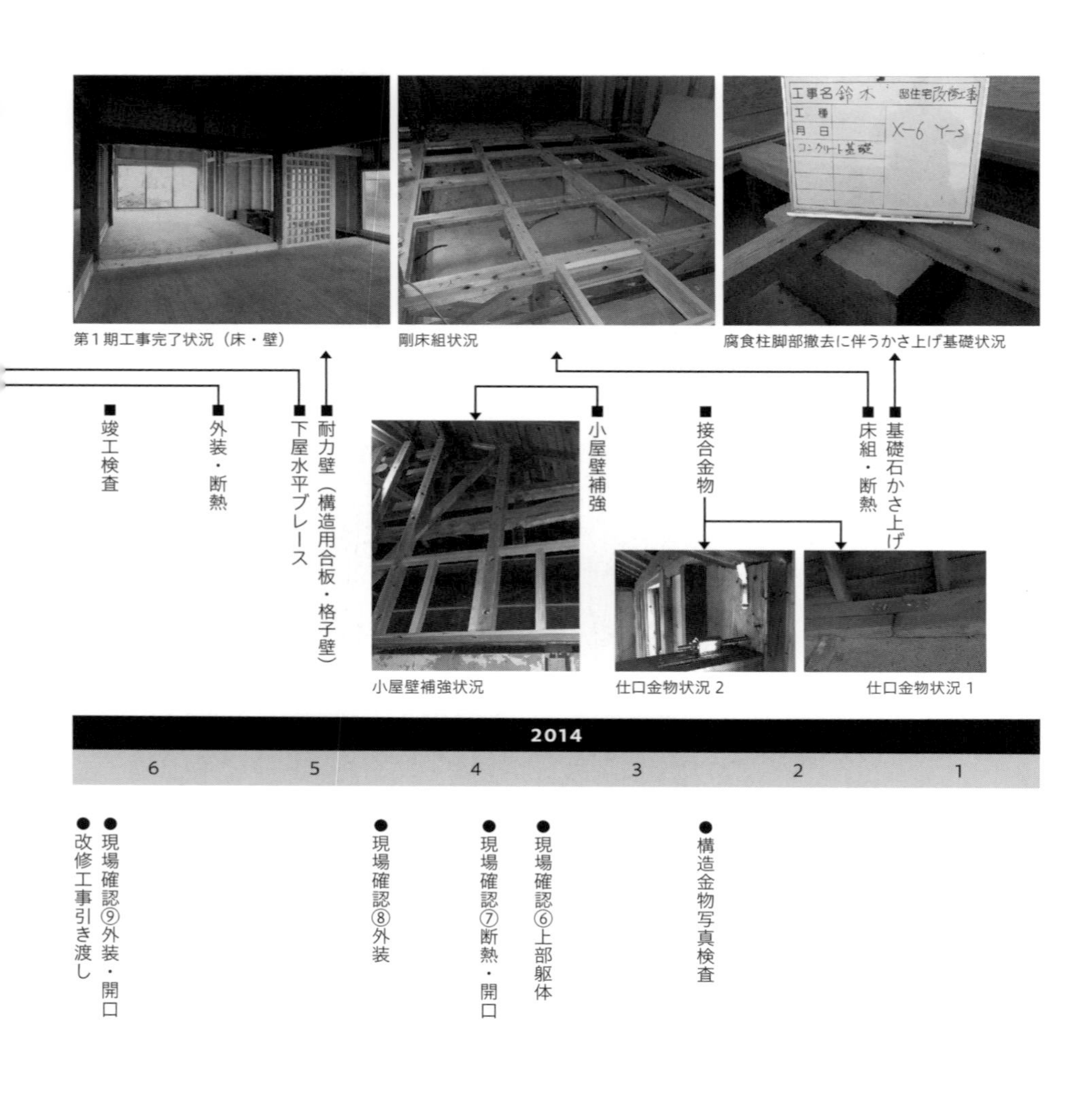

上部躯体に関しては、耐震補強する以上、仕口部の金物補強を徹底した。また、耐力壁は、構造家により提案された終局的な状況下での靭性に配慮した面材と、格子を採用した。

小屋組に関しては、牛梁や引っ掛け梁などにより籠のように編まれた準剛体が形成されてはいたが、耐力壁線上の小屋壁については、小屋筋交いなどによる補強を行った。ただし、建物中央の小屋壁については、応力負担が少ないせいからか、頑丈につくられた貫と土壁に損傷が見られていなかったため、既存を維持し、意匠としても露出することとした。

下屋に関しては、上屋との境界線上に壁がないエリアについて、応力を外周壁に伝えるため、水平ブレースを随所に設置した。

以上のほか、将来計画を見据えた間仕切り位置に間柱を設置するなど、胴縁や野縁などを除く主要骨組みに関しては第1期工事でほぼ完了させた。

外装は、経年変化を許容することを前提に、既存かまどにちなんだ黒漆喰塗壁や、既存縁側らん間窓にちなんだ木製建具（プライベートエリアのみアルミ建具）、押縁付きの羽目板張り仕上げで構成した。

現地調査・地霊を祀る祠

杜の復興・初期スケッチ

第１期工事完了状況（下屋水平ブレース）

■現地調査

■森の復興コンセプト・ブレスト

第１期工事完了状況（木製建具）

第１期工事完了状況（漆喰壁）

現地調査・樹木伐採状況

2014

12	11	10	9	8	7

●第1期工事終了

●杜の復興計画の相談

●造園家に相談

●現地調査

設備の1次配管工事はできなかったため、将来的な外壁の設備スリーブは後施工となった。このため、やむを得ない箇所を除き、給排気は庇下、配管が集中する給排水の取り込みは、外壁に配管目隠しボックスを設置するなど、壁体内に雨水などが浸入しない配慮を将来工事として想定した。

7月、第1期工事終了。

11月、1000坪近い敷地内に被災前まで茂っていた居久根を長期的に復活させたいという相談を受けた。将来的には、地域の子供たちにも開放し、様々なワークショップ的なことも構想としてあった。

居久根とは、もともとは武家屋敷内に設けられた、畑とともに自給自足を補強するための有用な樹種によって構成される人工林である。本格的な居久根の復活となれば、スギやマツ、ヒノキといった手間のかかる針葉樹も育てなくてはならない。これらは単なる防風林というだけではなく、生活の資源としての役割を果たしていた。一方、より長期的に、自然な生態系として再生するならば、広葉樹も視野に入れるべきであろう。本計画は、基本的には後者の考え方で進めることをイメージして検討された。

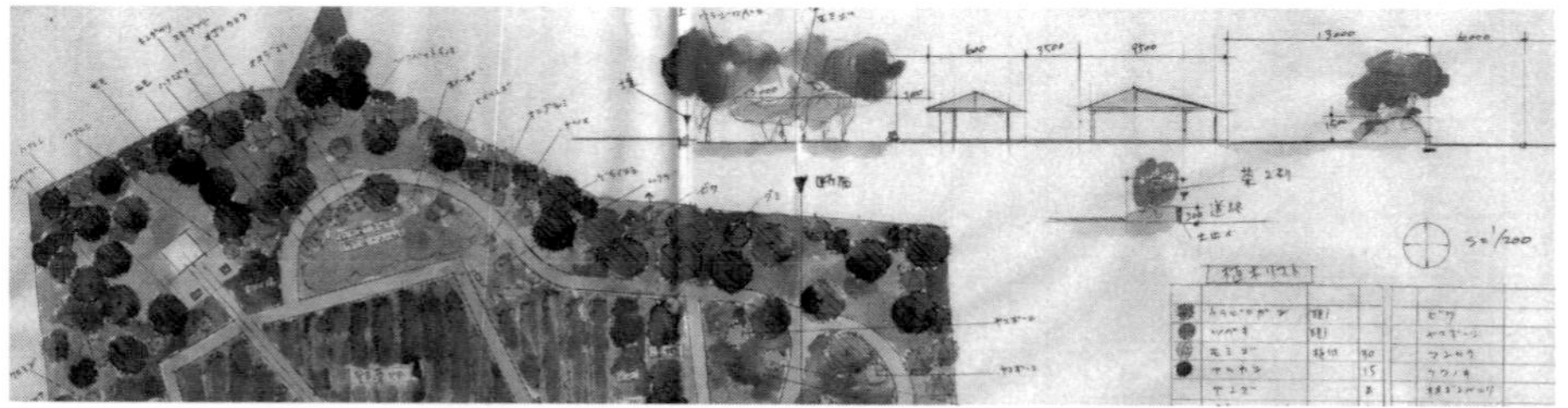

造園家・山田茂雄氏による植栽計画・樹木リスト（一部）

■植栽計画（樹種の確認）
■苗植え付け対象の検討

■穴掘り

2015											
12	11	10	9	8	7	6	5	4	3	2	1

●植栽計画・工事見積

●苗植え付け対象の決定

コンセプトのブレインストーミングを経て、具体的な植栽の種類を検討するために、造園家の山田茂雄氏（山田茂雄造園事務所）に相談することにした。

3月、具体的な樹種のリストを含む造園計画図を山田氏から頂いた。既存の再生しつつある広葉樹であるウラジロガシは生かしつつ、果樹をメインに敷地全体を覆うという提案であった。防風林としては、既存のウラジロガシだけでは厳しいようにも感じたが、畑とともに、自給自足という観点からは、居久根の一つの側面を引き継いでいる提案であった。

しかしながら、提案いただいたすべての植樹は、予算的にも厳しく、まずは、最低限の果樹を選定してもらうことにした。

果樹苗搬入状況

■果樹を中心に植え付け

2016				
5	4	3	2	1

こうして、年をまたぎ、2016年3月に植樹を完了した。植えられた木はブルーベリーなどの、あまり手のかからない中低木であった。実つきを良くしたければ、剪定などの手入れは必要だが、何もしなければしないなりに、育っていってくれる類の樹種を中心とした。

この1回目の植え付けは、ほとんど記念植樹的なイベントになってしまったが、本当に居久根を復活させるのであれば、やはり、定期的な手入れは必要であるし、防風林の再生についても検討しなくてはならないだろう。

それらは、移住後の課題である。

第1期工事の頃から書きためていたものをブログで公開し、第2期工事の準備を進めた（本プロジェクトを出版するにあたり、現在は非公開）

■「仙台住み継ぐ家」ブログ開始

■スケジュール案

2017				
12	11	10	9	8

●第2期工事の相談を受ける

●再会

2017年の秋、リノベーション展への出展や、久々に事務所のホームページを更新し、スミツグイエ(当時のタイトルは「仙台住み継ぐ家」)のブログ記事を公開していくことをきっかけに、いよいよ、移住に向けた第2期工事の計画を始めたいという連絡を受けた。

第1期工事終了後、鈴木さん夫妻は都内から神奈川方面に居を移し、移住に向けた準備をコツコツとしていたという。そして、第1期工事の途中で誕生した娘の花さんが、小学校へ入学するタイミングにあわせ、移住できる状態まで改修を進めたいということだった。

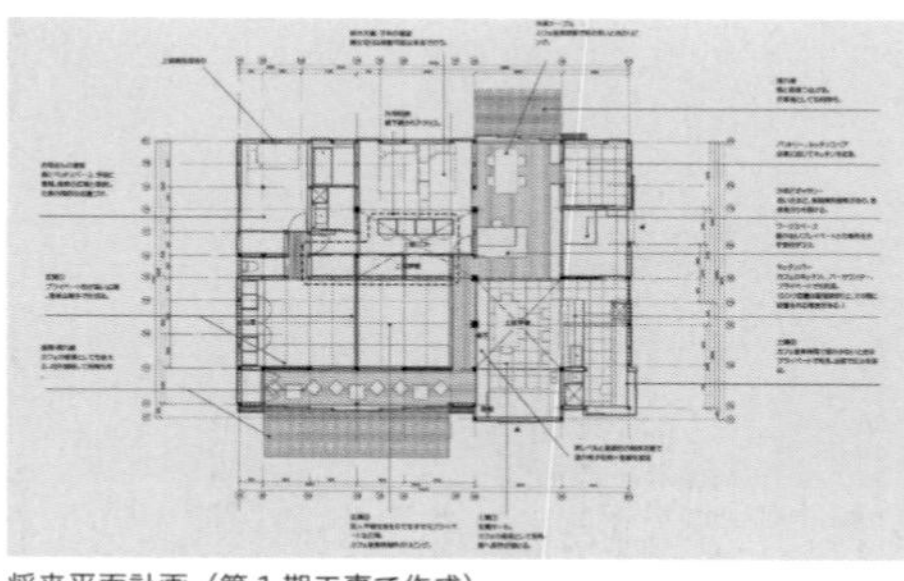

将来平面計画（第１期工事で作成）

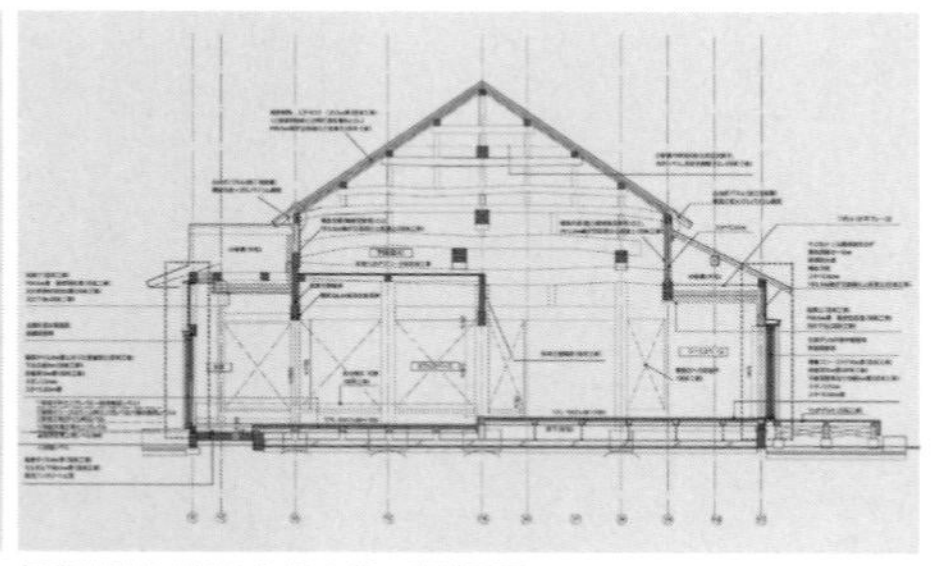

将来計画を想定した第１期工事断面図

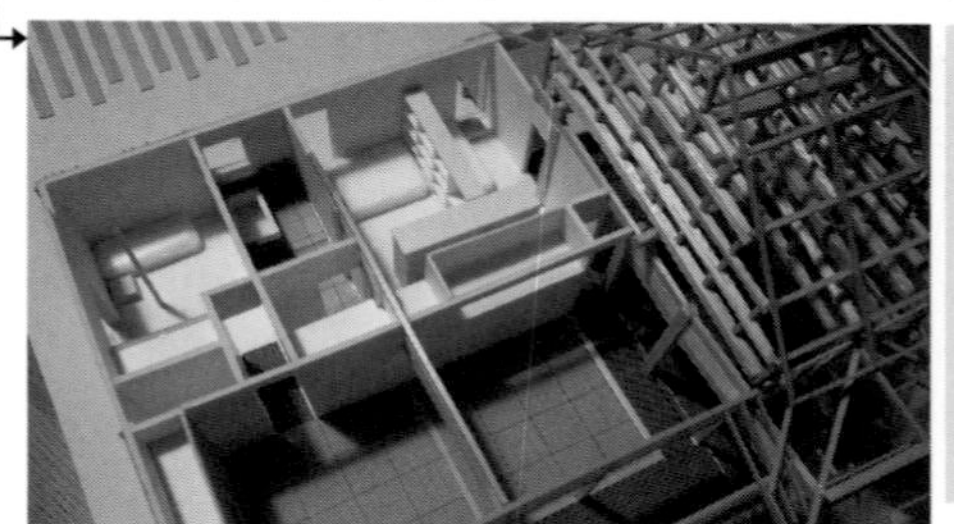

将来的な平面計画に基づくスタディ模型

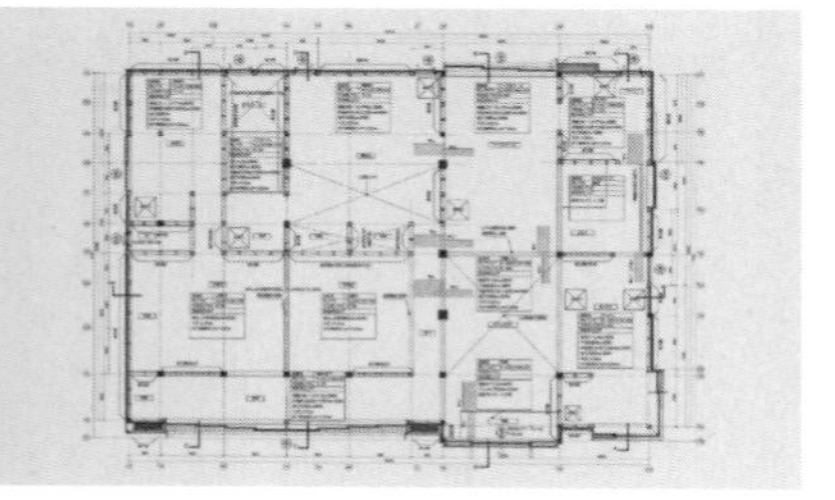

第１期工事平面詳細図（工事完了済の情報のみ記載）

2018

6　5　4　3　2　1

■第1期工事内容の整理

2018年の初頭は、第2期工事のための計画を始めるまで、しばらく間が空いたため、第1期工事の記録を見返す時間にあてた。

第1期工事終了当初、鈴木さん夫妻が、第2期工事の設計・監理を私に依頼する保証はどこにもなかったが、そのような日が訪れることも想定し、豊富な施工状況写真と、ほとんどの情報を網羅した竣工図を作成していたため、見直しを行うにしても、その土台は既にできていた。また、タイミングよく始めたブログ記事を書きながら、当時の気持ちや考えていたことを思い起こし、整理することができた。

第1期工事の竣工図は、諸寸法を含めて現状が網羅されているだけでなく、それらの諸寸法が、どのような将来工事を想定して設定されているかもわかるようにしておいた。遠隔監理を主体としていたこともあり、寸法を含め、実際は設計図書通りにつくられていない部分もあると予想されたが、それならそれで、その部位を、第2期工事を通じて特定できるため、いずれにせよ、このような資料は非常に役に立った。

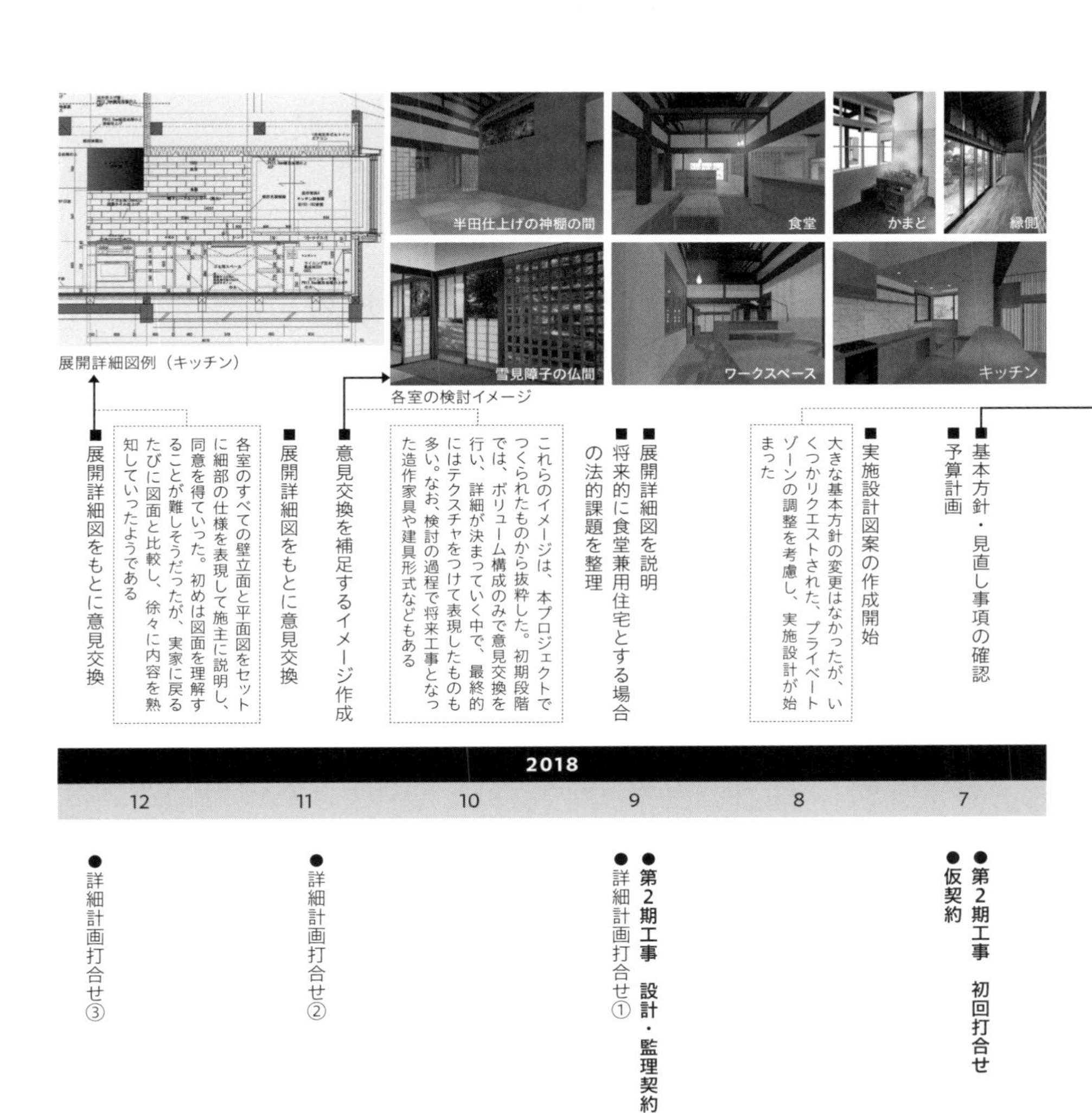

7月、第2期工事の計画がキックオフした。初回打合せは、古民家の移築改修でつくられた食堂で行われた。第1期工事からの心境の変化があるか、当初のプランから変更したい部分があるかなどを確認し、予算設定と今回の最低限のノルマを設定した。

「小さな食堂」の夢は健在だった。しかし、開店については、市街化調整区域における手続きの煩雑性、要する時間や経費などのハードルも高かった。そこで、将来的な兼用住宅を見据えつつ、まずは農家住宅としての復興を目指すことになった。

計画そのものに大きな方針の変更はなかったので、細かい使い勝手上のリクエストなどについては、実施設計のプロセスで対応していくことにした。

模型やイメージパースは必要な情報が施主に伝わりにくいという過去の経験から、作成はするものの、基本的には、展開詳細図を中心に細部の議論を進めることにした。

鈴木さん夫妻にとって簡単ではなかったと思うが、設計者任せにせずに打合せを続けたことで、時間とともに諸元を理解できるようになっていった。細かい諸元のコンセンサスを得ながら進めたことで、新しい暮らしを始めたときのストレスや戸惑いが最小限に抑えられたのではないだろうか。

黒漆喰の色あせ

キシラデコールの色あせ

ショールームでの仕様 FIX

■展開詳細図をもとに意見交換
■ショールーム

タイルとフローリング、衛生給排水設備類は、設計段階でショールームなどをまわり、仕様をFIXした

■展開詳細図をもとに意見交換
■経年変化の確認
■詳細設計図との整合性確認
■見積書の査定
■決定業者とVE調整開始
■VE①受領
■VE②項目出し
■VE②受領

2019

1	2	3	4	5	6
●詳細計画打合せ④	●詳細計画打合せ⑤	●見積用図書FIX ●改修工事入札	●業者選定	●減額調整打合せ①	●減額調整打合せ② ●減額調整打合せ③

実施設計段階で決めることの多くは、造作家具などの細かな使い勝手や、日常の印象に関係する部分が多いため、より長く家にいるちひろさんが主体となって、打合せが進められた。一方、建物全体のコンセプトや予算に関わる部分については、鉄平さんの方にも積極的に参加して頂いた。

打合せは月1回、それを補足するため、かなり頻繁にメールのやり取りを行った。メールの問題は、微妙なニュアンスが伝わらず、関係がこじれがちである点だ。今回も少なからず、そういったことがあったが、それを、月1回のペースで会うことにより、理解を深めていった。

3月、業者選定のための設計説明会を行った。第2期工事計画の開始以降、私が現場に赴いたのはこの時が初めてだった。第1期工事の竣工図や記録写真による情報量に自信があったので、図面と既存状況の照合は、このタイミングでも十分と考えていた。

外装の経年変化は意図したよりも予想以上に進んでいたが、独特の風合いと魅力を生み出していた。

4月、相見積の内容を精査し、業者を1社に絞ったが、そこから約5カ月弱にわたって、減額調整を行った。本書ではこのプロセスを「価値の結晶化」と呼んでいるが、オーダーメイドの住まいづくりにおいて、成否を左右する最も重要な段階である。

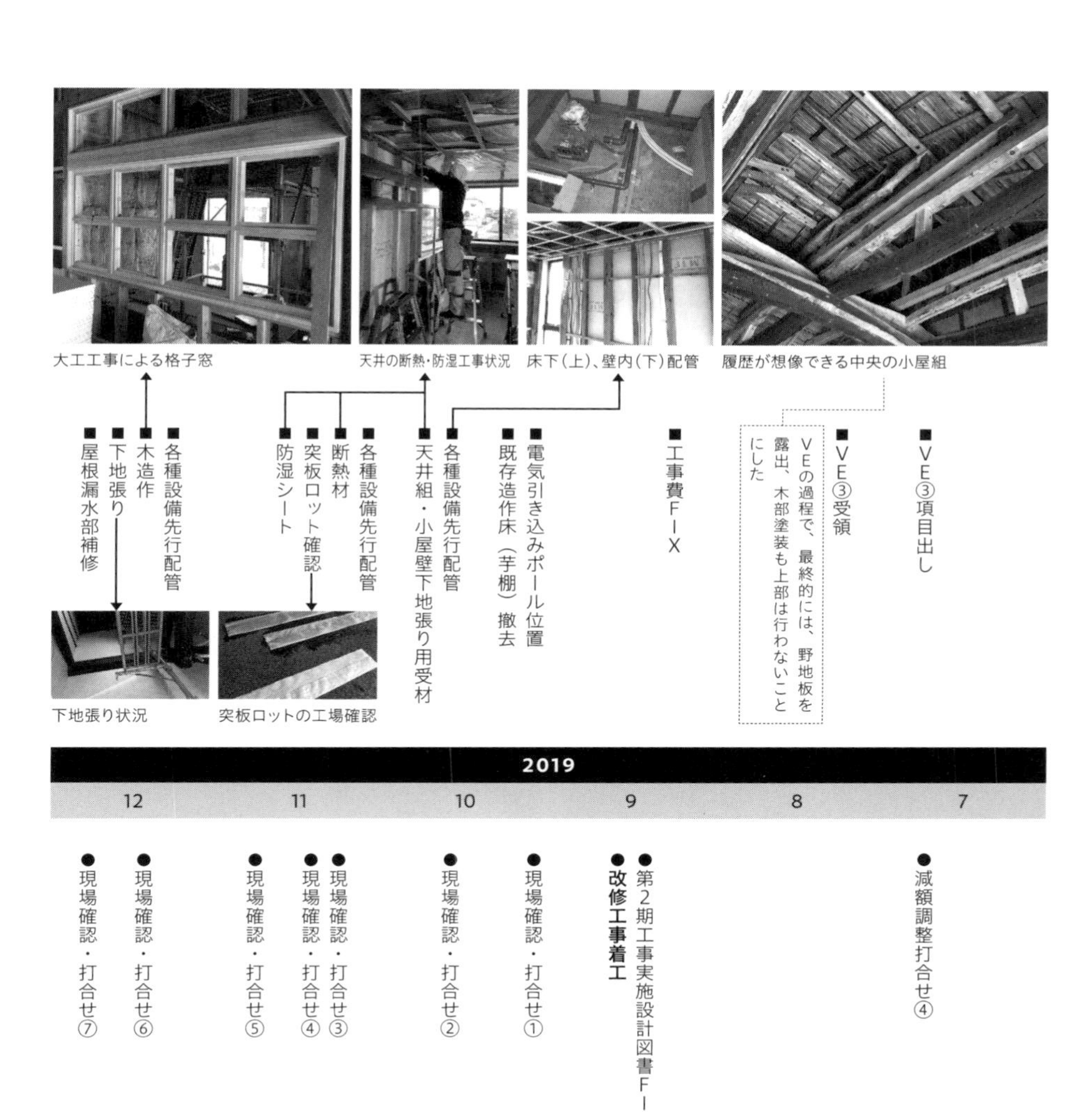

今回、一貫していたのは、妥協するくらいなら将来工事へまわすという考え方だった。かまどの復旧をはじめ、造作・建具のいくつかを将来工事にまわし、塗装や漆喰の範囲の調整などを行ったが、一番大きかったのは、吹抜け部の勾配天井と断熱を将来工事とした点であった。なぜならそれは事実上、将来も行わないに等しかったからである。

第2期工事は、内装と設備がメインだったが、箇所別に異なる納まりが多いため、ディテールの設計意図をできるだけ正確に伝えるべく、100枚以上の実施図面を描いた。発注図の精度を上げることが、現場での変更や増工事を最小限に抑えるために効果的だからである。

また、熱意に応えてくれる施工者を選定することも重要だった。業者選定から価値の結晶化を経て、施主、設計者、施工者が、生みの苦しみを共有できたことで、プロジェクトの成功は確信に近いものとなった。

9月、工事費がFIXされ、工事着工に至った。

監理は、2週間に1回のペースで現場に行くことで、施工管理者との意思疎通が図れた。職人や専門業者も非常に協力的な現場であった。

工事前半は、大工職人による下地や造作工事と、設備業者たちによる先行配管工事が要領よく進んだことによって、仕上げ工事にしわ寄せがいかないベースづくりが行えた。

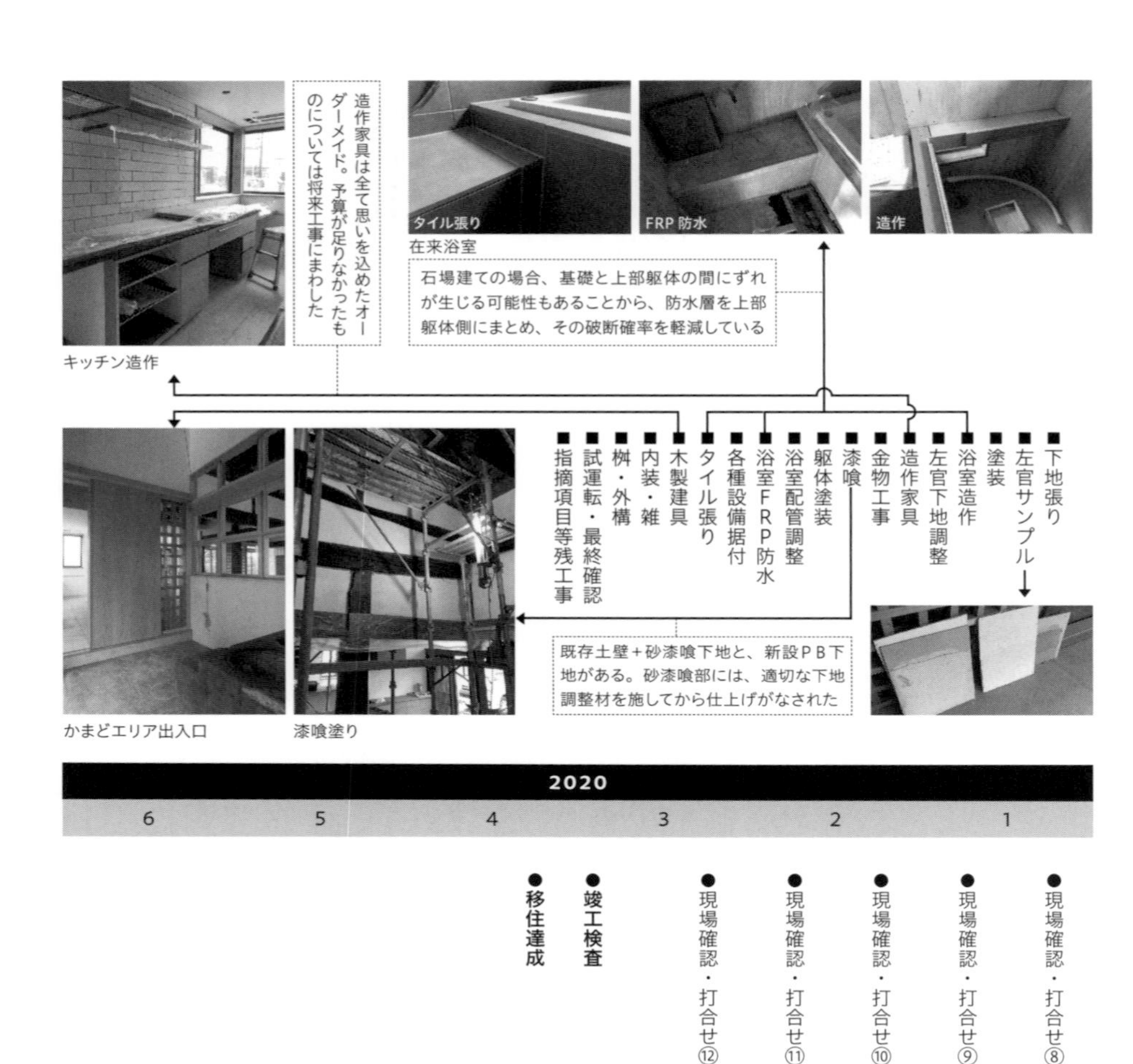

工事監理と並行して、造作家具詳細図の情報を製作図に落とし込む打合せを入念に行った。今回は突板工場で板目ロットを選ぶこともできたので、化粧部の仕上がりにも不安がなかった。

壁、天井の下地張りがなされてからの後半は、左官職人、塗装職人、タイル職人などによる仕上げ、造作家具や木製建具の製造業者による据付け、諸設備の機器、器具の設置などが打合せ通りに行われた。

また、工事中に発見された雨漏りの応急措置が屋根業者によってなされた。瓦本体の痛みやズレ、杉皮の欠損などが原因で、暴風雨時に屋内に雨水が入ってきてしまう部分が確認された。屋根の葺替えは時期相応であることを再認識した。

2020年4月、被災から9年目、出会いから8年目、コロナ禍で緊急事態宣言が出される直前、無事に竣工を迎え、鉄平さん、ちひろさん、そして、第1期工事中に誕生した花さんを加えた3人家族の移住が達成された。

2012年に移住後の生活を思い描いたブループリントへ向かっては道半ば。彼らにとっては、これまでが下準備。いよいよ本番が始まった。

旧北側の濡れ縁*4

旧玄関前（昭和25年頃）*4

第2期工事完了状況（食堂から書斎・居間を見る）

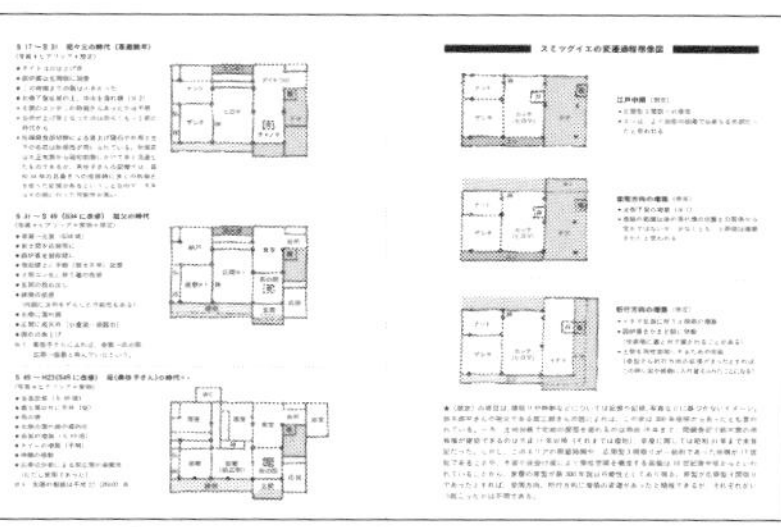

記録整理（変遷予想図の作成）

第2期工事完了状況。縁側（左）、吹抜け（右）

2020

12	11	10	9	8	7

■閉鎖登記閲覧

■再ヒアリング・写真受領

■震災以降の記録の整理

●**記録整理開始**

第1期工事中、私は鈴木さん夫妻に「このプロジェクトは本にします」と宣言した。雑誌に載るような派手さだったり、目新しさのようなものはないが、そういう尺度では比較できないある種の尊厳のようなものが、このプロジェクトにはあると感じていたからだ。

　第2期工事の計画が始まる少し前に、事務所のブログにプロジェクトの回顧日誌的なものを掲載し始めたのも、その布石であった。

　第1期、第2期工事の最中にも、建物の履歴についてのヒアリングを行っていたが、時間的余裕がなく、きちんと手を付けられずにいた。しかし、鈴木さん一家の移住が達成されたことを機に、不明な点を再度確認し、記録の整理を行うことにした。

　9月、土地建物の閉鎖登記内容を確認したいと鈴木さんに申し出た。閉鎖登記を確認したことで、幾つか興味深いことがわかったが、それと同時に、わからないこともでてきた。

　そのいくつかは、鈴木さんのお母さん（美枝子さん）へのヒアリングを通して解決された。また、確認できなかったものについては、建物が「広間型3間取り」の原型をもっていることなどから想定し、この古民家の変遷予想図を作成した。

　こういった履歴を、語り継ぐ家の資料として残すことは、将来、別の説が、何らかの証拠とともに浮上することを期待してのことでもあった。

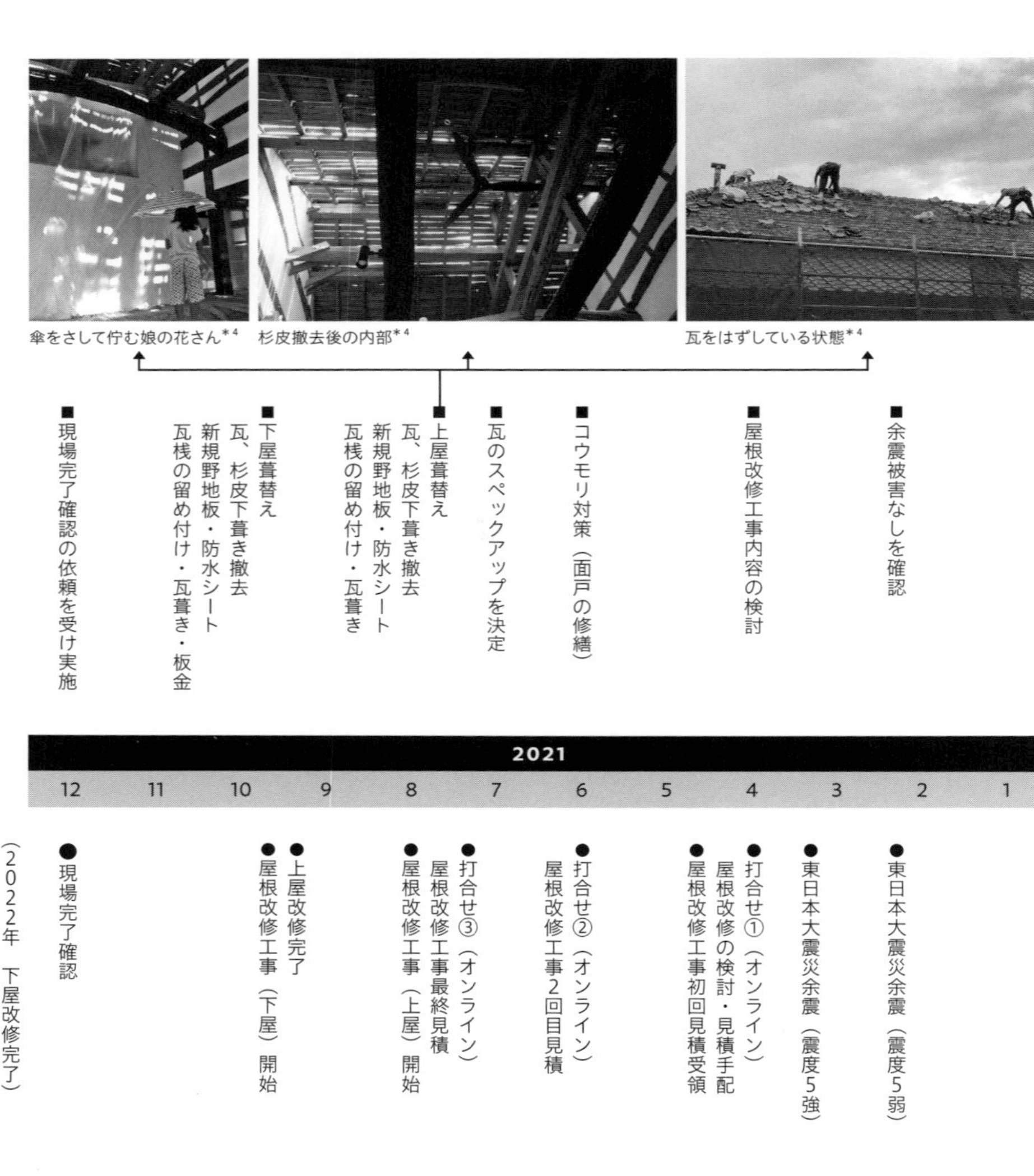

瓦をはずしている状態*4

杉皮撤去後の内部*4

傘をさして佇む娘の花さん*4

4月、度重なる震度5クラスの余震後の暴風雨で雨漏りが見られたとの報告を受けた。鈴木さん夫妻と協議の末、今回は応急措置ではなく、葺替えでの検討を始めることとした。新たな60年を見据えて、本格的な屋根改修工事を行うことになった。

また、引き渡し以降、コウモリの侵入を防ぐ方法について相談を受けていたので、このタイミングで面戸の修繕も行うこととした。

一方、屋根に関連するかまどの煙突や煙出しは、将来へ持ち越された。また、屋根の葺替えに優先順位を置いたことで、木部塗装のメンテナンスなど、本年に行う予定だったものも先送りとなった。

8月、屋根改修工事着工。今回は質疑応答と現場完了確認を除き監理業務は行わない条件だったので、60年この家を守ってきた既存の瓦と杉皮が撤去されていく様子を記録に留めてはどうかと鈴木さんに打診した。後日、とても素晴らしい記録写真が送られてきた。

その中の最も印象的な一枚として、木屑が降る家の中で、娘の花さんが神棚の前で傘をさして佇むショットがあった。花さんは小学2年生。これは、草葺屋根から瓦葺屋根に改修された時の美枝子さんの年齢と偶然にも同じであった。時代は繰り返す。

60年後、鈴木さんのお孫さんとどこかの建築家が、この家の履歴を語っているかもしれない。

スミツグイエはこれからも続く。

第1章

スミツグイエの始まり

東日本大震災から出会いまで

2011年3月―2012年10月

2011.03―12 東日本大震災との遭遇

写1-1　被災直後の主屋正面。津波が運んできた瓦礫の山と化している。屋根はのし瓦を中心に崩れていた

津波による全壊判定

２０１１年3月11日14時46分頃、宮城県牡鹿半島の東南東沖１３０km、深さ約24kmを震源とするマグニチュード９・０、最大震度７・０の東北地方太平洋沖地震が発生した。この地震によって巨大津波や液状化現象、地盤沈下、原子力発電所事故など、壊滅的な被害が東北地方と関東地方の太平洋沿岸部に発生した（以後、東日本大震災と呼ぶ）。

今回のプロジェクトのクライアントとなる鈴木鉄平さんとちひろさん夫妻は、地震発生当時は東京で暮らしていたため、直接的な被害には遭遇していなかった。しかし、鉄平さんの実家は仙台市の北東に位置する宮城野区にあり、その沿岸地域は巨大津波による大きな被害を受けていた。

幸運なことに、実家で暮らす鉄平さんのご両親は、地震発生時に外出中で沿岸地域にはいなかったため、津波に直接巻き込まれることはなかった。しかし、１０００坪以上の敷地にあった小さな付属建築物の多くは、損壊や自衛隊の撤去により失われたが、伝統的構法による主屋、作業場、倉庫、そして、現代木造構法による平屋の4棟は、甚大なダメージを受けながらも残った。また、敷地内の畑や樹木、敷地外の鉄平さんの実家が所有する田畑は、津波による重度な塩害を受けた（写1-1）。

鉄平さんの実家には、2011年5月の段階で、被災度区分判定上「全壊」という罹災証明が発行された。地震による被災度区分判定は、判定士による被災建築物応急危険度判定とは別に実施される被害認定調査により下される。東日本大震災のケースは、被災家屋数の多さや津波による被害を伴っていたことから、地域の浸水状況で判定されていたようである。彼の実家の周辺は、家屋流出や1階天井までの浸水が見られたエリアとして、一律全壊扱いとなっていた（写1-2、図1-1）。

被災した実家と対面する

鉄平さんが実家に戻ったのは、東北自動車道が復旧し、首都圏からのアクセスが回復し始めた震災から2週間後のことだったという。ご両親から被災状況の報告をEメールで受けていた限りでは「主屋の復旧は困難であり、解体もやむを得ない」と考えていたようだ。しかし、実際に被災した家屋を目の当たりにした時、直感的にではあるが「復興できるのではないだろうか」と感じたという。

もっとも、鉄平さんが祖父の故三郎氏から「300年住

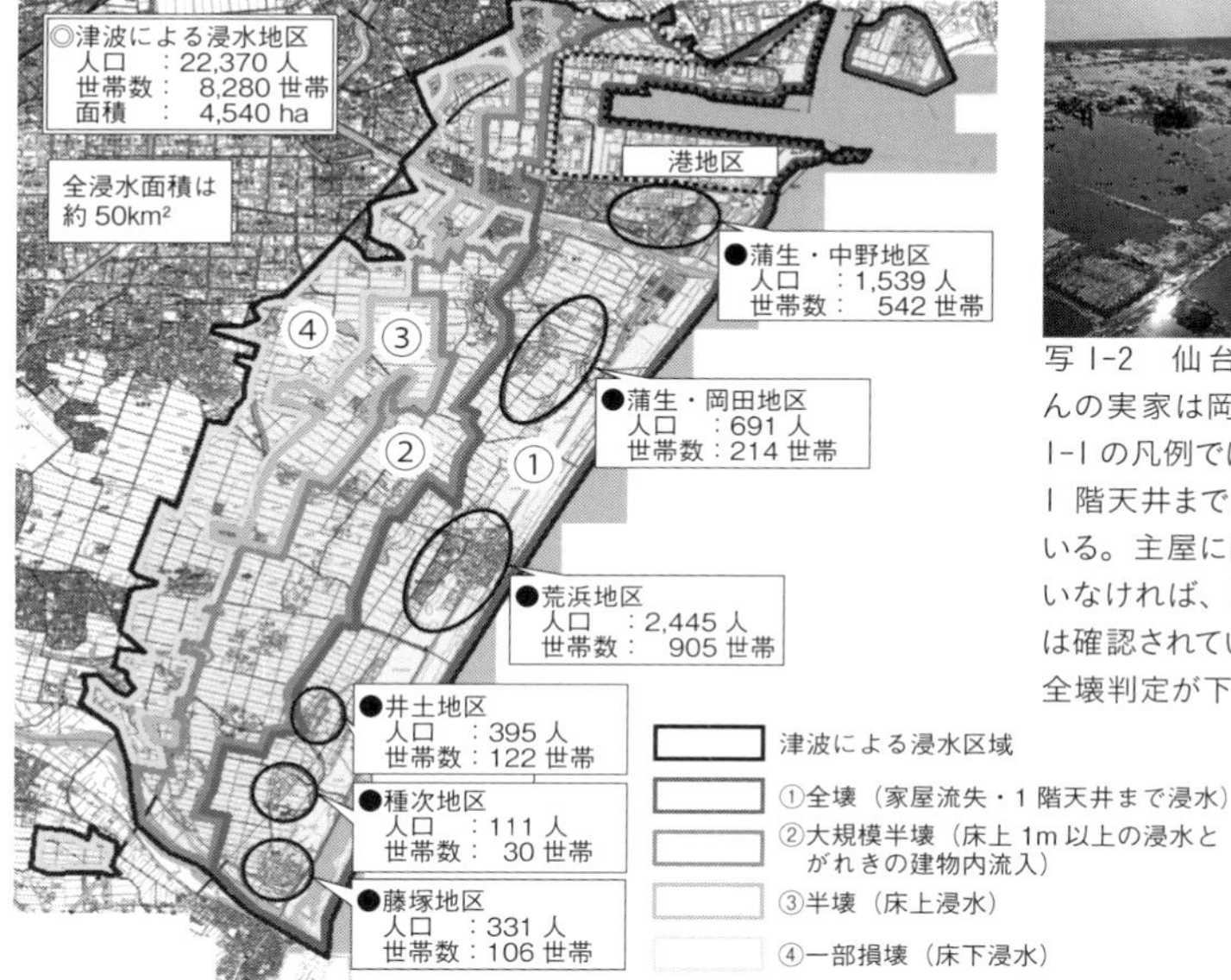

図 1-1　仙台津波被災地域図

写 1-2　仙台津波状況。鉄平さんの実家は岡田地区にあたり、図 1-1 の凡例では①全壊（家屋流出、1 階天井まで浸水）エリアとなっている。主屋に関しては、流出もしていなければ、1 階天井までの浸水は確認されていないが、エリア的に全壊判定が下されたと思われる

出典　写 1-2：仙台市 HP「フォトアーカイブ東日本大震災—仙台復興のキセキ」
図 1-1：仙台市環境局震災廃棄物対策室「東日本大震災仙台市の被災状況と復旧に向けて」より作成

み継がれてきた」と聞いていた主屋や作業場は、倒壊は免れたものの瓦は崩れ落ち、柱は傾き、サッシは外れ、外壁は損傷し、床は汚泥によって埋まった状況であった。

その後、ボランティアや自衛隊の助けもあり、床下の汚泥や敷地内の瓦礫（がれき）は撤去された。そして、震災後3カ月を経た2011年6月、瓦が脱落した屋根に対して、応急措置としての養生シートがようやく被せられた（写1-3～7）。

一方、主屋に隣接していた現代木造構法の平屋の方は、建物に大きな損傷がなかった。汚泥の搬出、清掃、そして乾燥作業が比較的早く終わったため、震災後1カ月程で、ご両親は自宅での生活を再開させることができたという。

住み継ぐ決意

鉄平さんの実家は稲作を主とする農業を代々営んできた。鉄平さん自身は大学に進学する際に上京し、卒業後は一時仙台に戻ったが、就職して東京で生活を続けていた。しかし、東日本大震災によって心境に変化が表れた。4人兄弟の長男であった鉄平さんは、いずれは実家を継ぐためにUターン移住を考えていたが、東日本大震災を機に、被災した主屋の復興の時期に合わせ、それを実行に移すことを決意したのである。

近隣や他の被災地では、高台移住や区画整理された地域への集団移住を選択する人々もいた。しかし、そうした選択をあえてせず、あくまでも先祖代々住み継いできた土地と家を守り、生き抜く道を選んだ。それは鉄平さんにとって「前の世代から引き継いだものを次の世代に引き渡す」という強い使命感でもあった。

こうして、鉄平さんの決意は割と早い時期に固まったのだが、具体的な主屋の復興計画や時期については目途が立たない状況が続いた。前述の養生シートを屋根に被せた時を境に、建物は放置されたままであった。その期間、彼の実家には度々建設業者の営業が訪れたという。その多くは建替えや、予め決められたメニューから選択する規格的なリフォームの提案であり、時間をかけて主屋での新しい暮らしを具体化していく上での選択肢にはならなかったという。また、彼自身も、知合いの建築関連業者に相談を投げかけてみたが、結局、具体的に前に進むことはなかった。

もっとも、この地域に引き続き居住できるかどうかは、2011年8月の仙台市による復興計画の発表までは定かではなかったようなので、いずれにしても、2012年に入るくらいまでは身動きが取りにくかったと考えられる。

写 1-3　被災直後の主屋の南側玄関から北側裏庭の旧台所を介して畑を見る。床上に汚泥が堆積しているが、南北に貫通する大開口があったため、水が間を流れ、建物が倒壊しなかったともいえる

写 1-5　主屋床下の汚泥が搬出された状況

写 1-4　汚泥搬出後の主屋床下の状況

写 1-7　地震によって瓦が崩れたり、ずれたりしたことで、雨漏りが散見されたことから、主屋（右）と作業場（左）の屋根にはブルーシートが被せられている

写 1-6　瓦礫撤去に邪魔となるため、解体された前面道路際の付属建築物

2012.01—10　復興を目指して

写 1-8　復興プロジェクト「スミツグイエ」始動直前の主屋正面（2012 年 10 月頃）

復興への兆し

２０１２年に入り、少しずつ復興への兆しが見え始めた。

まず、防風林として林立していた大木は、塩害により倒れる危険があると判断され、伐採されることになった。また、畑については翌年からの復活を目指し、土の天地返しをした。これらは、仙台市復興計画の補助事業で実施された。

屋根に養生シートを被せて以降、取り残されていた主屋については、崩れ落ちた瓦の交換や並べ替えのための補修工事を発注した。鉄平さんのお母さんである美枝子さんが、瓦が脱落した屋根に対する養生シートだけの応急措置がそのままになっていたので、見るに見かねて行ったようである。この補修工事は２０１２年の春から秋まで半年間ぐらいかけて行われたという（なお、隣接する作業場については、瓦の復旧は断念してコロニアルに葺き替えられた）。

東京での建築家探しと出会い

屋根の補修工事を発注したことについて、東京に住む鉄平さんは知らなかったという。仙台と東京という距離や、被災後の時間の経過により、少しずつ復興へ向けた足並みがずれ始めていたのかもしれない。

それでも、2012年の夏に入ると、主屋についての具体的な方向性がようやく見え始めた。ちひろさんの発案で、建築家と共に主屋の復興を考える道を模索し始めたのである。

鉄平さんとちひろさんは、東京で自分たちの思いを実現できる建築家を探すため、建築家の紹介サービスを行っている会社に相談することから始めた。そして、そこに登録されていた私と出会った。

私たちは初めのEメールのやり取りの段階から意気投合するものがあったが、さらに、実際に会って話をすることで、住宅に対する考え方の根本部分で共感し合えることを確認した。こうして、鉄平さんとちひろさんから正式に設計・監理を依頼されることになったのである。

スミツグイエの始まり

鉄平さんとちひろさん夫婦と私が共感し合えた部分とは、具体的にどのようなことであったか。

まず一つ目は、今回の主屋を中心とした復興プロジェクトを進めていく上で、大きなモチベーションとなり得たことでもある。それは、私が投げかけた「即席で建てた、あるいは買った家に30年以上のローンを組んで返し続ける（償却し続ける）より、30年かけて家をつくり続ける（考え続ける）方が、本当はずっと豊かなのではないだろうか」という問いに対して、二人が強く共感してくれたことである。そして、鉄平さん自身も想い描いていたという、一度に全てを行ってしまうのではなく、段階的に復興していくプロジェクトの進め方について、意気投合することへとつながっていった。

それでは、段階的に主屋を復興していくにあたって、鉄平さんとちひろさんが心に描いていた暮らし方はどのようなものであったか。当初は、将来的に家の一部を活用して「食堂を開く」とか、「現在の仕事を続けながら兼業農家として生活する」といった漠然としたイメージこそあったが、本人たち曰く「ぼんやりとした」ものであった。こうしたぼんやりとしたイメージを、実現に向けて具体化していくパートナーとしての役割が、私に求められていたことである。

段階的に主屋を復興していくことと、そこでの将来の暮らしを想い描き具体化していくこと、この二つを同時に進めていくためには、施主と建築家との間に長い年月を見越した信頼関係の構築が必要である。そのためには、根本的な部分での考え方の共有はとても重要であった。

　また、もう一つ共感し合えた考え方として挙げておきたいのは、主屋の建物を復興して住み継いでいく上での、古い物と新しい物との関わり方についてである。

　例えば、先人たちの仕事を尊重するということはどういうことだろうか。古民家調などといった表層的なデザインだけを取り入れて調和をなそうとすることや、奇抜なフォルムやグラフィックを古建築に挿入し、興味本位な話題性を狙おうとすること、あるいは、延命のための性能確保に優先順位を置くあまり、新建材を多用した現代住宅に変換してしまおうといったような考え方も、関わり方の一つではある。しかし、私たちが共感し合えた考え方はそのようなものではなかった。

　古いものや新しいものが、それぞれ、いつの時代にどのような理由でつくられたものなのか、そうした履歴を一つ一つ紐解きながら、建物が住み継がれてきた歴史を未来に語り継いでいけるようにすること。先人たちが行った過去の仕事をきちんと理解しながら、今は今で自分たちが正しいと信じる道を生きること。それぞれの時代性の対比を明確に保ちながらも、それらを俯瞰的に見たときに全体として一つの趣を形成すること。つまり、違いながらも馴染んでいること。こうした考え方の微妙なニュアンスも、共感し合えた部分として非常に大きかった。

　こうして２０１２年10月、運命的な出会いをしたともいえる私たちは、施主と建築家というそれぞれの立場から、いくつものハードルを共に越えていくことを目指したのであった。

　被災民家の復興プロジェクト「スミツグイエ」の始まりである。

スミツグヒト
鈴木鉄平さん・ちひろさんの回想①

建築家に求めていたもの

東北地方太平洋沖地震発生時（2011年3月11日14時46分頃）、鈴木鉄平さんは仕事で大阪に出張中、ちひろさんは住まいと勤務先のある東京にいた。地震発生直後、鉄平さんは仙台にいる母親に連絡をした。

鉄平さん　地震があった直後に母親に連絡をして、つながりました。以前から、地震や災害が起こった時にお互い連絡が取り合えるようにと思って、そうした際に携帯電話よりもつながりやすいとされていたPHSを母親と持ちあっていたのが役立ちました。

地震発生の2日前にも結構大きな地震（前震、3月9日11時45分に発生した最大震度5弱）があったので「昼間は家にあまりいないほうがいい」ということは連絡していました。祖父や祖母から、ここ（実家）にも津波がくるということは小さい時から聞いていていました。地震後の津波については危惧していたのかもしれません。だたし、これほどのことになるとは思っていませんでした。

地震発生時、母親は仙台駅の近くの喫茶店にいました。僕はネットの情報を見て、電話で「大津波警報が出ているから絶対帰ってはダメだ」と言いました。母は「本当にそうなの？」と驚いていました。現地はメディアなどの情

写1-9　鈴木鉄平さん（右）とちひろさん（左）
鉄平さんは1978年生まれ。現在、東京の外資系コンサルティング会社会津オフィスに勤務。スミツグイエでテレワークをしながら、畑での野菜栽培・販売なども手掛けている。
ちひろさんは1980年生まれ。スミツグイエでは洋裁教室などを行いたいと思っている。

報が寸断されてしまったので、地震の大きさや被害などがすぐに分からなかったようです。こうして母親は家に戻らずに済んだのですが、実際は、道路がものすごく混んでいて、とても帰れるような状態ではなかったと後で言っていました。現在引退している父も当時は会社員で、仙台駅前のオフィスに勤務していたため、津波の心配はありませんでした。

両親はその後、仙台の山側にある叔母の家に身を寄せていました。様子を見に家に戻れたのは、震災から10日後ぐらいだと聞いています。

ちひろさん　これは震災後に聞いたのですが、仙台のお母さんが仙台駅付近にいたのは、間近に迫っていた私の誕生日プレゼントを買いに行くためだったようです。「そのおかげで助かった」と言われました。

震災後、初めて鉄平さんが実家に戻ったのは3月26日。その時の印象は次のようなものだった。

鉄平さん　仙台駅がある街中から車で宮城野区の実家に帰ってくる途中、震災前から嵩上げされていた仙台東部道路を越えると景色が一変しました。田んぼの中に車が逆さ

写1-10　鉄平さんが車の中から見た東日本大震災後の宮城野区の風景

まになっていたり、電信柱が斜めになっていたりして、信じられない光景でした。何か愕然とするよりは、ハリウッドのパニック映画が実際に起こったという感じです。

あと、車を降りたら臭いがすごいんです。ヘドロの臭いというか、油の臭いが混ざっているような臭いです。仙台港の近くの製油所のタンクが倒れて燃えたらしく、その焦げた臭いも混ざっていたのかもしれません。

震災後、初めて実家の主屋を見た時は、これが自分の実家だということが本当に信じられませんでした。ボランティアの人たちが来てくれて、瓦礫の撤去や掃除をしてくれました。また、県内外の友だちから続々と支援が届きました。4年間寝食をともにした大学の寄宿舎の同期から義援金が届いたときは、胸に迫るものがありました。お世話になった人たちに、必ず復興してお礼を言わねばならないと心に刻みました。

震災から約1カ月後、鉄平さんの両親は、被災した主屋の隣に建つ、比較的被害がすくなかった現代木造構法の住宅に戻り、生活を再開する。そして鉄平さんは、主屋の復興へ向けた第一歩を踏み出した。

写 1-11　北側裏庭の被災状況

写 1-12　南側玄関の被災状況

写 1-13　縁側、居間の被災状況

写 1-14　台所の被災状況

鉄平さん　4月16日に父親からこの家をどうするかについてメールがきました。そこには取り壊して新築する場合の資金、行政支援などの情報も含まれていました。そのメールを読んだ時、「ちょっと待てよ」と思った記憶があります。もし、このまま何もしなかったら取り壊されて無くなってしまうかもしれないということを、初めて具体的に想像した瞬間でした。

僕はその時までこの家が無くなるということを考えたことが一度もありませんでした。もう少し歳を取ったら戻ってきて、ここで子供を育てたり、あるいは仕事をして過ごすというイメージしかありませんでした。そうした未来が、現実として無くなるかもしれないということにショックを受け、「それは嫌だ」と思った記憶があります。

家が別の新しいものになっても、子育ても仕事ももちろんできるのですが、何か大切なものが「つながらなくなる」気がしたのです。

とはいえ、再建するにしても何をどうしていいのかさっぱりわからず途方にくれました。当時は前年10月に結婚し、新婚生活をスタートしたばかりでお金もありませんでした。まず兄弟3人で話し合おうということで5月19日にオンラインで話合いをしました。

話合いでは早々に「壊すのはありえない」という結論になりました。祖父からの口承ですけれど、築３００年以上の家だということをずっと聞かされていたので、僕らの誇りというかアイデンティティの一部になっていたのだと思います。お金はないけれどもアイデアを出し合って何とか復興させようという考えで一致しました。

長男の僕がこの家を継ぐことは既定路線でしたが、弟たちが戻ってくる場所として、この家を残しておきたいという気持ちがありました。

祖父にとって、この家は特別な存在でした。祖父は太平洋戦争末期に徴兵、終戦を満州で迎えました。戦後は過酷なシベリア抑留を経験し、復員したのは農地改革に伴い大幅な農地削減がされた後でした。そんな状況でも、前を向いてもう一度頑張ろうと思った時の精神的な支柱にこの家があったと祖父から聞いていました。これまでにも何度か改修を重ねていますが、先祖は自分たちの誇りや後世への思いのようなものを投影したのがこの家だと考え、生きてきました。ですから、おいそれと無くしてはならず、自分も祖父母がしたように意味あることを積み上げていかなければならないと自然に思いました。

僕自身、この家は引継ぎ、維持して次の世代に託すものであり、その役割や責務を果たさなくてはという思いもありました。

スミツグイエの復興に対する鉄平さんの決意は固まった。そこで、まず取り組んだのは、復興に対する考え方を共にまとめていくための建築家を探すことだった。

鉄平さん　ボランティアで来ていただいた方の中には、建築関係者や建築士さんもいて、家がかなり北西の方角に傾いているという指摘を受けていました。だから、ちょっとした修繕で直せるものではなく、復興が長期にわたることはその時点で覚悟していました。復興するに当たっては、単に物理的に修復するのではなく、この復興の意味合いや考え方、大きくは未来に向けたメッセージを入れたいと思っていました。

何か大きな仕事をやる時には柱になる考え方だったり、プロジェクトが止まったり、トラブルになった場合の立ち戻るべき出発地点を整えなければならないことを仕事を通じて経験してきました。この家の復興も規模こそ違えど同じだと考えました。コンセプトの整理や設計の理念、僕らのこんな風にやりたいという思いをまとめて計画に落とし込むなどといった僕たちだけでは難しい仕事を、一緒に伴走しながらやってくれる人が必要でした。最初はそういうことをしてくれる人がいるのかすらわからなかったけれど、いろいろ調べてみるとどうやら建築家という人がそれらしいとわかり、探し始めました。

鉄平さんとちひろさんはその後、建築家の業務内容などについて調べた後、建築家を紹介する事業者を通じて3人の建築家と面談することになった。

鉄平さん　面談において確認したいと思っていたことは、まず人柄です。そして、この家の復興に対する思いを話してもらいました。求めていたのは、古いものをそのまま残すのではなく、何かしら別の角度からの視点や考えを取り入れて、古いものと新しいものを組み合わせてつくってくれるような人でした。

また、重要なキーワードとして、この家の復興を語り継ぎたいと僕は思っていました。語り継ぐためには屋根や柱といった単体のスペックや価値ではなく、全体を貫く理念や考え方を表すストーリーが必要です。そのストーリーのコアになるものをもたらしてくれる人を求めていました。だから、「この案件をどのようにしたいですか」「その思いを持って具現化するとしたら、どういうかたちにしたいですか」と聞きました。皆さんそれぞれの思いを述べてくださったけれども、その中でどれだけこの家のこと、僕たちのことを深く考えてくれているのか、その言葉が自分に刺さるかどうかを確認させてもらいました。

ちひろさん　一度には工事が終わらないだろうと思っていたので、ずっと付き合ってくれる人であることも建築家の人に求めていたことでした。すぐには仙台に引っ越さないことはわかっていたので、まずは応急処置的に柱や壁は直さなければいけないけれど、内装工事などは引っ越す直前にしたいと思っていました。引っ越すのがいつになるのかはまだ決められないので、ずっと付き合ってくれることが条件に加わったのです。

鉄平さん　自分の人生計画ではずっと先まで予定になかった実家の改修が突如必要となり、正直悩みました。当時は結婚式、新婚旅行の数カ月後だったのでなおさらです。また、地震の前まで夢だった欧州留学の準備を進めていました。復興にお金が必要な時にお金をかけて勉強はありえないと思い断念したのですが、こうありたいと思っていた人生が文字通り変わり始めているのを感じました。資金面から、一度には完成できないということはなんとなくわかっていたので、つくり続けていくという価値観に共感してくれる人を探していました。

ただ、最初に行わなければならない工事も、取りあえず斜めに傾いた躯体を直す、壁に空いた穴を塞ぐといった部分的な現状復帰ではなくて、全体としてありたい姿を描いた上で、修繕する全ての箇所において大きな考え方を反映させた直し方をしたいという思いは徹底していました。これは君塚さんに依頼した後の話ですが、「これはどういう意図でやるんですか」「この提案の目的や意図は何ですか」というようなことを聞いて、その都度、理念、考え方の具体への落とし込みを確認し、理解に努めました。

君塚さんは面談のための定型の書類だけではなく、面談の前に「現場の状況がわかるような資料も送ってください」と考えるための情報収集をしたり、思いを記した長いメールもいただきました。実際に会う前から本気度だったり、熱い思いを抱いている感じが伝わってきました。面談は当時借りていたマンションで4～5時間、途中で食事も取らずに夜遅くまで話していたと思います。

第2章

「いま」から描く「これから」と「これまで」

初回現地調査から基本設計まで

2012年10月—2013年2月

2012.10—11　被災民家に踏み入れる

写 2-1　初回現地調査時の内部状況。柱は 1/60 ～ 1/20 の傾きが随所で見られた

与条件とポテンシャル

新築設計の場合は、敷地を調査することから始める。改修設計の場合は、それに加えて、既存建物の調査も行わなければならない。物理的な意味での実測調査はもとより、必要に応じて、その建物の歴史を書類、文献、あるいはヒアリングなどによって調査することもある。

こういった調査によって得られる設計の与条件というのは、我々職業的建築家がコントロールできる範囲ではない。与条件を運命と読み換えるなら、それとどう向き合って将来の住まいを築いていくのかを、クライアントの意志を受け、共に考えていく。それが我々の重要な、そして、必要最低限の役割の一つといえる。

現況というのは概して様々な問題をはらんでいる。それは容易に解決できるものばかりではない。しかし、そこですぐに立ち止まり、諦めてしまうのはまだ早い。目の前の状況というのは、受け身で接しているうちは先が見えないものである。しかし、裏を返せば、そこには無限の可能性が秘められているともいえるのだ。

今回の被災古民家の復興プロジェクト「スミツグイエ」に関しても、全壊判定を受けた建物に対して「壊してしまえ」と思うのか、それを「宝の山」と感じるのか、全ては考え方ひとつである。もちろん、建築家の考え方だけではどうにもならない。クライアントの意志があってこそ、建築家の職能は活かされる。私がこの難しいプロジェクトにぜひ携わりたいと思った理由は、前章で述べた鉄平さんとちひろさんの志にとても共感し、そこに可能性を感じたからである。

被災1年半後の風景

２０１２年10月、初回現地調査のために仙台市宮城野区へ向かった。ゲニウスロキ（地霊）とまでいうと少々大袈裟かもしれないが、新しいプロジェクトを始める時は、場所の持つ雰囲気を心に焼き付けるようにしている。その場所がどのように変化しようとも、変わらないもの、変えるべきでないものが何かを探るためでもある。

調査初日、鉄平さんは仙台駅まで迎えに来てくれた。そこから東へ20分ほど車で行ったところに鉄平さんの実家があった。仙台駅周辺は常時を取り戻し、震災の余韻はあまり感じられなかったが、仙台東部道路を越えると、復興には至っていない田園地帯が車窓に広がり始めた。

宮城野区の鉄平さんの実家のある地域は、仙台湾までつづくこの平野部に位置している（図２-１）。広く低く感じる空の色は、限りなく白に近い青という印象であった。方向性を持たないその光は、物質から影を奪っているかのような、のっぺりとした平面的な風景をつくっていた。

その風景はどこか寂しくも感じられたが、天地返しなどで土壌の入れ替えが進んだ耕作地からは、少しずつ芽吹き

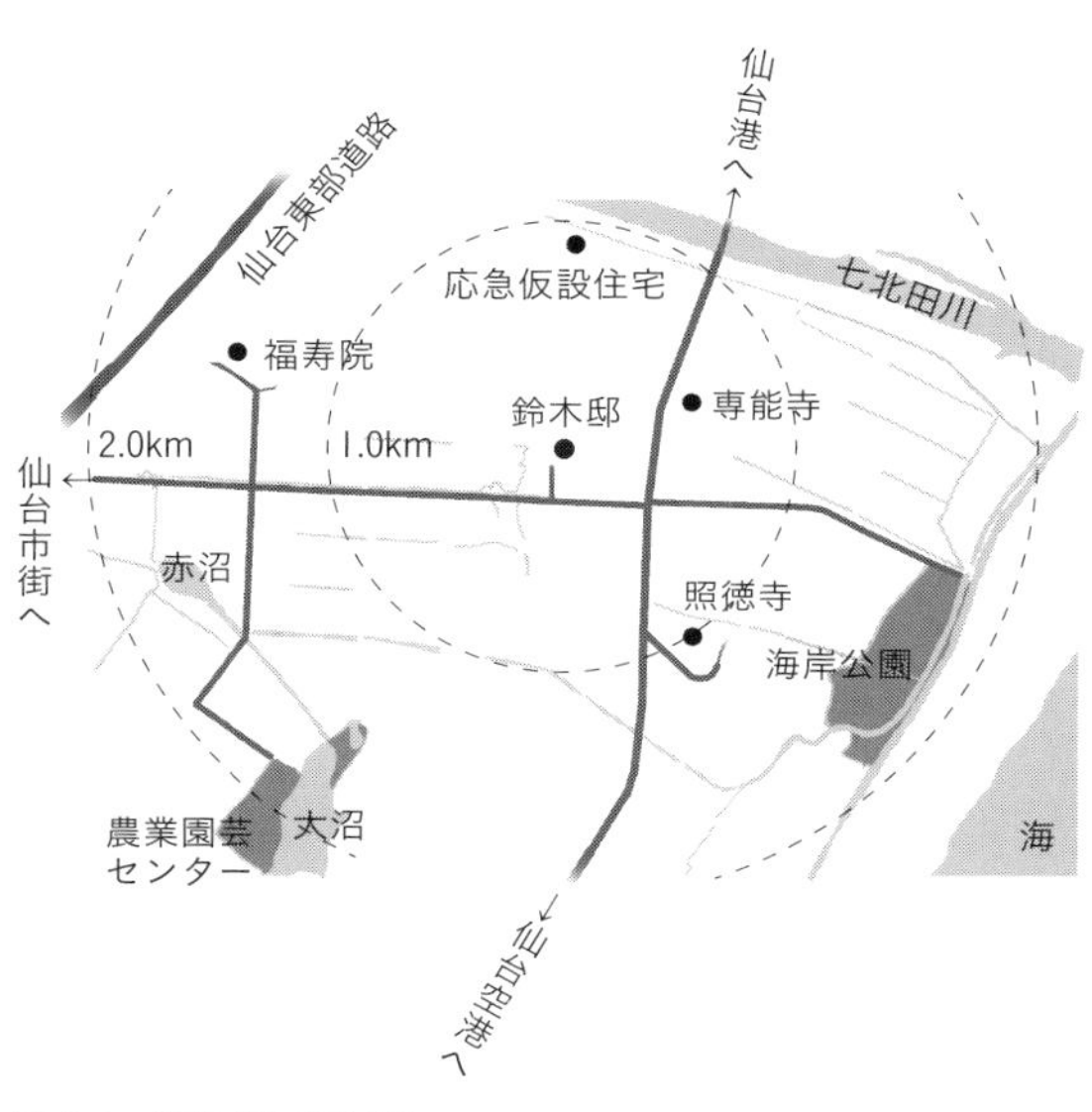

図 2-1　敷地周辺広域図

つつある希望のエネルギーを感じた。「こんなことは初めてのことではない。このエリアの歴史に裏付けられた宿命なのだ」という大地の声を感じ取ることができたような気がしたのである。私はその機運に乗って行きたいと思った。

宮城野区の歴史

宮城野区は仙台市北東部に位置し、仙台駅の東から仙台港のある海岸線まで続くエリアである。このエリアの歴史は古く、平安時代の『古今和歌集』にも歌枕として「宮城野」という原野名が詠まれていることでも知られている。

北部の岩切は、多賀城の西約４kmに位置し、中世から陸奥国における交通の要所として商業が栄え、岩切城という山城も南北朝時代には築かれた。江戸時代に入ると、西端は仙台城の城下町の一部となったが、その他は基本的に農村地帯であり続けた。

現在の宮城野区は、岩切城跡や歴史的な神社仏閣が点在する一方で、駅や港の近くには再開発された大商業エリアが広がっている。しかしながら、宮城野区自体は、平成元（１９８９）年に仙台市が政令指定都市になる際に生まれた行政区域である。さらに、目的地である鉄平さんの実家は、昭和16（１９４１）年に仙台市に合併される前の高砂村に位置し、商業地域や史跡のエリアとは距離を置く静かな田園地帯の中にある。つまり、その他の農村地帯という歴史的文脈の中にあり続けてきた場所である。農村は、城下町のような華やかさはないが、地域を縁の下で支える役割を担ってきた。大袈裟な表現のように聞こえるかもしれないが、江戸時代の仙台藩は、水田耕作によって成り立っていたといっても過言ではない。また、鉄平さんの実家周辺は、長年の農政によっていまだに広大な稲作地が広がっており、一般的には住宅すら建てることもできない市街化調整区域である。

このことは、仙台都市圏の住宅地が、スプロール化に伴い丘陵地につくられてきたものが多いことと無関係ではないようにも思える。裏を返せば、鉄平さんの実家周辺は、歴史ある農家を代々引き継ぎ、守ってきた人々の多い地域といえる。

この地域は、数百年おきに起こる大地震に伴う大津波が襲来している場所としても知られている。８６９年の貞観地震[*1]、１６１１年慶長三陸地震[*2]、そして、２０１１年東北地方太平洋沖地震などにより多くの津波被害を受け、その度、復興を繰り返してきた。ちなみに、鉄平さんの実家周辺の田園地帯は、1611年の津波被害を受けて行われた仙台藩の新田開墾奨励（1615～44年）を原点として、今に至っていると伝えられている。

こうした地勢と歴史を考えると、鉄平さんが全壊判定となった主屋の復興を決意したことは、先祖から引き継いできた農地や家を守り、後世に伝えていくという使命感によるものであると同時に、この地域の歴史的文脈から来る、繰り返される一つの運命として考えることもできるだろう。

居久根に守られてきた家

鉄平さんの実家の敷地は、全体で1000坪以上ある。東日本大震災が起こるまで、裏庭の自家用畑を挟んで屋敷林である居久根が敷地を囲んでいた。北西側にはウラジロガシなどの防風林が茂り、仙台の中心地に立つビルの上からも、その存在を確認することができたという。

居久根は周辺の「平面的な風景」とは対照的に、鉛直性のある空間を敷地内に生み出していたと思われるが、私が初回現地調査に訪れた時は、既に多くの樹木を失っていた。塩害による倒木の危険性から、防風林を構成していた大木は、既に伐採されていたのである（写2-2、3）。

写 2-2　被災直後の敷地状況

写 2-3　防風林（高木）伐採後の敷地状況

出典　写 2-2、3：Google Earth

＊1　貞観地震……869年7月13日（グレゴリオ暦）に陸奥国東方沖（日本海溝付近）の海底を震源域として発生。推定 M8.3。『日本三代実録』などには、大規模な津波による被害も記されている

＊2　慶長三陸地震……1611年12月2日（グレゴリオ暦）に青森県、岩手県、宮城県を襲った地震。地震よりも津波による被害が大きかったと推定されている

そして、敷地西北端に置かれた屋敷神を祀る祠だけが、被災後も変わらずにこの場所を守り続けていた。

居久根を失った敷地の中に残った建物は、東西方向を軸として、一列に並んだ3つの平屋の棟（小さな倉庫をいれれば4棟）によって構成されていた（写2-4）。

一つは、今回のプロジェクトの対象である代々住み継がれてきた伝統的構法による延べ50坪の平屋の主屋、そして、その東側には、同じく伝統的構法による作業場がある。鉄平さんのお母さんである美枝子さんによれば、これらはもともと草葺屋根であったというが、東日本大震災時は瓦葺き、そして、作業場の方は、震災後の補修工事でコロニアルに葺き替えられていた。

もう一つは、平成に入って主屋の西側に建てられた現代木造構法による平屋である。もともとは主屋と併せて住まわれていたが、震災後は主屋が使えない状態が続いていたため、ご両親はこの現代木造で生活を送っていた。

「杜の都」の成り立ちとその残影

もともと居久根というのは、江戸時代の仙台藩において、冷害や凶作に備えるために、武家屋敷に自給自足を促

写2-4　敷地北側の畑から主屋を見る。2012年10月の初回現地調査時に撮影。
左側から伝統的構法による 作業場、主屋、現代木造構法による平屋が並ぶ

したことが始まりとされている。[*3]その広さは、下級武士に割り当てられたものであっても360坪（1反超）はあり、家屋の30〜40坪を除いては徹底的に利活用されることが求められた。野菜を育てる畑をつくり、梅、桃、梨、柿、栗などの果実や実のなる木を植えることが推奨され、屋敷周りにはケヤキ、スギ、マツなどの用材や燃料材などの実用木、屋敷裏手には竹を植え、春のタケノコだけでなく、屋根の補修や生垣に利用された。さらには、茶や薬草なども育てられたという。

こうした居久根の成長と維持によって、仙台は大正時代の頃から「杜の都」と呼ばれるようになった。しかし、中心市街地まで緑で覆われたその原風景は、太平洋戦争による戦災と、それに続く戦後の高度経済成長期を経て「ビルの都」へと変貌していった。

今日、宮城野区西端にあるかつての城下町のエリアには、江戸時代の武家屋敷にあったような居久根は残存していないといわれている。一方で、戦後の開発を免れ、農の営みを続けてきた田園地帯には、現存する居久根もあるようだ。鉄平さんの実家の敷地もその一つであったといえるかもしれない。

江戸時代の仙台藩は、大身家臣に土地を与えて新田開墾をさせた（知行制度）。憶測に過ぎないが、鉄平さんの実家の敷地も、そういう流れから建てられた在郷武士（半農半士）などの屋敷が前身であった可能性も考えられなくはない。

鉄平さんの祖父である故三郎氏によれば、鈴木家の先祖は300年程前から、つまり18世紀（江戸時代の中・後期）の頃からこの地に住み続けてきたという。

一方、事前資料として頂いていた旧土地台帳によると、この土地の区画は明治時代までは遡ることができたが、閉鎖登記を調べると、鉄平さんの先祖がこの土地の所有権を得たのは大正時代末期からとなっていた。

これらの記録と故三郎氏の話を総合すると、大正時代末期まで、この土地は借地であったことになる。その借地の主の素性までは詳しく調べていないが、そこにこの敷地の起源の秘密が隠されているかもしれない。いずれにしても、居久根の考え方が農の営みによって少なからず継承され、東日本大震災の前まで残っていたということは言えるだろう。

東日本大震災によって居久根を失い、裏庭の畑はほとんど丸裸になってしまったが、震災から1年を経た春先に天地返しを行ったことで、復興の兆しを見せ始めた。私が初

＊3　結城登美雄『命をつなぐみやぎの食と農』仙台農業協同組合、2018年

回現地調査に訪れた頃は、まだ本格的な再生には至っていない印象ではあったが、それでも、夏野菜が収穫されつつ、冬野菜に向けた準備が始まったばかりの様子だった。

時間がかかることではあるが、このような畑の表土や家屋を守る防風林、竈（かまど）の燃料となる雑木、そして、保存食に活用できる実がなる果樹などを再生し、自給の杜の精神を引き継ぐ現代の居久根として継承される日が、再び訪れることを願いたい（写2-5～7）。

東日本大震災による被害状況

鉄平さんの実家の敷地は、地形的には自然堤防[*4]となって

写 2-5　被災直後の裏庭。居久根と畑が残っている

写 2-6　被災 1 年半後の裏庭（ 2012 年 10 月撮影）。既に防風林は伐採されている。天地返しを行った土によって少しずつ畑が再生されていた 。左上の方に屋敷神を祀る祠がある

写 2-7　屋敷神 を祀る祠（2014 年 12 月撮影）

＊4　河川沿いに自然に形成された微高地で、歴史的に居住地や畑などに利用されていることが多い

いる。それが理由かは定かではないが、地元の人の話では、東日本大震災時に襲った津波によるこの場所の実際の水位は、地盤から1m半くらいだったといわれている。近隣の民家の中には、天井まで浸水し、建物が流されてしまったものもあったようだが、鉄平さんの実家は残った。敷地内にある3つの棟のうち、主屋と作業場の2つは伝統的構法による古民家であったにもかかわらず、3棟とも流されなかったことは幸いであった。

2棟の伝統的構法による建物は、基礎石の上に柱が載っているだけの石場建てであり、現代住宅のような耐力壁もほとんどなかった。太い柱間を差し鴨居と梁で固めた門型フレーム状の軸組、曲がり梁で縦横に編み込まれた小屋組、そして、小幅板による野地板上に杉皮を下葺きとした桟瓦葺きの屋根によって構成されていた。

この一見すると津波に流されてもおかしくなさそうな2棟が流されずに済んだのは、前述の水位に加え、壁が少なく開口面積が大きいため、随所に水の通り道が生じ、衝撃が軽減されたこともあるだろう。また、瓦屋根の重さも相応に寄与したのではないかと想像する。

主屋の外壁や瓦屋根などについては第1章で述べたようにかなり損壊しており、一部の屋根は葺き替えられていた。また、この主屋の下屋の外側には、五月雨式に増築されてきた浴室やトイレなどがあり、その接続部のまわりからの漏水や外壁への水跳ねが、本体側の躯体の腐食原因になっていた。

建物内部を見ると、床下に堆積した汚泥は、ボランティアたちの協力で既に撤去されていた。消毒とカビ防止のための石灰が撒かれた跡が見られたが、束や大引き、土台、そして根太組は、継続的に使用できる状態ではなかった。

また、風通しの悪い壁や吊天井にはカビが散見された。津波による浸水や瓦屋根の損傷による漏水が原因である。

竈がある土間の吹抜けからは、隣接するエリアの天井裏を覗くことができた。小屋組と野地板のつくりがしっかりとしており、一様に煤で覆われていたことから、もとは天井がなく吹抜けで利用されていたことが伺えた。これらの小屋組や太い柱梁で構成される主要な軸組については、部分的な補修や補強を行うことで、継続利用が可能と思われた。

初回現地調査と改修設計への布石

このような被災案件や老朽化の著しい建物の現地調査の

際に、無意味に詳細な実測図をつくりたがる業者もいる。しかし、改修に必要な情報を得るための実測でなければ、時間と費用の無駄である。しばしば、専門家ですら勘違いすることでもあるが、図面はあくまでも手段であって目的ではない。

特に今回の場合、当初予算は相当に限られており、実測調査も私一人でまとめなくてはならなかった。

そこで、まずは解体せずに目視可能な主要な平面と軸組について、ラフな実測図をつくることから始めた。この段階の実測図は、細かい寸法が多少違っていても大きな問題ではないが、後で編集しやすいようにＣＡＤ化しておく方が良い。ＣＡＤ化に際しては、手書きの図面のようなごまかしができないため、仮定寸法を入れざるを得ない。それは、後に確認したい部位や不整合が顕在化されると考えれば、メリットでもある。賛否両論あるだろうが、予算のないプロジェクトでは、手描きの図面は必ずしも設計品質を担保できるとは限らない。また、写真はできるだけ多く撮影しておきたい。全ての情報を現場で記録することはできないからである。

現地調査後、隠蔽部については想定で描き起こし、それらをもとに基本計画を進める。既存のどこを再利用し、どこを撤去するのかなどを、ある程度見極めていくことになる。

基本計画がまとまった後、実施設計前に先行解体工事を行う。そして、建物の構造躯体のみを残した段階（スケルトン状態）で、改修に関係する細部の実測を改めて行っていく。

こうして、図面と現場の照合を繰り返しながら、想定した軸組図の修正や具体的な補強の詳細について検討していく。

もっとも、こういった段階的な実測と設計を同時並行で進めるプロセスは、調査のみではなく、設計と工事監理も委託されているからこそ可能となる。一般的に、改修を前提としたプロジェクトの場合は、設計・監理を委託したいところに調査も依頼する方が、クライアントにとっても合理的と言えるのだ。

改修の拠り所を見つける

改修設計を前提とした調査では、現況の実測や劣化状況の把握はもとより、計画の拠り所となり得る要素を抽出することも重要な作業の一つである。

初回現地調査で見い出した拠り所として、後に改めて述べる伝統的構法特有の小屋組に加え、以下の3つをここでは説明しておきたい。いずれも、鉄平さんのお母さんである美枝子さんによれば、昭和34（1959）年頃、屋根を草葺きから瓦葺きに葺き替えた際の改修でつくられたものである。

①縁側造作

現代建築であれば、あえてつくらないであろう造作的要素として、縁側の化粧垂木が施された勾配天井と、丸太梁を介した木製欄間窓まわりの造作がある（写2-8）。

化粧垂木というのは、勾配天井に取り付けられた化粧[*5]に留まらず、瓦を受ける野垂木の勾配を緩くすることで、日光を室内により多く導き入れる効果がある。現代建築では、下屋まわりの屋根を金属屋根で葺くことも多く、瓦屋根に比べて勾配を緩くすることができるため、化粧垂木をつくる理由があまりない。つまり、化粧垂木を残すことは、今後も瓦屋根を維持するか否かにかかわらず、瓦屋根時代の造作的工夫を次世代に語り継いでいくことを意味する。

木製欄間窓も、化粧垂木と連動して日光を室内に導き入れる役割を果たしている。現代住宅で強度のあるアルミサッシや木製サッシを用いる場合は、掃出し窓の高さ寸法をある程度大きくできる。したがって、欄間は必ずしも必要ではない。しかし、古民家で昔ながらの木製建具を用いるような場合は、その高さは1・8mが限度である。そこで、日光を導き入れるという意味で、建具の上に鴨居を挟んで生じる垂れ壁部分を欄間窓とする合理性が生まれてくる。東日本大震災時、鴨居下はアルミサッシに交換されて久しいようであったが、木製建具時代の合理性の名残として、化粧垂木と同様に残しておきたい造作と考えた。

写 2-8　化粧垂木（A）、丸太梁（B）、欄間窓（C）の造作によって、1.8 mの高さの建具の上部から縁側内部に光が導かれる

＊5　建築において表面にあらわれる部材。装飾的なものも含まれる

②竃

一般的に、古民家の竃や炉は、竃神（守護神）が祀られる場所として知られている。東北の古民家では、竃より囲炉裏が重宝されてきたと思っていたが、この主屋では竃の存在の方が大きかった。ちなみに、囲炉裏がない代わりに掘り炬燵の跡が玄関前の茶の間にあったが、それも東日本大震災の津波で大破してしまった。

左官職人によってつくりこまれた竃は、なんとか津波に耐えた。様々な漂流物が竃全体を覆い隠したことで、損傷が軽減されたようである。ただし、煙突は損壊して外れていたため、竃を復活させるためには再び設置する必要があった。

竃が置かれている位置は古くから変わっていないようだが、竃自体はコンクリート土間の上に設置されており、もともとの土間の時代からあったものではない。しかし、年輪を帯びたその姿は、この主屋をずっと守ってきたかのような独特の存在感を放っており、残すべきものであると考えた（写2-9、10）。

③東南の角部屋

東南の角部屋は、この古民家の中で「もっとも思い出深い場所」とちひろさんから伺っていた。草葺屋根の時代、

写2-9　被災直後の竃の状況。漂流物に覆われていたことによって、本体の損傷が若干和らいだのかもしれない

写2-10　初回現地調査時の状況。本体のひび割れ、煙突の損傷はあるが、復旧は可能そうであった

この角部屋の部分は土間であった。それは、床下に残っていた礎石（布石）の並べ方からも明らかであった。瓦に葺き替えた当時は、伝統的な日本家屋の玄関脇の土間が、応接間に改修される事例は多かった。もっとも、応接間は洋間であることも多いが、この主屋の応接間は和室（畳間）であった。

50坪の平屋の中で3坪ほどしかなかったが、主屋の中では日当たりも良く、とても居心地が良さそうなスペースであった。お盆やお正月などに親類縁者が集まった際、座敷を差し置いて集いの間として使われてきたのは、この部屋であったという。つまり、ちひろさんは、鉄平さんの家族たちとの親交をこの部屋で深めていった。

今回の主屋の改修を機に、自分が生まれ育ったわけではない土地で新しい暮らしを始めようとするちひろさんにとって、このような小さな記憶の蓄積はとても重要である。それは、縁側や竈のように、物理的な造作を残すこととは別の拠り所、すなわち、新しい暮らしの中で、東南の角部屋をどのように位置づけていくかを考える拠り所となるものであった（写2-11、12）。

写2-11　東南の角部屋の既存外観状況

写2-12　東南の角部屋の腰窓。もともとの前土間を居室化するにあたり、大きな腰窓が設けられた。東南の角部屋ということもあり、冬季の日中は広間よりも暖かく、家族団らんの場になっていたという

遠くを見ながら足元を固める

初回の現地調査を終えて、このプロジェクトは当面二つの視点から進めていくべきと考えた。

一つは、年月をかけた段階的な工事計画の視点である。現況のまま放置された場合、あと数年もすれば建物の物理的劣化はかなり進行してしまうだろう。その間に再び大きな地震が起これば、今度こそ倒壊してしまうかもしれない。鉄平さんとちひろさんは、一度に全ての改修を終えようとは考えておらず、段階的につくり込むことを前提に初期予算を組んでいた。そこで、まずは構造的な補強に加え、雨風を凌ぐ外壁などの外皮の改修を行う。これを第1期工事のノルマとして設定し、予算の範囲内でできるところまで行うという方針を立てた。ただし、予算がどうしても足りなかった場合には、壁などの外皮は仮設で施工せざるを得なくなる。その仮設解体費用が将来工事で発生するため二度手間となるが、それは受け入れなければならない。

そして、もう一つは、段階的にプロジェクトを進めていく上で、しっかりとした将来構想を頭に描くという視点である。それは、鉄平さんとちひろさんの確かな価値観に裏付けられたものでなくてはならない。もちろん、価値観は変わる可能性もあるが、それが成長や時代の変化などによるものか、気まぐれによるものかでは大きな違いがある。プロジェクトを進めていく過程で、引き返すことや軌道修正をすることがあったとしても、意味のある足跡を刻み続けることによって、その全てがこの家にとって忘れ去られることのない歴史となる。

以上の二つの視点は、多少温度差を伴うものかもしれないが、登ろうとする山の頂きを見据えつつ、目の前の足元を軽視しない当然のプロセスでもある。将来構想の質と目の前の一歩の価値の重さは直結するものである。

こうして、この先10年、いや、20年、30年といったスパンで考えるべき「スミツグイエ」の大きな物語を語らう日々が、鉄平さんとちひろさんが当時住んでいた東京の小さなマンションの部屋で始まった。私はその将来構想を「鈴木さん一家の銀河計画」と勝手に呼ぶことにした。

初回現地調査状況

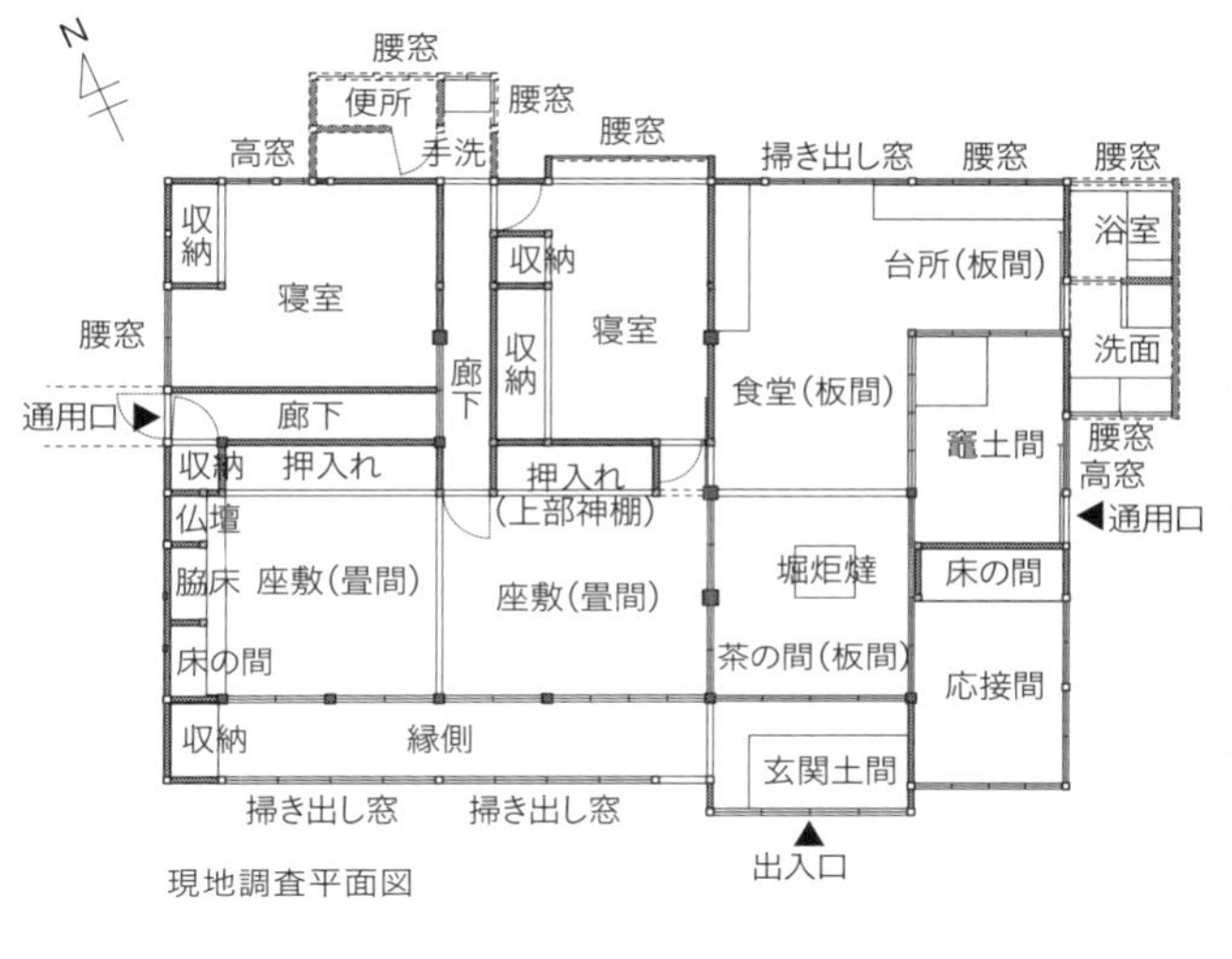

現地調査平面図

既存部材については①上屋を支える太い上屋柱②下屋の外周を支える外周柱③それらを繋ぐ梁や鴨居、貫材④小屋組を除いては、主要構造としての役割を担わない造作材——である。また、これらの床、間仕切り壁、吊天井といった造作材のほとんどは、津波による損傷や漏水の影響がひどく、再利用は難しい状況であった。さらに、下屋の外側に五月雨式に増築されてきたと思われる浴室やトイレ等の部分も、ジョイントまわりの漏水や水はねに伴う腐食の原因となっていた。

初回現地調査の主な所見

部位	写真	所見・メモ
床下		床に堆積した汚泥は、被災後のボランティアたちの協力で既に撤去され、石灰が撒かれていたが、床下を見る限り、束や大引き、そして根太組は、損壊、カビ、腐食などが多く、既存の再利用は難しい状況であった。
壁・天井	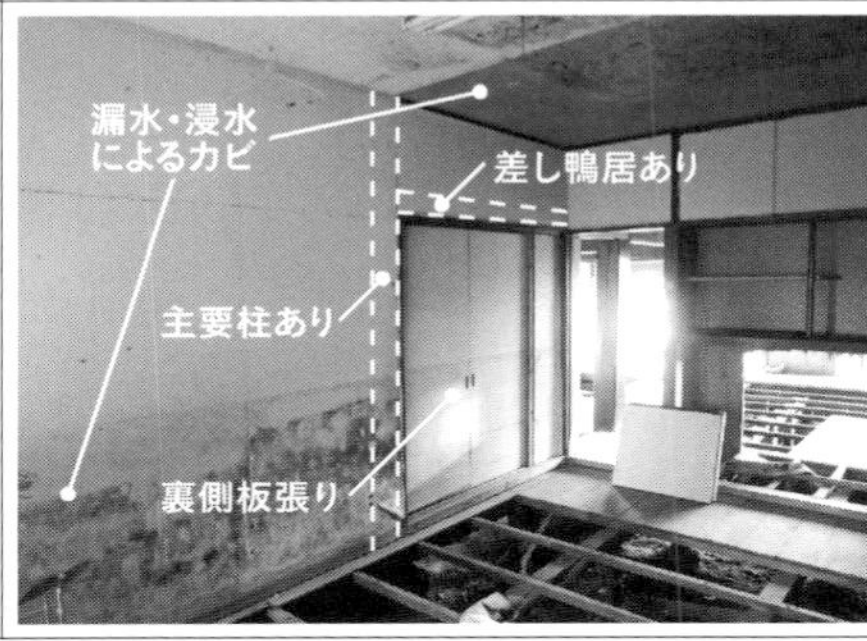	部分的に土壁や雑壁が残ったが、津波により浸水した範囲は、構造的な耐力についてほとんど期待できるものではなかった。雑壁の多くは腰壁までカビが生えていた。また、瓦屋根の損傷や、上屋と下屋の取合い部の小屋壁の損傷に伴う漏水から、天井にもカビが散見され、既存の再利用は難しい状況であった。

部位	写真	所見・メモ
小屋裏		竈土間側から覗くことのできた旧茶の間や台所の天井裏の小屋組の保存状態はとても良かった。中央の小屋壁は野地板まで土壁がしっかりとつくられていた。小屋梁の煤に覆われた状態や、野地板のつくりから想像するに、かつては天井がなく、吹抜けで利用されていたことが推測できた。座敷・仏間側の小屋裏については、先行解体後に確認することにした。
垂れ壁付き柱		垂れ壁付きの柱の部分で、西向きに1/60～1/20の傾きが随所で見られた。被災建築物応急危険度判定では大規模半壊に当たる。改修の際には床、袖壁を撤去しスケルトン化するため、この段階での細かい計測は、あまり意味がない。改修工事前の先行解体後に改めて計測し、最終的には傾きを修正することになる。
サッシ		外壁の掃出し窓や腰壁は、津波の通り道となり、一部を除き破損して流され、ブルーシートで塞がれていた。
縁側（天井・欄間）		縁側の化粧垂木による勾配天井、丸太梁、欄間窓の保存状態は良かった。また、座敷側の垂れ壁下の鴨居に張られた迫力のある長押も顕在であった。垂れ壁の表面は繊維壁仕上げとなっていたが、その下地の土壁はしっかりとした厚みもあった。

部位	写真	所見・メモ
竈本体		竈は津波による漂流物に覆われたことで、大きな損傷には至っていないように見える。しかし、被災前の状況と比較はできないものの、再利用を考えるならば、内部に生じている割れの補修、金物類の交換が必要である。
竈上部（煙突）	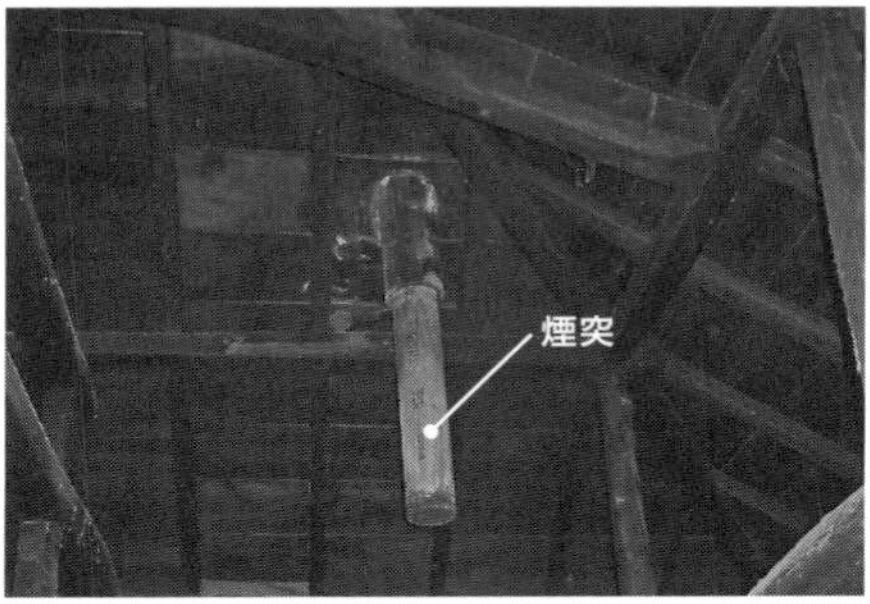 煙突	竈上部の煙突は破損していた。竈を再利用する際は、煙突も設置し直す必要がある。また、煙出し窓が近くにあるが、古い造作で、雨も吹き込みやすくなっていた。
東南の角部屋	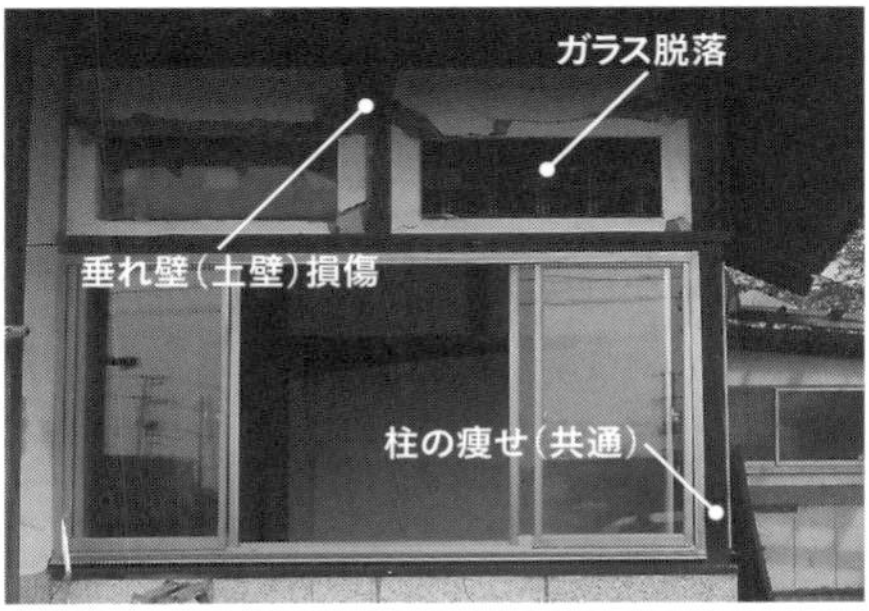 ガラス脱落 垂れ壁（土壁）損傷 柱の痩せ（共通）	外壁の欄間を構成する土壁、ガラスの損傷が見られた。明るい部屋だが、出隅を含む外壁の全てが開口部であることに加え、外壁側も真壁のため、柱材の痩せ具合も大きく、改修に際しては、部材の交換や補強が必要である。
増築部	 屋根と妻壁の取合いに腐食 増築部（撤去前提）	主屋の最外周部に五月雨式に増築されていた部分については、地震時における伝統的構法との揺れや動きの違いから屋根部分での漏水が発生しやすいこともあり、今回の改修に際してすべて撤去することを前提とした。左写真は北東端にあった浴槽ブロックで、その屋根と主屋の妻壁の取合い付近の梁に腐食が見られた。

2012.12—2013.2　鈴木さん一家の銀河計画

図 2-2　銀河計画マスタープラン

夢のかたちを探る

「家の一部を開放して小さな食堂をやりたいです」

これが、将来的に、鉄平さんとちひろさんがスミツグイエに託そうとしている夢の一つであった。打合せを始めて間もない頃から伺っていた言葉である。もちろん、それを実現していくためには、超えなくてはならないハードルがいくつもある。

この二人の夢の話を聞いて「広大な田園地帯の中に小さな食堂を開いたところで、本当に成り立つのだろうか?」といったような、ネガティブな意見を持つ人がいても不思議ではない。しかし、そもそも兼用住宅規模の小さな食堂において「成り立つ」とはどういうことなのだろうか。何を尺度に、成り立つ、成り立たないを判断するべきなのだろうか。ネガティブに捉える人の多くは、単純に、儲かるとか儲からないといった、金銭面という尺度だけで判断しているのかもしれない。

「成り立つのか?」という問いに対する答えは、その人の価値観や考え方、暮らし方によって大きく異なってくるものである。鉄平さんとちひろさんは、津波で被災した鉄平さんの実家の古民家を住み継ぎ、農地を守っていくことに加え、地域のために家を開くことを考えたのである。「小さな食堂」は、農家であることを活かした地域貢献の一つと考えられる。他にも長期的な構想としては、1000坪以上の広い敷地の中にある畑や居久根、そして、主屋と同様に伝統的構法でつくられた作業場を再生し、地域の子供たちのためのワークショップなどを企画する夢も持っていた。

日常に溶け込んだ事例を探訪する

スミツグイエに「小さな食堂」をつくるという大きなヴィジョンを胸に抱き「鈴木さん一家の銀河計画」はスタートした。次なるステップは、その漠然とした夢に対して、より具体的なイメージを当てはめていくことである。

通常、我々のような建築意匠を専門とする設計事務所は、模型やパース、スケッチなどを駆使して、クライアントとコミュニケーションを取った気になることが多い。確かに、丁寧な模型や、写真のようなパースを見せれば、クライアントは喜ぶかもしれない。しかし、それと設計のコミュニケーションが成立しているかどうかは全く別の話であることを、これまで幾度となく経験してきた。クライアントは、当たり前であるが設計のプロではない。従って、例えば50分の1の縮尺で作成された模型や、限定的な視点から描かれたパースから、実物を想像することは難しいと思ったほうが良い。一方、我々建築家にとっても、丁寧なプレゼンテーション用の模型に時間を割くことに、必ずしも大きな意味があるわけではない。模型が役に立つのは、設計過程において、断片的なスタディ模型から完成形を想像し、試行錯誤するプロセスにおいてである。

基本計画の段階ではむしろ、誰でも訪れることのできる実際の建築物を参考資料として、全体のイメージをつくっていくということも一つの方法である。

スミツグイエの基本計画では、いくつかの参考事例を鉄平さんとちひろさんに提示し、それらに実際に訪れてもらった上でディスカッションを進めていった。ここで重要なことは、それらの事例の表面的なデザインではなく、「考え方」の部分に焦点を当てることである。その意味では、見た目が個性的すぎる建築物よりも、できるだけ日常に溶け込んだものの方が良い。肩肘張らないブレインストーミングの一環として、いくつかの事例を提示したが、その中でも次の二つの事例は、このプロジェクトの初期段階において、少なからず参考に据えたものとなったので紹介しておきたい。

一つ目は、東京都国立市にある「やぼろじ」という施設だ。やぼろじは、空家となっていた昭和中期頃に建てられた日本家屋とその敷地全体に最低限の改修を施し、飲食店や事務所などのテナント施設として活用されている。2012年当時は、主屋の座敷と縁側をフルに活用した「やまもりカフェ」に定評があった。それに加えて、住や食、自然や農など、暮らしをテーマとしたイベントも多く、地域内外の人に親しまれていた（写2-13）。

鉄平さんとちひろさんも偶然この施設のことを知っており、彼らがスミツグイエに食堂を取り入れたいと考えたのも、やまもりカフェに端を発していたという。鉄平さんやちひろさんがイメージしていたものを、言葉やスケッチ、そして、模型とは違った実例を介して共有できたことは大きかった（なお、やまもりカフェは、2016年に閉店している）。

やぼろじとスミツグイエの違いはどこにあるのだろうか。

まず、スミツグイエはテナント施設ではなく、個人の農家住宅である。将来的に小さな食堂を開く場合においても、住宅エリアと食堂エリアが明確に区画されることはなく、一つの屋根の下に共存する。そういった、兼用住宅ならではの特徴を活かした計画を目指している。

また、やぼろじは、増築部を除く既存部分については修繕がメインであり、もとの間取りをあまりいじっていないように見えた。一方、スミツグイエは、被災により損壊した部分が多いため、鉄平さんとちひろさんの移住後のライフスタイルに合わせて、もう少し自由な間取りが可能である。

そこで、私が二つ目の参考事例として紹介したものは、「手紙舎」という、東京都調布市の公営住宅内に、商業テナントとして入っていた食堂兼オフィスであった。

当時、私は調布市に住んでいたため、手紙舎には幾度か訪れていた。この食堂兼オフィスの何がユニークであったかというと、手紙舎というイベントの企画や本の出版を手掛ける会社のオフィスと、彼らが運営する食堂が、一つのテナントスペースの中に区画されることなく併存していたという点である。そこでは、飲食店の客席に対して、腰棚を介してワークスペースがあり、その中で手紙舎のスタッ

写2-13　やぼろじ(東京都国立市)。敷地へのアプローチこそグラフィックデザインの施された看板があったが（写真上）、その中の「やまもりカフェ」（写真下）は、既存の屋敷に最低限の修繕を加えた他は、いわゆる古民家調飲食店舗に見られるような演出を施すことはなく、ごく普通の日本家屋が、そのまま食堂として活用されていた

フたちが仕事をしていた（あくまでもこれは２０１２年頃の話である）。

このようなオフィス形態は、今ではそれほど珍しくはないかもしれないが、当時は、クライアントになかなか採用してもらえないアイデアという意味で、新鮮であった。そして、新鮮なプランでありながらも、さりげなく使いこなされているところが良かった。私は、この手紙舎のプランの中にあったある種の緩さを、スミツグイエの中に農家住宅と農家食堂というかたちで取り入れたらユニークではないだろうかと考え、鉄平さんとちひろさんに紹介したのである。

他者を参考にするということ

読者は「なぜ、自分が設計したものを参考事例にしないのか」と思われるかもしれない。私自身、古民家の移築改修の設計・監理は以前にやったことがあり、鉄平さんとちひろさんが私に問い合わせてきた理由も、その事例写真を見たからと伺っていた。しかし、賛否両論はあるかもしれないが、建築の設計というのは、常に一回性の特殊解であると私は考えている。建築は、クライアントとの間に産み落とされる唯一無二のものだからこそ、そこに建築家という個が携わる意義がある。ここで誤解を招かぬように断っておくが、一回性の特殊解というのは、なにも前衛的な建築的サーカスを目指そうとしているわけではない。重要なことは設計のプロセスにある。

試行錯誤しながら住まいをつくり上げていくプロセスをクライアント自身にも体感してもらいたい。そのためには、建築家が自分の過去の仕事を参照し、焼き直すというやり方は、必要最小限に抑えるべきである。そうでなくとも、基本的なつくり方などは、自然と参照されてしまうものや、参照せざるを得ないものも多く、全く違うプロジェクトであっても、表層上の趣というのは似てしまうところもある。

こうした思いもあり、事例を紹介しては、鉄平さんやちひろさんとディスカッションするということを繰り返した。そして、農家住宅と農家食堂の空間構成、そして、古民家を住み継いで行く上で必要な経年変化を許容するディテールや、素材感に関する若干の感性の共有などを積み上げ、具体的な計画へとステージを移していった。

損壊した古民家を再構成する

建物の履歴の分析と今回のプランとの関係性については後で述べることにするが、基本的に古民家を特徴づける主要な太い柱と梁で構成される軸組や小屋組は維持する。一方で、下屋のさらに外側に五月雨式に増築されてきた浴室やトイレなどの部分については、第1期工事で撤去し、建物全体のボリュームを単純化することにした。これらのブロックは、オリジナルの構造とは縁が切れていたため、東日本大震災で接続部が損傷し、漏水や躯体の腐食の根源にもなっていた。

こうしてできた、ほぼ矩形の建物形状に対し、まずは、南北方向に開と閉（パブリック性）、東西方向に動と静（アクティブ性）の仮想軸を設定してみた。

このような方位や地形の対比によるヒエラルキーの設定というのは、自然崇拝と宗教が混合したアジアの集落や民家の形成過程で見られるものである。より一貫性のあるシステム化された事例としては、バリ島のナインスクエア（図2−3）が有名であるが、身近なところでは、風水思想など、日本の集落形成にも垣間見られるものである。

しかし、今回はそういった宗教・思想的な意味を伴う軸ではなく、単純に開と閉、動と静という二つの軸によって生まれる空間のヒエラルキーが、被災後の混沌とした家屋内部に計画を落とし込む際に、ある種の基準のようなものになれば良いと考えた。また、そうすることで、ちひろさんの思い入れが深い東南の角部屋を、開放的で動的なスミ

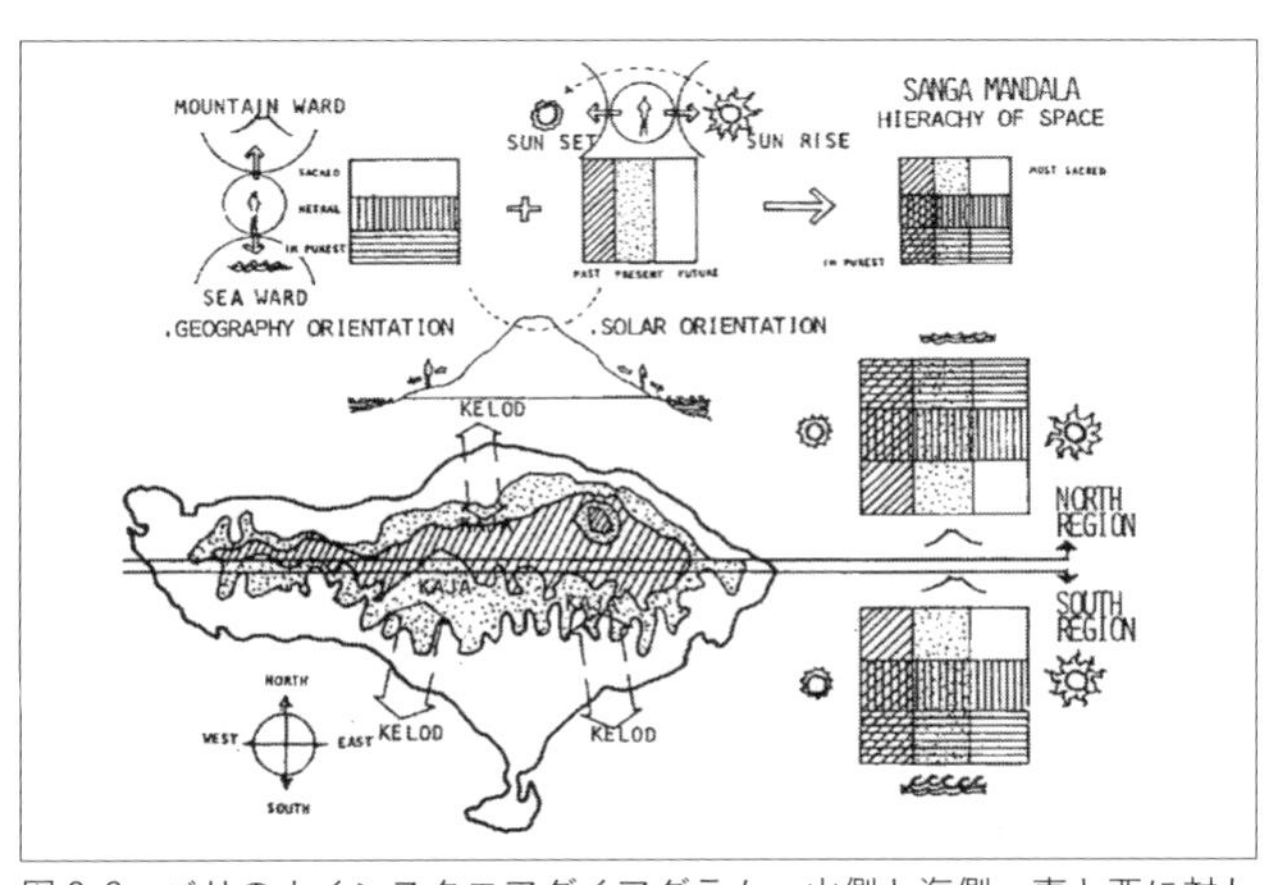

図2-3　バリのナインスクエアダイアグラム。山側と海側、東と西に対して聖と俗のヒエラルキーが与えられることで構成される９つのヒエラルキー（ナインスクエア）が、島レベル、集落レベル、住宅の間取りレベル、そして、装飾レベルに至るまで入れ子状に反復され、住環境形成のシステムになっている代表的な事例として知られている

出典　布野修司ら「地域の生態系に基づく住居システムに関する研究（2）東アジアにおける伝統的生産技術と自助・相互扶助によるロー・コスト・ハウジング」住宅建築研究所報９巻、住宅総合研究財団、1983年

ツグイエの中心的エリアとして位置づけることもできた。

東南の角部屋を中心に据える

この最も開放的で動的であると位置づけた東南の角部屋に何を計画するべきか。これまでと同様に応接間なのか、あるいは、将来的な「小さな食堂」の客席なのか。検討した末、将来的な「小さな食堂」用を想定したオープンキッチンを据える提案に落ち着いた。

前節で述べたように、既存の東南の角部屋は、ちひろさんが鉄平さんの家族に溶け込む過程でとても重要な場所だった。小さな応接間のような部屋ではあったが、日当たりが良く、毎年家族が帰省した際は、中央の茶の間や板間を差し置き、皆が集まる団欒(だんらん)の場となっていた。

新しい計画では、その重要性を引き継いだうえで、食堂兼用住宅を飛行機に例えるなら、そのコクピットともいえるオープンキッチンとして生まれ変わらせることにした。

いわゆる古民家における台所というのは、室として構えるようになって以降、通用口などで動線を分離し、表には見せない「ケ」のエリアとして家の奥に位置づけられてきた。その「ケ」のエリアであった台所を、あえて玄関脇にオープンキッチンとして配することは、今回のような古民家の改修の場合、タブーに近いと言えるかもしれない。実際、東日本大震災が起こるまで、台所は竈土間の裏側にあったので、多少の違和感があっても不思議ではない。しかし、鉄平さんとちひろさんが描く移住後のライフスタイルを落とし込んでいった結果、「ハレ」としてのキッチン案が、最終的に受け入れられたかたちとなった。

そのコクピットで操縦する機長は他でもない、「小さな食堂」の発案者の一人であり、この場所への思い入れが強いちひろさんである。スミツグイエ内部の大方を見渡すことのできるオープンキッチンに立ちながら、家族だけではなく、訪れる様々な人たちとの新しい関係を築くことで、この場所に対する想いの強度をさらに上げていくことになるだろう。

さらに、既存の東南角にあった腰窓は出窓に設え直し、それに面して、彼女が好きに使って良い小さなデスクスペースを置いた。単なるオープンキッチンというだけではなく、彼女の場所としても位置づけられたらと考えたのである。知らない土地に移住して住み続ける決意をした、ちひろさんの覚悟に対する私からの小さな計らいでもある。

スミツグイエのプラン

こうして、東南のオープンキッチンを頂点に、前に述べた開と閉、動と静という2軸のヒエラルキーを一つの基準としながら、諸スペースを配置、調整していった。その際、壁の少ない伝統的構法による家屋の特徴を活かし、諸スペース＝「間」と捉え、極力、固定壁などによって区画することなく、数珠繋ぎに間を連続させていくイメージで計画を行った（図2-4）。

南北方向の開閉軸については、小さな食堂のある家という将来像に沿って、南側に食堂（縁側や濡れ縁も含む将来客席）やオープンキッチンなどの人に対して開くエリア、北側に寝室やバスルーム、ワークスペース（書斎・居間）、住宅専用の台所など、プライベート、セミプライベートなエリアを配した（写2-14、図2-5）。

このうち、中央の南側玄関から、食堂（将来客席）、ワークスペース（書斎・居間）、北側の畑へと繋がる帯状エリアは、固定的な壁を設けることなく内外に連続し、スミツグイエの中で最も特徴的な大空間として計画した。

東西方向の動静軸についてては、公私にわたり最もアクティブに使われるキッチンエリアを東側に設定したが、開閉軸にも倣い、開放的な将来食堂用は前に述べたように南側、閉じた将来住宅用は北側、そして、両者に挟まれたエリアには、キッチンの象徴的存在であり、古くは竈神（守護神）が祀られた場所でもあった竃エリアを縮小して残した。

また、対照的な静のエリアとしては、北西角部屋が最もプライバシーがありながら静かな場所ということで、鉄平さんのお母さんである美枝子さんの寝室を配した。南西側は、食堂兼用住宅となった際には、祭事の時以外は居間的に使う予定の仏間を配した。この仏間は、既存では床の間がある接客用の座敷であったが、新しい計画では床の間をなくし、仏壇を間口の中央に据えることで、セミプライベート性を増している。

建物の中央エリアについては、開×閉、動×静のどちらの性格も兼ね備えたニュートラルなゾーンとして、祭事などの多目的な間と位置づけるとともに、引き続き大きな宮形を据える「神棚の間」とした。神棚の位置については、被災前と同様に南を向いて置ける壁を選んだ。

ところで、神棚の宮形の中には神はいない。あるのは神札だけである。これは、神宮建築に代表される、物理的に空虚な中心を持つ日本文化の象徴的なものであるが、その

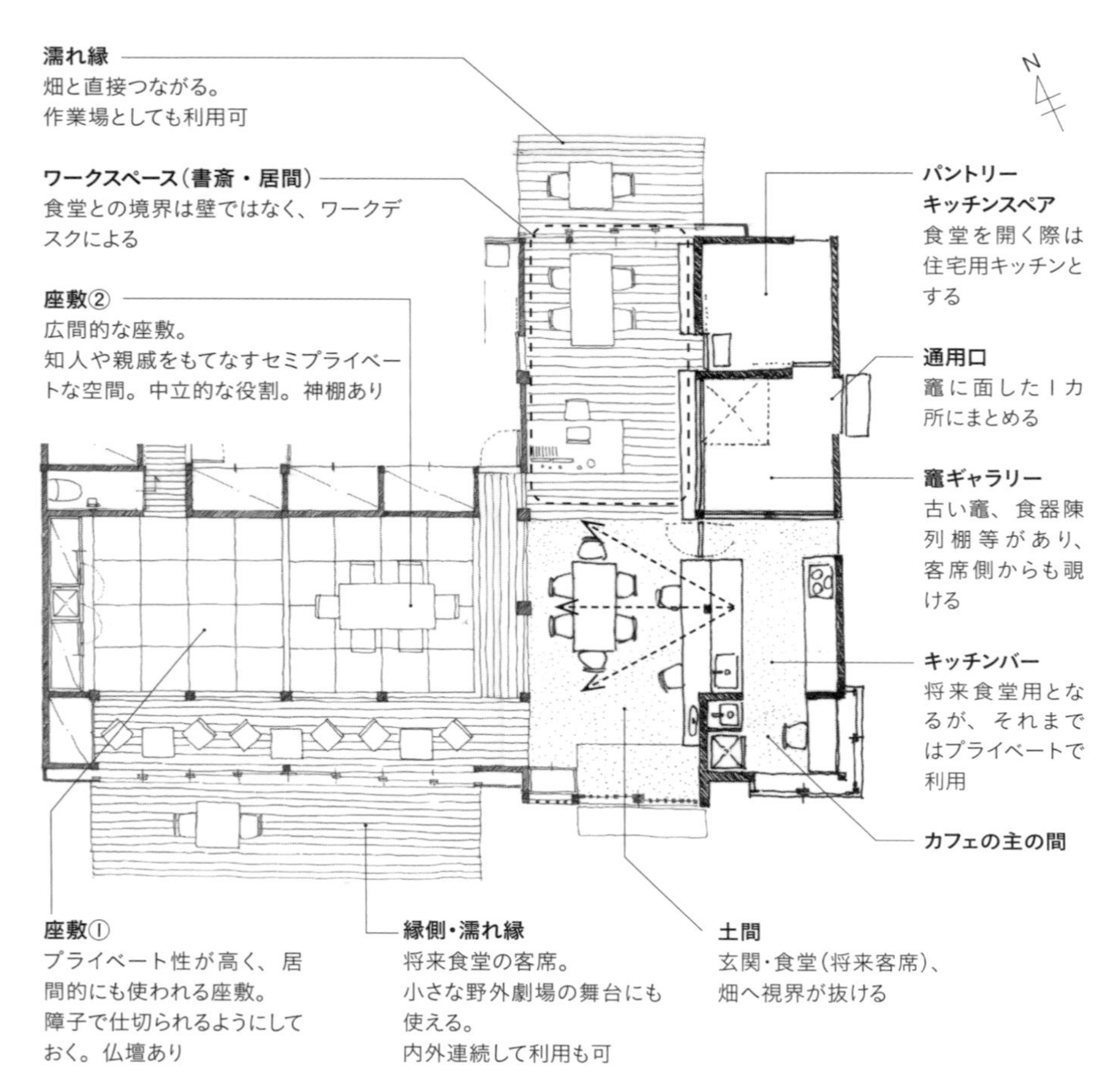

図 2-4　オープンキッチンを中心とした平面計画。東南の角部屋に、スミツグイエのコクピットとしてのオープンキッチンを配し、周辺のパブリック、セミパブリックエリアとの関係性、連続性を検討した基本計画時のスケッチ

写 2-14　初期スタディ模型。玄関から食堂(将来客席)、書斎・居間、裏の畑へと連続するオープンスペース

中心は、神道の社内部における神の「依り代」でもある。スミツグイエにおいても、建物の重心に入れ子状に設置された宮形の中にある空虚な中心が、屋内神の依り代となり、北西端の祠を依り代とする屋敷神とともに建物と敷地を守る。

こんな話をすると、宗教臭いと毛嫌いする人がいるかもしれない。しかし、これはそれ以前の話として、スミツグイエにとって重要なことなのだ。農業を営む人にとって、自然に対する感謝の念はごく当たり前の日常としてある。そして、それは習慣化した形式として建築の中にも表れてくる。このようなことを排除するのではなく、どのようなかたちで受け入れるかもまた、現代建築の多様性である。

鉄平さんとちひろさんとの打合せは、主屋の改修に関する議論に留まらなかった。隣接する作業場に、ワークショップスペースを兼ねた図書館を設えるといった活用案にまで膨らんでいった。もちろん、乗り越えなくてはならないハードルはたくさんあったが、夢をみることは誰にも邪魔することのできない自由と権利である。また、それによって、少しでも復興へ前進するエネルギーが生まれるのであれば、夢を膨らませることは十分に価値があると言えるだろう。

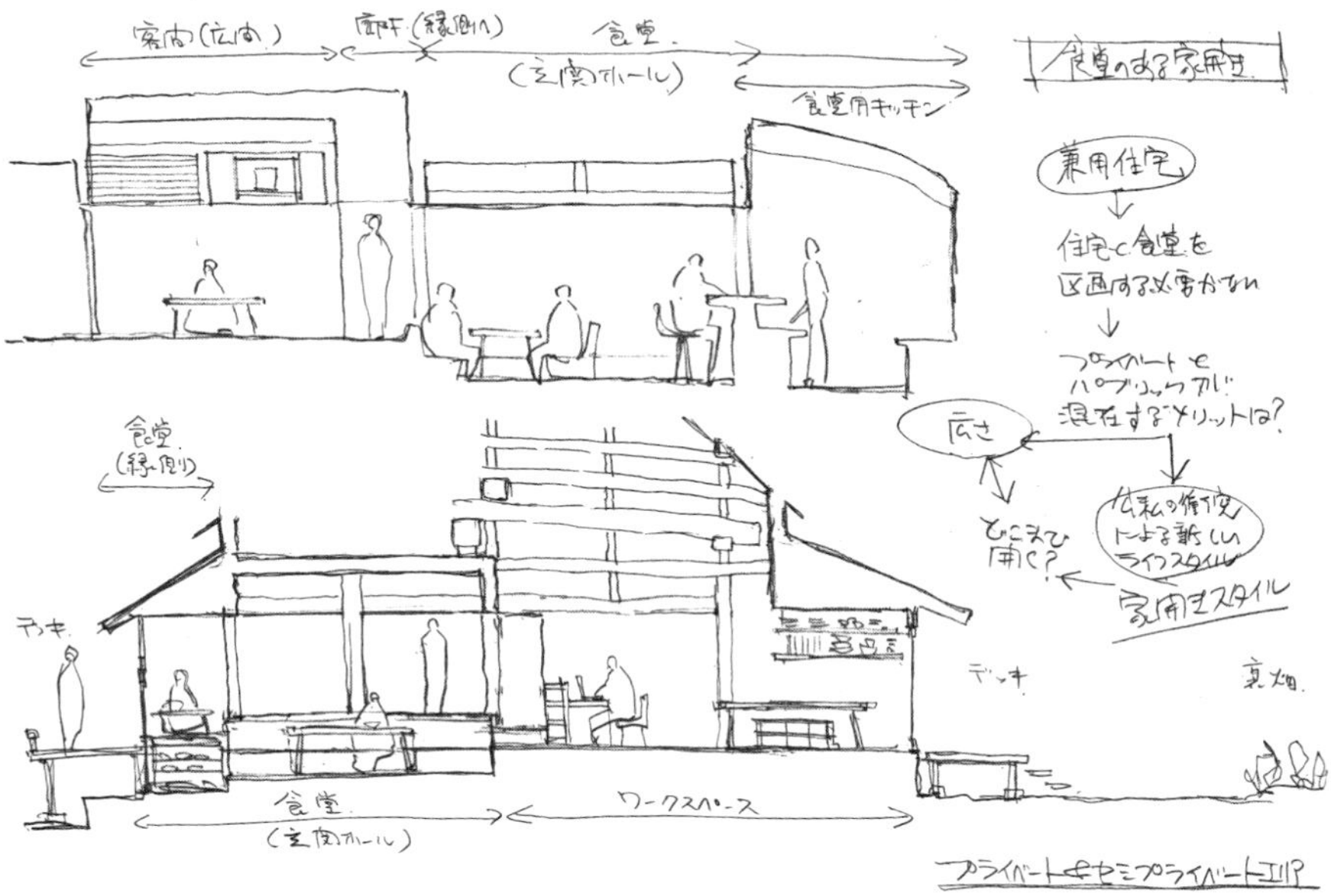

図 2-5　初期断面構成スケッチ。パブリックとセミパブリックの連続性・一体性

基本計画案の変遷

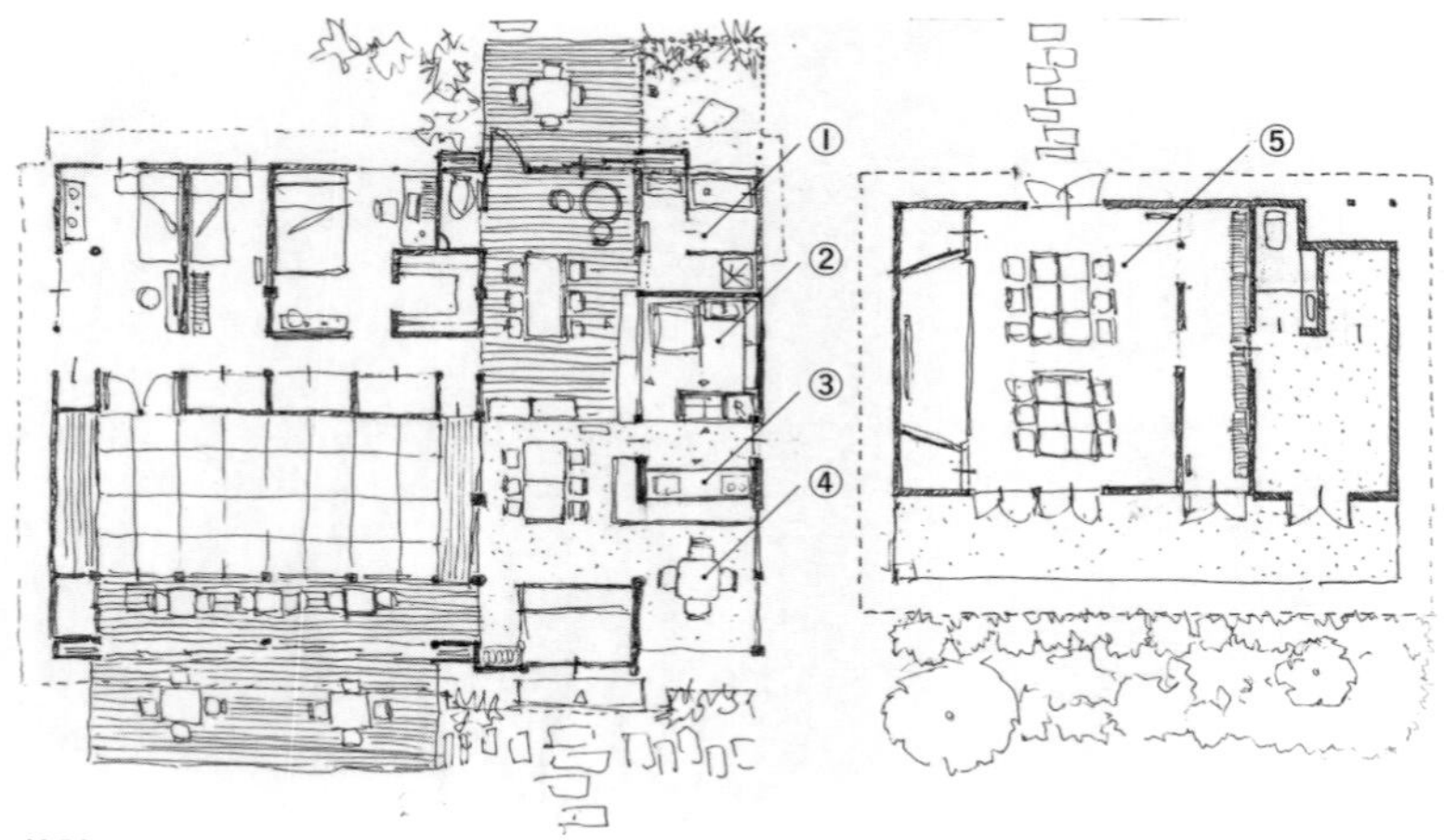

検討スケッチ1

撤去した北東端の①浴室機能を、そのまま家屋内にスライドしてみた。②竈エリアを将来的な住宅用台所、それに隣接した南向きの③オープンキッチンを将来食堂用台所と想定したが、プラン的に窮屈であった。東南の④角部屋は、被災前までの人が集う部屋のイメージから、玄関前と併せて食堂（将来客席）として考えた。作業場は将来的に小さなステージ付きの⑤ワークショップスペースをイメージしたものである。

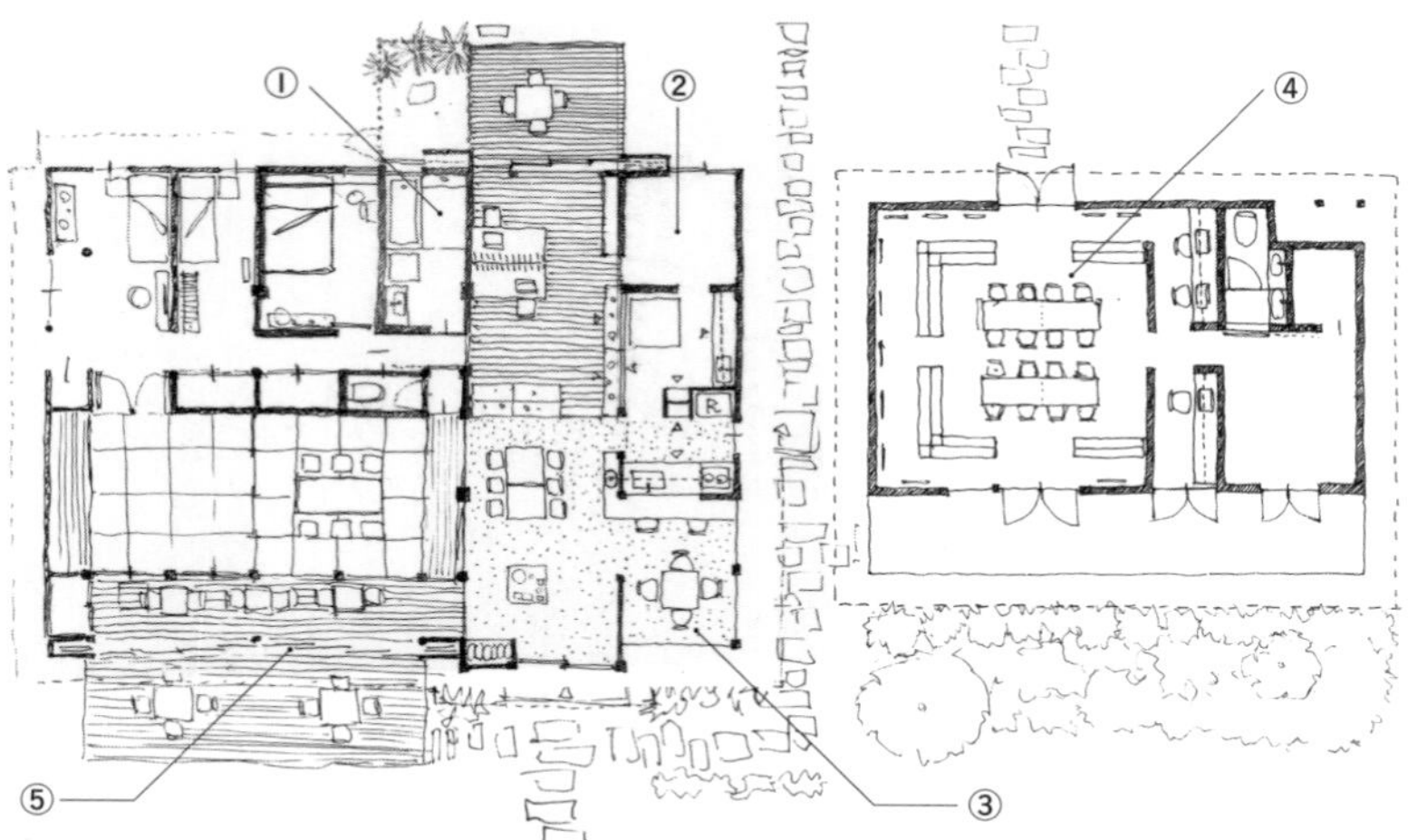

検討スケッチ2

住宅用、将来食堂用の台所が小さすぎるため、①浴室の位置を寝室側のブロックに移動し、北東端は②パントリーとして、将来的に住宅用台所に改修することを想定した。東南の角部屋は、この段階でも③食堂（将来客席）としてイメージしていた。作業場はステージを取りやめ、静的な図書館をイメージした屋内と、南側の屋外の棲み分けを明確にした④ワークショップスペースに変更した（ステージは主屋の⑤縁側を活用することも考えた）。

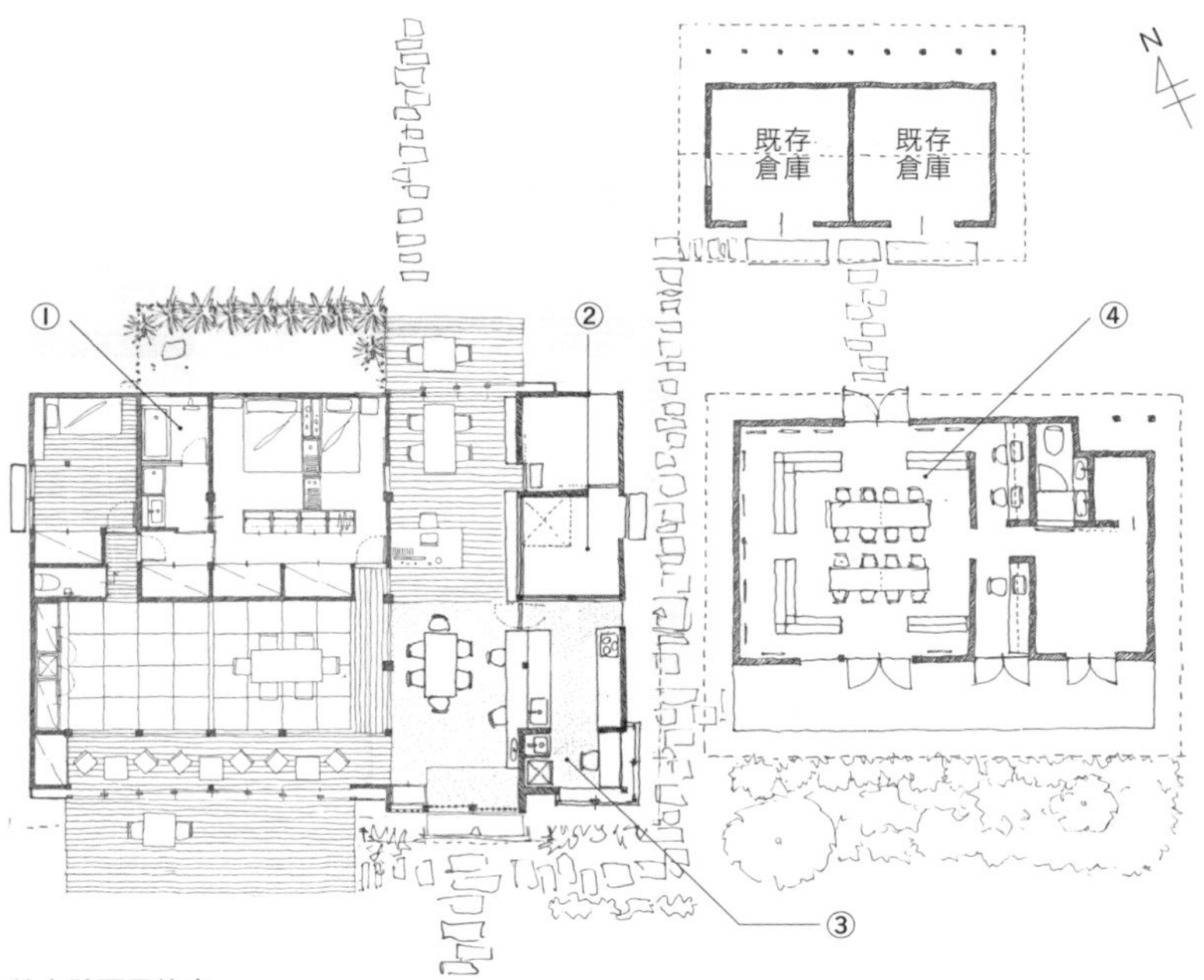

基本計画最終案

①浴室の位置を二つの寝室の間に挟み、相互間のプライバシー性を高めた。②竈土間は、竈のみを置くこととした。③東南の角部屋を大きなオープンキッチンに変更し、家屋内全体を見渡せるスミツグイエのコクピットとして考えるようになった。これによって、間取りと開×閉、動×静によるヒエラルキーとの関係性も整理された。

第１期工事は躯体（復旧・補強）と外皮までがノルマだったが、第２期工事、さらなる将来をイメージし、④作業場の活用方法のスケッチも残した。

なお、この段階では、耐力壁位置など構造的な内容は反映されていない。

基本計画最終案に基づくスタディ模型。先行解体前のため、天井内に隠蔽され、確認できていない小屋組部分はつくられていない。

時間軸上の家

写 2-15　履歴が刻まれた小屋組（第1期工事終了時）

語り継ぐために歴史を描く

東日本大震災時、スミツグイエの小屋裏で吹抜けとなっていたのは、竈土間の上部だけであった。しかし、前に述べたように、その吹抜けは、隣接する居室の小屋裏と連続しており、初回現地調査の際にその内部を覗くことができた。小屋組は牛梁や投掛け梁でしっかりとつくられ、野地板も小幅板が奇麗に張られていた。また、それらの表面は均一な煤で覆われており、この小屋裏ももともとは吹抜けで利用されていたことを示していた。

こんな調子で全ての小屋組や野地板がつくられているなら良いと思っていたが、基本計画がまとまり、実施設計に移る前の先行解体工事で全ての天井を剥がし、改めて小屋裏を見上げてみると、興味深い改修の履歴が浮かび上がってきた。

古い家屋を住み継いで行く上で断片的に表れる履歴を仮説とともに紡ぎ合わせ、ストーリー（＝歴史）として記録すること。それを、そこに住まう人々が共有し、後世に語り継いでいくこと。これは、第1章で述べたように、このプロジェクトにおける、古いものと新しいものとの関わり方の基本的なスタンスである。そして、前節「鈴木さん一家の銀河計画」にあるような、将来を想い描くことと併せて取り組むべき課題と考えている。

履歴の把握の実際については、公的な記録として遡れるものが土地台帳や閉鎖登記ぐらいしかない以上、鉄平さんのお母さんである美枝子さんのお話と数枚の写真、そして、こうして露になった既存の躯体を見ながら仮説を立てていくことになる。客観的な事実の記述のみに留まらず、仮説を立てる意義は、後に発見されるかもしれない別の事実によって、修正が必要な個所を顕在化しやすいからだ。

刻まれた歴史へのアプローチ

既存建物に対して、歴史や記憶の断片が刻まれた象徴的な部位を、意匠設計的にどのように扱うべきだろうか。具体的な履歴については、プロジェクトを通じて徐々にわかってきたこともあるが、スミツグイエの歴史に対するアプローチは、以下の二つに集約される。

第一に、主要柱や梁に代表される既存躯体のありのままの姿をできるだけ残し、それらを通して建物に刻まれた歴史を伝える。

第二に、損壊を免れた残すべき造作などの先人の仕事をリスペクトする一方で、引き継ぐ世代のライフスタイルに合わせた住まいの環境をつくりだす。

スミツグイエはあくまでも復興がメインであり、履歴調査そのものが目的ではないところから始まった。従って、ここで記す歴史は、第1期工事、第2期工事、そして、それ以降と継続して行ってきた実物調査やヒアリング、文献調査などの内容をまとめたものである。そして、これらの事実やそれに基づく仮説は、今後も必要に応じて修正や上書きが加えられる可能性があることを前提としておく。

スミツグイエの歴史Ⅰ[*6] 美枝子さんの記憶以前（昭和34年以前）

鉄平さんは、祖父の故三郎氏から、スミツグイエの原型は300年程前（18世紀）まで遡ることができ、代々改修を加えられながら今に至ると伝えられてきた。実際、鈴木家が檀家となっているお寺には、それが類推できる家系図が収蔵されていたというが、火事で失われ、現在はその記録を追うことはできない。しかし、この地域の開墾時期は、17世紀（1615〜44年）であると伝えられていることから、少なくとも18世紀以降、鈴木家の祖先がこの地に

＊6　スミツグイエの変遷過程想像図（p.92）も参照。以下 、スミツグイエの歴史Ⅱ、Ⅲも同様

定着してきたとしても不思議なことではない。

なお、前に述べたように土地自体は長らく借地であり、その所有権を鉄平さんの先祖が得たのは大正時代に入ってからだったが、この土地の区画自体は、旧土地台帳によって明治19（１８８６）年まで遡ることができる。つまり、少なくともその時代には、現在の建物の原型が建っていた可能性がある。一方、建物自体は、昭和31（１９５６）年に故三郎氏が鉄平さんの祖祖父にあたる故三太夫氏から贈与される際に初めて登記されている。そして、その時点では草葺屋根であったことがわかっている。

草葺屋根の農家住宅は、地域の人々が集まって共同作業を行う「結（ゆい）」の文化の下で、昭和初期ぐらいまでは新築（新築普請）で建てられてきた事例もある。従って、これをもってスミツグイエの原型が、３００年程前（18世紀）からあったことを立証できるわけではない。そこで、ここでは故三郎氏の話を前提とした上で、スミツグイエの履歴を類推、考察してみたい。

東日本大震災時のスミツグイエの間取りは、土間部分は竈エリアのみだったが、19世紀以降の大型農家建築の一般形である6間取り（不整形）の名残があるように思えた。しかし、先行解体で露になった既存の主要柱の位置や、小屋の組み方、そして、土壁による小屋壁（界壁）位置から想像すると、もとは建物中央を境に、東側は全て土間であった可能性が高い。なぜならば、中央の小屋壁よりも東側にある繋ぎ梁と鴨居による門型フレームは、土間を上げ床としていく過程でつくられたもののようでもあり、上屋の荷重は、桁行方向の牛梁などによって外壁まわりへと導かれていたからである（写2-16、17）。

このような構造は、土間の中の柱を外す形式として、17世紀前半（約４００年前）に建てられた国指定重要文化財「関家住宅」（横浜市都筑区）などでも見られるものだ（写2-18）。仙台地方では、18世紀後半からこのような軸組の変化が起きたという文献もある。*7

また、間取りの変遷については、18世紀以降に発達したとされる整形4間取りのグリッドが、スミツグイエの古い軸組からは読み取れなかったので、前座敷広間型3間取り（図2-6事例1）を原型に、前座敷奥広間型（同事例3）を経て、土間の上げ床範囲が拡張していったと初めは類推していた。

しかし、美枝子さんによれば、草葺きの時代はもとより、後述する昭和34（１９５９）年頃の瓦への葺き替え後も「ヒロマ」の分割はなく、17畳近い「広間」の背後（北

＊7　月舘敏栄「東北地方の民家における軸組の変容からみた自然災害への適応過程の研究」八戸工業大学紀要、1992年

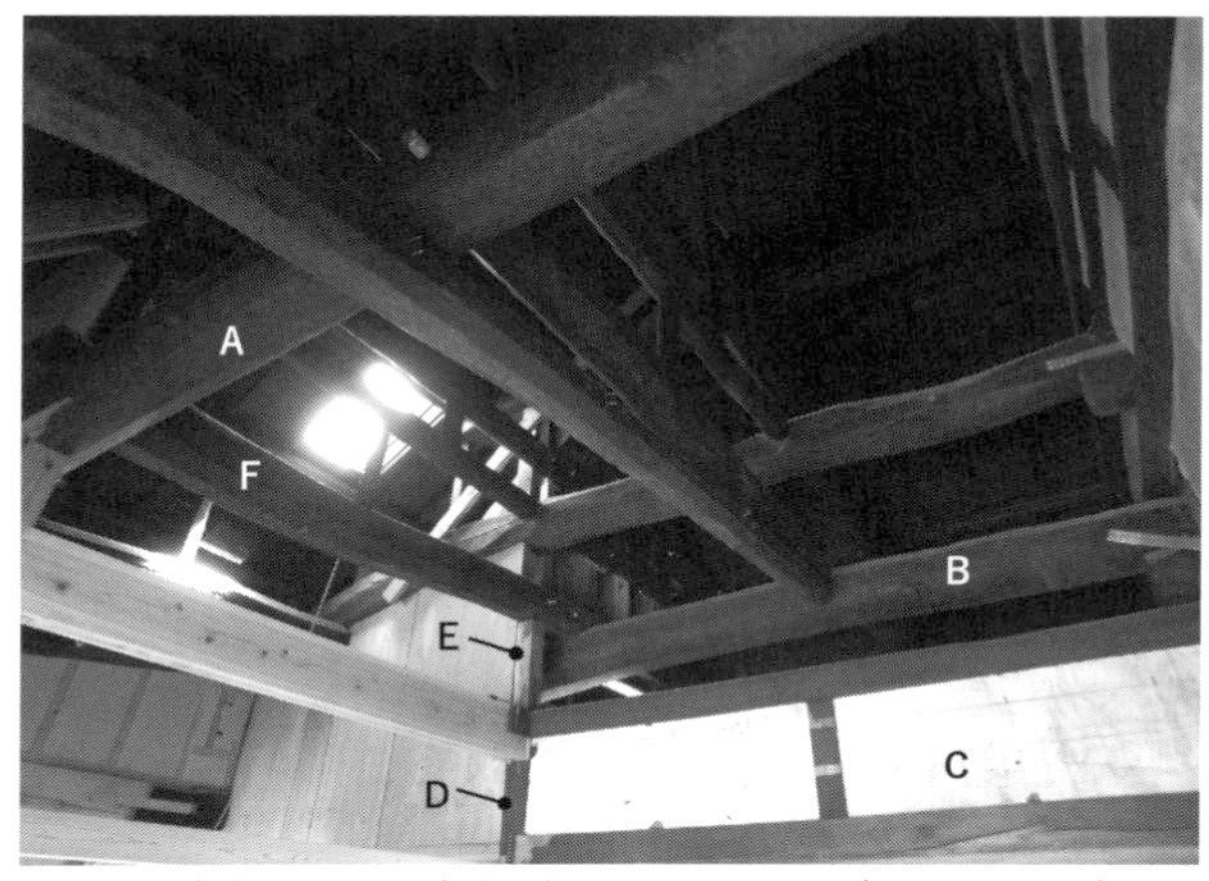

写 2-16　書斎・居間から竈土間側の小屋組を見る（第 I 期工事中）

写 2-17　竈土間上部小屋組（初回現地調査時）

写 2-16 は、第 I 期工事中のもので、白木部分は新設部材。A 梁と B 梁は、右手の小屋壁側から左手の外壁側へ渡された桁行方向の牛梁で、これに直行する投掛け梁などと共に小屋組を支えている。右下側の C の垂れ壁を構成する柱 D や束 E がなくても小屋組は支えられる。
写 2-17 は、初回現地調査時の B 梁を竈側から見たもの。F 梁は B 梁（および A 梁）によって支えられ、柱 D や束 E がなくても小屋組は支えられることがわかる。
スミツグイエのこのエリアの原型は、写 2-18（国指定重要文化財「関家住宅」）のように、柱を外した土間空間であった可能性が高い。

写 2-18　国指定重要文化財「関家住宅」
写真撮影：小野吉彦

側）に、廊下と食器収納棚によって構成されたエリアがあっただけという（93頁参照）。

つまり、長らくは、どちらかというと奥にパントリー的なエリアを設ける前座敷前広間型（同事例2）のような構成であったことになる。これらは、原型が前座敷広間型3間取りであったことを説明するには十分であろう。

もともとの柱や軸組の位置関係からは、奥広間型（同事例3）へ移行する方が自然であるようにも感じられるが、原型の広間型3間取りに近い前広間型（同事例2）を経由して、6間取り（不整形）に近い間取りへ変容していったということになる。

また、興味深いのは、後述する美枝子さんの記憶に残っている瓦へ葺き替えた昭和34（1959）年頃以降の「広間」は、実際には「座敷」と呼ばれていたらしい。

この地域はもともと、前座敷系広間型には、広間型3間取り、前広間型、そして、

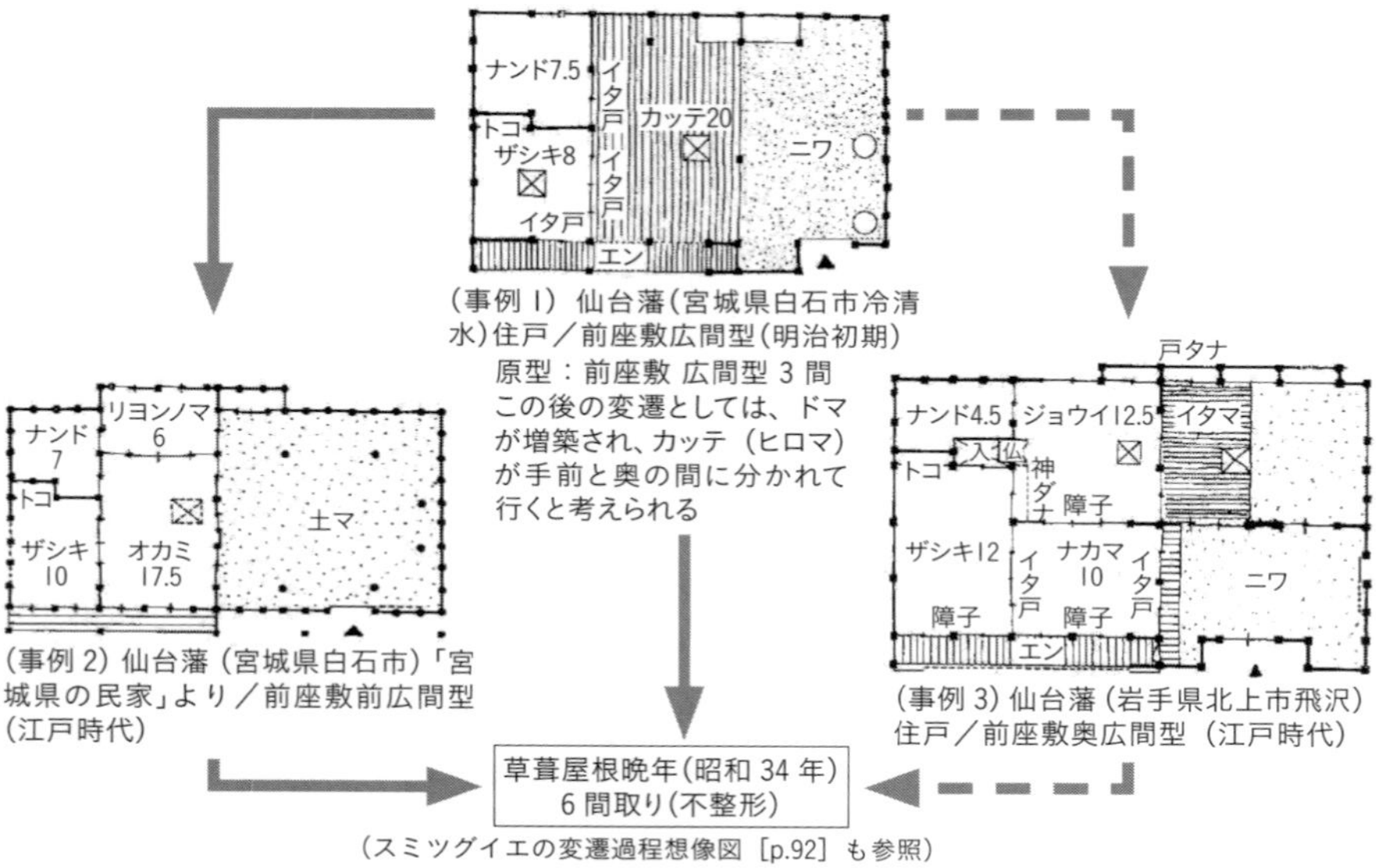

(事例 1) 仙台藩(宮城県白石市冷清水)住戸／前座敷広間型(明治初期)
原型：前座敷 広間型 3 間
この後の変遷としては、ドマが増築され、カッテ（ヒロマ）が手前と奥の間に分かれて行くと考えられる

(事例 2) 仙台藩（宮城県白石市）「宮城県の民家」より／前座敷前広間型(江戸時代)

(事例 3) 仙台藩（岩手県北上市飛沢）住戸／前座敷奥広間型（江戸時代）

草葺屋根晩年(昭和 34 年)
6 間取り(不整形)

（スミツグイエの変遷過程想像図［p.92］も参照）

図 2-6　仙台藩の古民家事例を参照したスミツグイエの変遷過程の考察
初期考察では、スミツグイエの原型は 3 間取り広間型(事例 1)と類推。その後、前座敷奥広間型(事例 3)を経由して、6 間取りに近い折衷型に変遷していったのではないかと考えていたが、後のヒアリングで、ヒロマの分割は昭和 49 年の改修までなく、北側に食器棚スペースと通路が一皮あった状態が続いたということがわかった。従って、どちらかというと、前座敷前広間型(事例 2)のような間取りを経て、6 間取りに近い構成へと変遷してきたことがわかった。
出典　事例 1、2、3：大岡敏昭ら「藩域からみた農家住宅の地域的特徴と歴史的発展過程に関する研究（1）」財団法人新住宅普及会、住宅建築研究所報 1984

奥広間型が混在していたらしく、それによって軸組のつくられ方と、間取りのつくられ方、実際の使われ方、そして、「間」の呼び方などが入り交ざっていたのかもしれない。

以上から、この古民家の原型が、かなり古い時代からあったとするならば、その建設年代としては、広間型3間取りが一般的だったとされる17世紀（それは、この地域の開墾時期と一致する）、あるいは、前述の土間まわりの小屋組形式から類推される18世紀後半（17世紀の原型が、この時期に拡張されたとも考えられる）に建てられ、数十年単位の屋根の葺替えに伴う改修や増築により変遷してきたという仮説が立てられる。これと、故三郎氏による３００年程前からあったという話を総合すると、18世紀前半に原型、18世紀後半に拡張という説が有力かもしれない。

とはいえ、武家屋敷や商家と異なり、農家住宅は記録が少ない。スミツグイエにおいても、明治以前の話は手掛かりとなる物的証拠が現在ほとんど見つかっていないため、原型の建設時期についてはあくまで憶測の域を出ない。

しかし、旧土地台帳の記録にある明治19（１８８６）年から、鉄平さんの先祖が土地の所有権を得た大正時代後期の間には、既に存在した前座敷系広間型3間取りを原型に持つ草葺屋根の民家が、増築や改修による変遷を経て現在に至るということは言えるのではないだろうか。

スミツグイエの歴史Ⅱ
草葺きから瓦葺きへ（昭和34年頃）

草葺きの屋根が瓦に葺き替えられたのは、鉄平さんのお母さんである美枝子さんが小学校2年生の頃（昭和34［１９５９］年頃）ということだ。おそらく「結」の文化が戦後衰退したことに伴うものであろう。

葺き替え前後の状況は、美枝子さんが小学校2年生以前の記憶、当時の数枚の写真、そして、先行解体時に確認された建物中央の小屋壁や小屋組からの類推になる。

①土間の応接間化と玄関土間や縁側の拡張

美枝子さんの話によれば、草葺屋根の時代、東南の角のエリアはまだ「ドマ」であったという。また、縁側の奥行きが若干小さく、玄関も跳ね出していなかった。それは、草葺時代の晩年である昭和25（１９５０）年当初に撮影されたとされる玄関前の写真で、玄関と東側の外壁面が同面に見えることからも裏付けられる（写2-19）。

草葺屋根を瓦葺きに改修する際に、東南の「ドマ」であった部分が「応接間」となり、隣接していた玄関の一部も板間となった。これにより、玄関土間が外側に拡張され、屋根の跳ね出しが必要になったと考えられる。また、縁側の奥行きが拡張され、化粧垂木や丸太梁、欄間窓などの造作が施されたのもこの時期であり、それらは「初回現地調査状況」で述べたように、東日本大震災でも損壊することなく残った。

②北側の濡れ縁

また、昔の写真と美枝子さんの話から、北側の下屋の一部は、後述する昭和49（1974）年頃の改修以前は濡れ縁になっていたことがわかった。この濡れ縁が、草葺屋根の時代からあったかについては、美枝子さんの記憶から追うことはできなかったが、少なくとも外部であった可能性はある。草葺屋根の時代は、北西側に通用口がなかった可能性もあるので、この濡れ縁の設置に伴い、裏（北側）の畑から納戸への直接的なアプローチができるようになったとも考えられる（写2-20）。

③竈のつくり替え

現存している竈は、屋根が瓦に葺き替えられた際につくり替えられたものである。竈が土間コンクリートの上に据えられていることや、煙突があることからも明らかであ

写2-19　昭和25年、玄関前。
まだ草葺屋根の時代の写真である。玄関横の壁は、ささら子下見張りのように見える。この時代は、玄関の跳ね出しがないことがわかる。昭和34年頃の改修で、前土間を応接間化する際に、高床範囲が広がり、玄関が拡張したことで跳ね出しがつくられたと思われる

写2-20　瓦葺きへ改修後の旧濡れ縁。
草葺きから、瓦葺きに改修した当初までは、北側の中央部に濡れ縁があったことがわかった。この濡れ縁によって、裏庭側から北西側の納戸への直接的なアプローチが可能となる

る。美枝子さんによれば、草葺屋根の時代から同じ位置に竈はあったが、一回り小さなものであったということだ。このつくり替えられた竈は、石、煉瓦、モルタルなどによりつくられた造作で、左官職人により仕上げられたものである。

④囲炉裏から掘り炬燵へ

美枝子さんによれば、初回現地調査の時に、「茶の間」に残骸が残っていた掘り炬燵は、草葺屋根の時代に同じ位置にあった囲炉裏をつくり替えたものだという。

草葺屋根の時代は、囲炉裏は「ダイドコロ」側にあり、竈とともに炊事に使われていたのではないかと類推していたが、少なくとも瓦に葺き替える頃には、玄関側の「チャノマ」を構成する一要素であったということである。これは、炊事は竈の方を重宝し、囲炉裏はどちらかというと暖房的機能として考えられていたことを示すものである。なお、この昭和34（１９５９）年の改修で、囲炉裏が掘り炬燵になり、煤の心配がなくなったことで、その上には芋棚を兼ねた板床天井がつくられた。芋棚はほとんど使われなかったというが、「茶の間」の天井を低くし、垂れ壁で四周を囲むことで、冬場に暖められた熱を少しでも逃がさない効果はあったと思われる。

⑤礎石の嵩上げ

掘り炬燵で使用されていた石や、外周まわりの濡れ縁の布石は、仙台市の太白区秋保で産出される凝灰石の「秋保石」であり、美枝子さんによれば、昭和34（１９５９）年の改修で多用された記憶があるという。後述する礎石の嵩上げなどに用いられている石も秋保石のため、これらの多くはこの改修時に使われたものである可能性が高い。[＊8] 屋根を草葺きから瓦葺きへ改修するにあたって、足元を強固にしておきたいと考えるのは自然なことである。

ただし、一般的に、秋保石は大正末期から昭和初期にかけて多く利用されたといわれている材料のため、時期的には一つ前の代に行われたであろう改修時と按分して使用されていた可能性もある。

⑥扠首（さす）構造から和小屋へ

昭和34（１９５９）年の改修のもっとも大きなポイントは、屋根を草葺きから瓦葺きとするにあたって、小屋組上部を扠首構造から和小屋に組み替えたことである。スミツグイエで用いられている牛梁や牛掛け梁、投掛け梁などに代表される箴子（しんし）[＊9]梁的な梁組は、水平応力があり、この地域特有の梁の組方としても知られている[＊10]（写2-21、図2-7）。

「茶の間」から「食堂」を経由して裏の畑に抜ける板間

＊8　第３章「スミツグイエの耐震補強」（p.112）参照

＊9　湾曲した梁　　＊10　＊７などの文献による

エリアは、柱・梁などの躯体が竈の煤で覆われていたため、履歴がわかりにくい状態であった。これは、前に述べたように、瓦に葺き替えた以降も、吹抜けとして使われていた期間があったことを示している。

一方、「広間」側については、ある程度履歴を推測できた。例えば、この改修以降、「広間」には高天井が張られたようだが、当時天井裏に隠蔽されたにもかかわらず、小屋梁面が煤に覆われているものといないものがあった。このことにより、どこから小屋が組み替えられたかが類推できた。

なお、ここが高天井となったのは、もともと「ヒロマ」であったことの名残である。実際、高天井となりながら、一部の小屋梁は意図的に天井下に露出させていたことが、当初の野縁の位置から確認できた。

スミツグイエの歴史Ⅲ
現代的なプランへの改修（昭和49年頃）

①天井高さの変更

「広間」が「座敷」に近くなるのは、昭和49（1974）年頃、美枝子さんがこの家を引き継ぐことを想定した、間

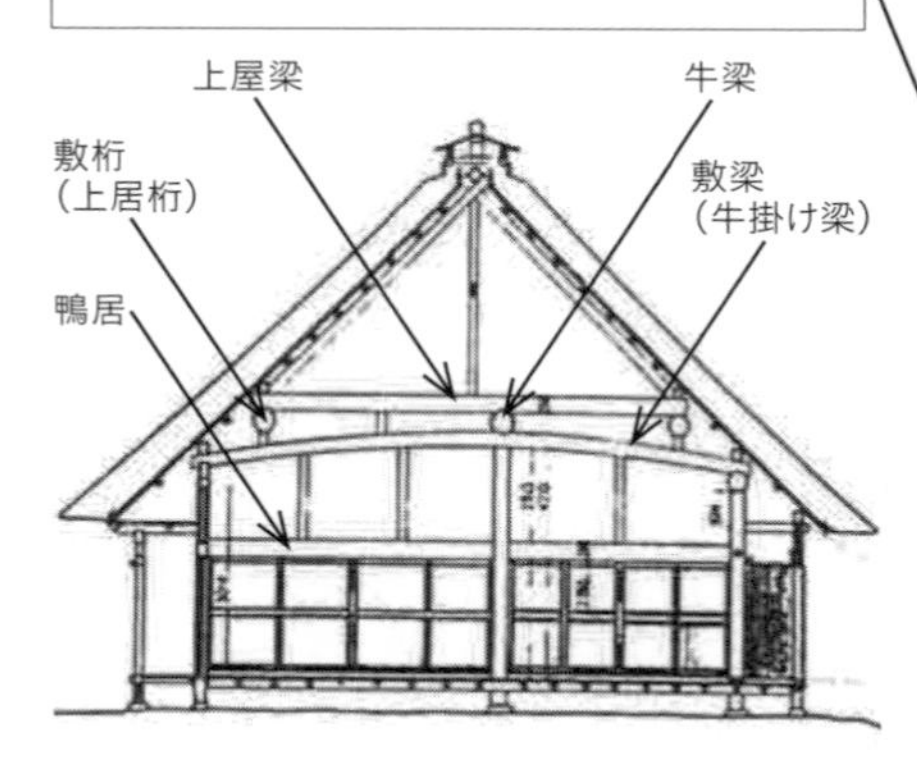

図2-7　扠首構造の参考例：庄司はつえ家、18世紀後半
出典　宮城県教育委員会『宮城の古民家』宮城県文化財保護協会、1974年

写2-21　スミツグイエの小屋組（第1期工事終了時）。鴨居の上に敷梁があり、その上に上屋梁がある。その上の生木による架構は、瓦葺きへの改修の際につくられた小屋組である。
図2-7は、18世紀後半の宮城の古民家の軸組例であるが、スミツグイエとの類似点も多い。もともと草葺きであったときの小屋は、左図のような、扠首構造であったと思われる

取りの変更を含む内装改修によってである。

竈のある「土間」を除くすべてのエリアに低い天井が張られ、小屋梁は全て隠蔽された。それまで天井が張られていたのは「広間」「座敷」「応接間」「納戸」であるが、「広間」と「納戸」は、天井裏の野縁跡から高天井だったことがわかっていた。

②広間の分割

この改修で天井を下げた「広間」は、「前広間」と奥の「寝室」の二つに分割された。同時に、その「前広間」を囲む垂れ壁は繊維壁によって大壁納まりとなり、「座敷」が意識されていたことがわかる。

また、茶の間との境界上に並ぶ柱や、垂れ壁下部の鴨居にカシュー[*11]が塗られたのもこの時期のようだ。なぜなら、先行解体工事で繊維壁を撤去したとき、カシュー塗りは繊維壁の下端までしか塗られていなかったからである。

なお、この時代の「広間」の分割は、いわゆる伝統的な農家住宅の変遷というよりも、より現代に近いライフスタイルの影響によるところが大きい。他にも、寝室と寝室の間に「中廊下」を入れるなど、西洋的な住宅要素がこの時期の改修には盛り込まれている。

③神棚の位置の変更

神棚は、広間型3間取りの原型では、「ヒロマ」の北側に南を向いて設置されていたと想像するが、美枝子さんの記憶が比較的鮮明な小学校2年生の頃（昭和34［１９５９］年頃）は既に、「広間」と「座敷」の境界の垂れ壁に、東を向いて取り付けられていたらしい。

しかし、昭和49（１９７４）年の改修で、広間を2分割したことでつくられた「寝室」と「前広間」の境界部分に、南側向きの神棚収納がつくられた。この中に据えられた宮形自体は、昭和34（１９５９）年の改修時には既にあったというが、東日本大震災でも損傷せず、無事に引き継がれている。

④浴室増築

もともと別棟であった浴室などの小規模な増築が、下屋のさらに外側に五月雨式に行われていったようだが、その履歴の詳細ははっきりしていない。「初回現地調査状況」で述べたように、昭和49（１９７４）年以降の増築部とそれ以前の本体との境界部に生じていた漏水や腐食は、東日本大震災によって致命的なものとなった。

⑤外壁・開口部

昭和34（１９５９）年の瓦葺きへの改修直後の外壁仕上

＊11　カシュー株式会社により1948（昭和23）年に開発された漆系樹脂塗料

げは、漆喰と板張りによるものであったと思われるが、それ以降は、昭和49（1974）年頃の改修を経て、部分補修や改修が随時行われてきたようだ。その中には、無計画に継ぎ接ぎされたような部分もあった。また、縁側などの外部建具がアルミサッシに替わったのもおそらくこの時期である。

小屋裏に刻まれた歴史

以上のようなスミツグイエの東日本大震災までの変遷過程を最も象徴的に表す部位として、広間側の小屋組と小屋壁が挙げられる。

天井裏に隠蔽されていた小屋壁や小屋組の見栄えは悪いが、天井が張られていた時代と張られていなかった時代、天井が高かった時代と低かった時代を、煤がついている部材の範囲や、野縁の取り付けられた高さの跡などから想定することができた。改めて、この広間側の小屋組と小屋壁を通してわかることをまとめると次のようになる。

草葺屋根の頃は、農家建築の「ヒロマ」の特徴として、天井はなかったはずである。つまり、昭和34（1959）年頃の瓦に葺き替え以降、天井裏に隠蔽されていたにもかかわらず、竈や囲炉裏による煤がついている小屋梁は、草葺屋根の時代からあったことを示している。逆に、生木の状態である小屋梁は、瓦葺きに改修するにあたって組み替えられた小屋組である。

小屋組上部が扠首から和小屋に組み替えられた際、広間側には高天井が張られたことが、当時の野縁の跡によって確認できたが、その理由は、小屋梁の一部を露出させ「ヒロマ」としての特徴を引き継ぐためだったと考えられる。

昭和49（1974）年頃の改修で、天井をさらに一段下げ、梁の露出はなくなった。それが、東日本大震災まで維持されてきた。この段階では、「広間」が分割されてつくられた「前広間」の垂れ壁には繊維板が張られ、その下に露出する鴨居下部や柱にはカシューが塗られていることから、「座敷」が意識されていたと思われる。

今回、解読しきれなかったものや、誤解して理解したつもりになったものもあるかもしれないが、このような一連の履歴情報が、「広間」側の小屋裏には濃縮されていた（写2-22、23）。

写 2-22　天井裏に隠蔽されていた小屋壁から読み取れる履歴（第 I 期工事終了時）。
● 煤に覆われている部分は草葺き時代からあった梁で、生木のままの梁は瓦への葺き替え時に組替えられた部材と類推される。
● 一番下の野縁跡は昭和 49 年の改修時のもので、その上の野縁跡は昭和 34 年の改修時の天井のためのものである。
農家住宅の古民家では、「ザシキ」以外に天井を張らないことが一般的であったが、時代の価値観とともに、天井が張られるようになったことを示している。昭和 34 年時には小屋壁に直行する牛梁などを天井下に見せることで「ヒロマ」のイメージを維持しているが、昭和 49 年時には完全に天井裏に隠蔽され、垂れ壁も大壁となり、「ザシキ」と同じ位置づけになった

写 2-23　東日本大震災時の前広間（初回現地調査時）。東日本大震災時の内装は、主に昭和 49 年の改修によるもの。当時、「広間」が分割され「前広間」は座敷的な間となった。天井が下がり、垂れ壁は大壁となっている

スミツグイエの変遷過程想像図

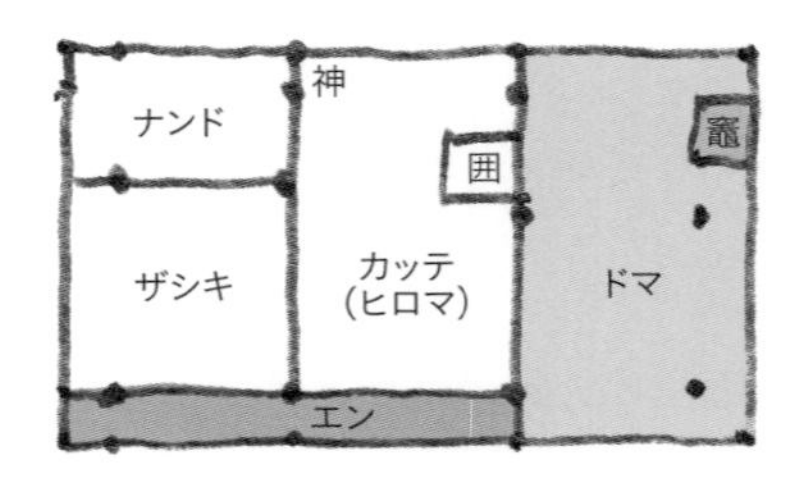

江戸中期〈想定〉

★広間型3間取りの原型

★エンは、より原型の段階では単なる外部だったと思われる

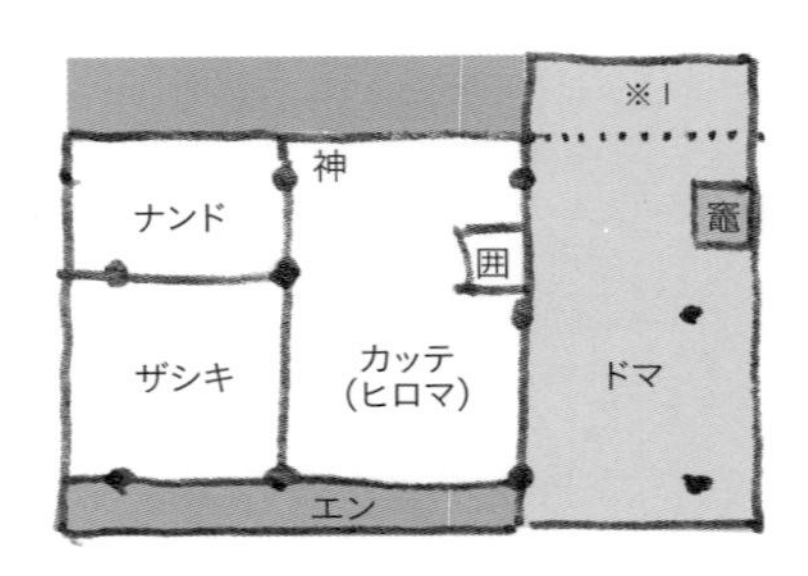

梁間方向の増築〈想定〉

★北側下屋の増築（※1）

★増築の範囲は後の濡れ縁の位置との関係から定かではないが、少なくとも、ドマ側は増築されたと思われる

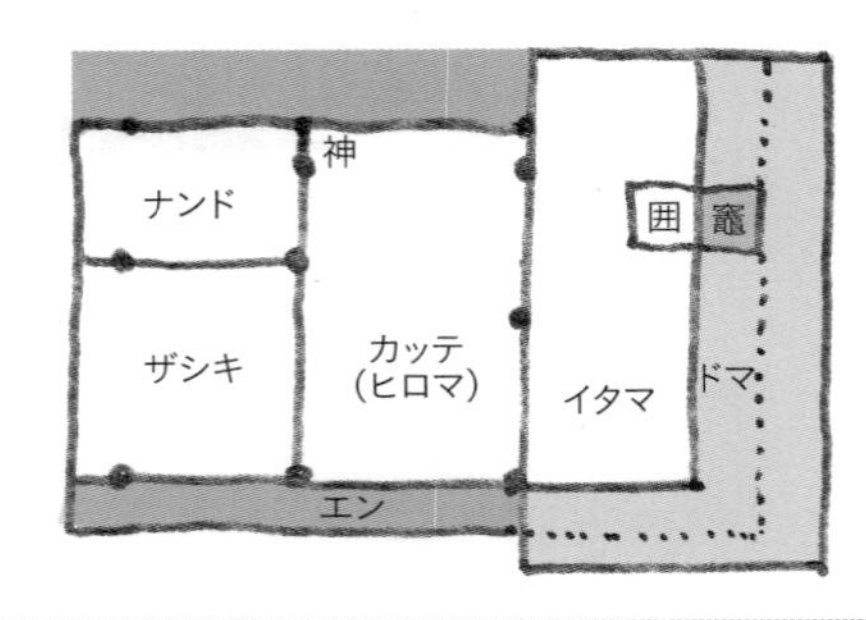

桁行方向の増築〈想定〉

★イタマ拡張に伴うドマ側の増築

★囲炉裏を竈脇に移動
（炊事場に竈と対で置かれることがある）

★ドマを無柱空間にするための梁組
（原型から桁行方向の拡張があったとすれば、この時に梁が長物に入れ替えられたことになる）

★（想定）の項目は、間取りや時期などについては記憶や記録、写真などに基づかないイメージ。鈴木鉄平さんの祖父である故三郎さんの話によれば、この家は300年程前からあったとも言われている。一方、土地台帳で宅地の履歴を遡れるのは明治19年まで、閉鎖登記で鈴木家の所有権が確認できるのは大正11年以降（それまでは借地）、家屋に関しては昭和31年まで未登記だった。しかし、このエリアの開墾時期や、広間型3間取りが一般的であった時期が17世紀であること、牛梁や投掛け梁により無柱空間を構成する梁組は18世紀後半頃からといわれていることから、家屋の原型が「300年前説」は可能性としてあり得る。原型が広間型3間取りであったとすれば、梁間方向、桁行方向に増築の変遷があったと類推できるが、それぞれがいつ起こったかは不明である。

S 17～S 31　曾祖父の時代（草葺晩年）

〈写真＋ヒアリング＋想定〉

- ●ダイドコロは上げ床
- ●囲炉裏は玄関側に設置
- ●この時期までの竈は小さかった
- ●北側下屋拡張の上、中央を濡れ縁（※ 2）
- ★北側のエンがこの時期からあったかは不明
- ★ダイドコロが上げ床となったのは恐らくもっと前の時代から
- ★柱脚腐食部切断による嵩上げ礎石や外周土台下の布石は秋保石が用いられている。秋保石は大正末期から昭和初期にかけて多く流通したものであるが、美枝子さんの記憶では、昭和 34 年の瓦葺きへの改修時に多くの秋保石を使った記憶があるということなので、大半はその時に行った可能性が高い

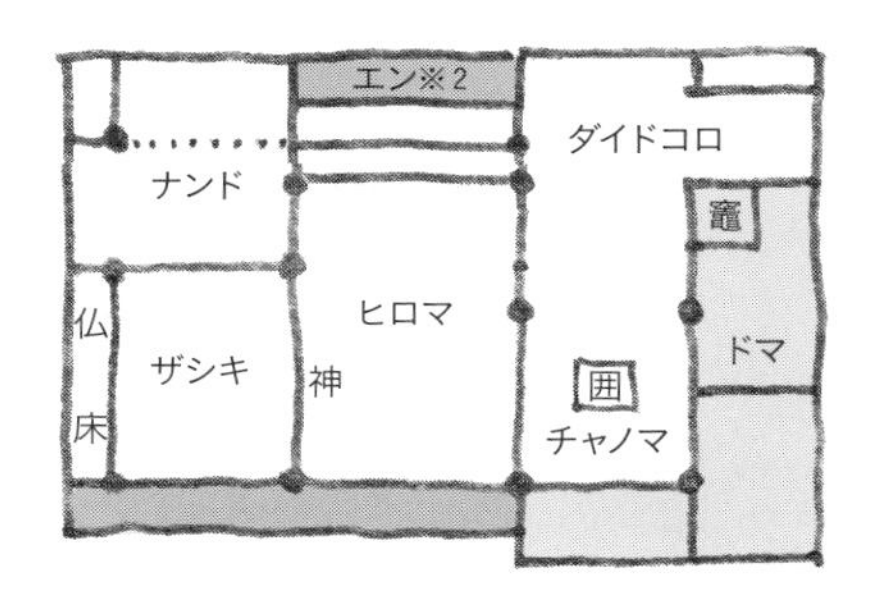

S 31 ～S 49（S34 に改修）　祖父の時代

〈写真＋ヒアリング＋実物＋想定〉

- ●草葺→瓦葺（S34 頃）
- ●前ドマを応接間に
- ●囲炉裏を掘り炬燵に
- ●掘り炬燵上に芋棚（根太天井）設置
- ●土間コン化に伴う竈の改修
- ●玄関の跳ね出し
- ●縁側の拡張（内側に柱列をずらした可能性もある）
- ●北側に濡れ縁
- ●広間に高天井（小屋梁一部露出）
- ●礎石の嵩上げ

※ 3　美枝子さんによれば、座敷→床の間、広間→座敷と呼んでいたという

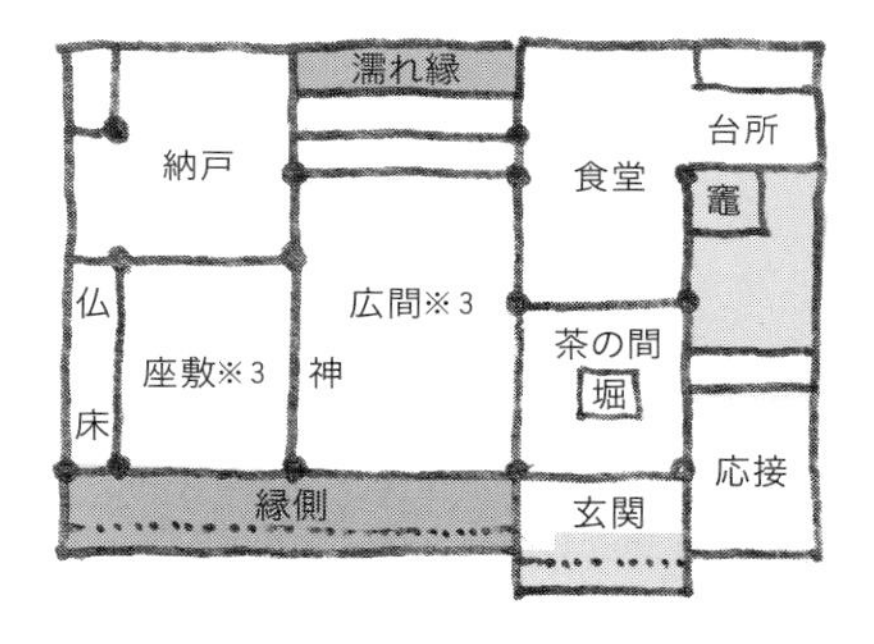

S 49 ～ H23（S49 に改修）　母（美枝子さん）の時代※4

〈写真＋ヒアリング＋実物〉

- ●全面改修（S 49 頃）
- ●竈土間以外に天井（低）
- ●北側の濡れ縁の屋内化
- ●浴室の増築（S 49 頃）
- ●トイレの増築（不明）
- ●神棚の移動
- ●広間の分割による前広間の座敷化
- ●掘り炬燵は S55 頃から使用していない

※ 4　実際の相続は平成 22（2010）年

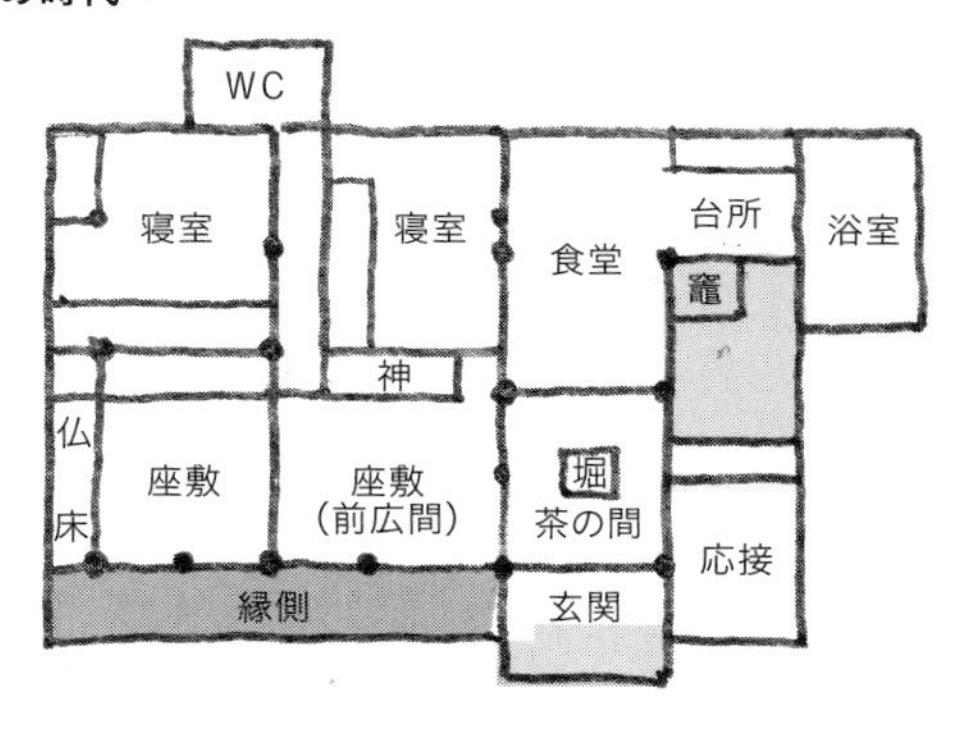

先人の仕事への敬意

このようにスミツグイエの変遷・歴史を概観すると明らかなように、草葺屋根の時代からある上屋を支える主要軸組は、紛れもなく残すべき先人の仕事といえる。とりわけ、桁行方向の牛梁は存在感を放っている。

昭和34（1959）年頃の改修にも、草葺屋根を瓦葺屋根に改修するために組み替えた小屋組上部や、縁側や竈などの手の込んだ造作など、東日本大震災後も健在で、残す価値があるものがあった。

一方、昭和49（1974）年以降の改修によって施された増築や内装の多くは、東日本大震災によって損傷し、撤去や交換を要した。その結果、比較的自由度のあるスケルトン状態が、復興改修の初期条件としてつくり出されたといえる。

基本的な骨組みと、残すべき先人たちの仕事に敬意を払いつつ、次世代が住まうスミツグイエを、どのようにつくり上げていくか。「鈴木さん一家の銀河計画」で述べたプランニングから一歩踏み込んだ、より具体的な仕様やディテールを検討する実施設計段階へとプロジェクトは進んで行く（図2-8）。

図2-8　鉄平さんとちひろさんの時代　基本計画案（2013）

第３章

混沌から生まれる秩序の兆し

先行解体後の実施設計から第１期工事終了まで

2013年３月―2014年７月

2013.03—05　施工者選定の試行錯誤

写 3-1　先行解体工事へむけて、神棚に供えられた安全祈願

見知らぬ地での施工者探し

現地調査が終わり、「鈴木さん一家の銀河計画」に基づいた基本計画がおおかたまとまりかけた2013年初頭、先行解体工事も含めた施工者選定のため、情報を集めていた。

スミツグイエの工事は、通常の木造住宅の新築や改修工事と比較すると内容が特殊なため、対応できる業者は限られていた。また、それ以上に東日本大震災以降、東北の建設業の状況は、深刻な人手不足と工事費高騰によって混沌を極めていた。そうした状況において、古民家の改修を根気よく、しかも、ある程度リーズナブルな金額で付き合ってくれる業者を探すのは、なかなか難しかった。

私自身にとっても、業界の知人もいない見知らぬ地で、複数の付き合いのない地方の建設会社に声を掛けるというのは、冷静に考えればリスクが高い。一般的にクライアントは数社による相見積を希望し、工事費の総額が高い安いで業者を決めたがる傾向がある。しかし、本当は、力量を知っている業者に他社と競争させることなく頼むという方法（特命）を取ったほうが、現場はスムーズに進むことも多い。とはいえ、これからは付き合いのある業者がいる地域限定で仕事をするという時代でもない。協力的な業者を見つけ、最良のチームを編成するために、特命がいつも最良とは限らない。

施工者探しという観点からいうと、今の時代はインターネットが使えることは強みである。ホームページを開設していない業者には、アプローチすること自体が難しいが、最近は自社のホームページを持ち、施工実績などを紹介しているところも多い。そうした情報を基に、業者に直接連絡を取り、先方の受け答えなどによる感触を含めて総合的に鑑みながら、候補を絞り込むことになる。

どのような施工者に頼むべきか

スミツグイエの第1期工事は、古民家の躯体を扱える施工者でなければならなかった。ここでいう古民家とは、石場建ての伝統的構法による建物を指す。このような古民家を扱える施工者には、大きく二つのタイプがある。一つは、宮大工が主導する工務店、もう一つは、施工管理者が主導し、宮大工をネットワークに持つ工務店である。

一つ目の宮大工が主導するような工務店は、大工としての技術はあるが、私のような建築設計事務所が設計した建物を施工することにはあまり慣れていないことが多い。もともと宮大工というのは、設計・施工一括請負を伝統としてきたというプライドもあるため、自分たちがこれまでやってきたことと勝手が違う設計者の存在を好まない場合もある。しかし、職人というのは、会社というよりも個人であり、単純に一括りにするべきではないだろう。実際に会って話してみることで、中には協力的な宮大工にも出会えることがあると、私は考えるようにしている。

一方、宮大工をネットワークに持ち、施工管理者が主導するような工務店は、施工管理者自身に施工技術があるわけではない。しかし、宮大工をはじめとする技術のある職人をうまく束ねられる工務店であれば、設計意図の実現に尽力してくれるだろう。

第1期工事は、躯体補強と外皮の改修を予算の範囲で行うことがノルマであることは既に述べた。工事種別としては、基礎補強工事、躯体補強工事、外装工事（左官、外部建具、板金などを含む）と限られており、そのうち大工が行う仕事の割合が非常に大きかった。

従って、第1期工事に準備された予算を考えた場合、宮大工が主導する工務店のアドバンテージは無視できなかった。ただし、基礎補強工事や外装工事に含まれる左官、外部建具、板金など、大工以外の職人が行う工事の品質を確保するための施工管理上のリスクは、ある程度見込まなければならない。

以上のような考え方を基本に施工者を探したが、当時は売り手市場だったこともあり、特命でなければ請けない、しかも1年後でないと着工できないというような工務店もあった。最終的には、2社の工務店が入札に参加することになり、そのうちの一つは宮大工、もう一つは施工管理者が主導する工務店であった。

2段階見積

古民家に限らず、古い建築物の改修工事の難しさは、技術的な問題以上に、なかなかコストが読めないところである。スミツグイエは段階的な工事計画で行えるだけまだ良かった。それでも、第1期工事の予算は決して十分とは言えず、そのノルマを達成できるかはわからなかった。

改修の場合、既存の仕上げや造作を撤去し、スケルトン化する過程の中で、想定外の構造的な補強が必要となる場合も考えられる。しかし、プロジェクト自体が成り立たなくなってしまうような追加工事が、現場で発生することは避けたい。

現場での変更を最小限に抑える実施設計を行うためには、「現場で考えればいい」という考えを、できるだけ捨てることである。そういう考え方は、十分な予算がある場合、もしくは十分な時間を使えるセルフビルドのような場合に限る。

そこで、まずは先行解体工事を行い、既存状況をできる限り把握する。そして、それをもとに詳細図を作成し、本見積を行うことでリスクを軽減することにした。

さらにその際、先行解体工事と本工事を別契約で発注することが重要であると考えた。二つの工事を同じ施工者に頼むとは限らないという前提に立った2段階見積ということである。

同じ施工者に頼むことを前提にしてしまうと、先行解体工事を営業的に安く請け、本工事でその赤字を回収するために高く請けることを考える業者がいるかもしれない。そのような施工者だと見積内容の査定が難しくなってしまう。

もっとも、予算の問題さえなければ、同じ施工者がやった方が無駄な出戻り作業がないとも言えるのだが、初めて付き合う施工者との信頼関係を築くまでには、相応の時間が必要である。初めから全てをお願いすることを前提とするのは、なかなか難しいと言える。

今回の2段階見積の方法は、少し特殊な方式を取った。先行解体工事の相見積時に、本工事の基本概算資料も併せて提出することをお願いした。

これは、本工事内容の方針を決めるための資料というだけでなく、先行解体工事の業者を選ぶことを目的としながら、本工事の施工者についての検討も同時に進めるというものであった。

第1期の本工事において、基本概算額と本見積額に差が出るとすれば、主に躯体補強に関係する部分であると想定された。従って、基本概算資料が、後に算出される本見積額との間に生じる差を説明するために有効なものであるかが、本見積の内容を査定する上での判断基準となる。

こうして相見積を取り、本工事の基本概算資料も含めて比較検討した結果、今回は宮大工の主導する工務店に先行解体工事を発注することにした。

先行解体の実際と見積プロセスの変更

このように、本工事の発注先は実施設計を行った後、改めて前述の2社から見積を取って選定する予定でいたのだが、先行解体工事を実際に進めていくと、補強工事を伴わないスケルトン化はなかなか難しく、思ったより中途半端な状態で終了せざるを得ないことがわかってきた。

先行解体工事を行う目的は大きく二つあった。

一つは、基本設計によって確実に減築することを決めた部分の事前撤去。もう一つは、躯体の補強設計を行うために、躯体が隠蔽されている内外装の撤去。これは、既存の状況を確認することに加え、本工事の際に不要となる部位をできる限り撤去し、スケルトン化するためだった。

一つ目の減築部の撤去については、主に昭和49（1974）年頃の改修以降に増築された部分で、構造的にも主屋と縁が切れた別物であったため、無事に終了した。

その際、本体側の横架材に腐食部材が見つかったが、それらは本工事の段階で、部材交換で対応することにした。

二つ目の内外装の撤去についてだが、木造の場合、躯体と内装が、鉄筋コンクリート造のようにはっきりと分かれているわけではない。さらに、今回は石場建てで、各部材が総合的にまとまって家の構造を構成している「総持ち」と形容される伝統的構法である。吊天井については撤去できるが、津波で使い物にならなくなった床や間仕切り、外装の撤去は、柱の交換やその他の補強工事と連動して行う必要があるものも多かった。

このような経緯から、撤去の最低ノルマを「躯体の状況が、ある程度把握できる範囲まで」に変更した（写3-2〜4）。これにより予想よりも解体数量が少なくなったが、先行解体工事の出来高を精査し、本工事費に残りの解体費を改めて計上すると、総額として割高になってしまうことが予想された。そこで、本工事着工後に、残りの解体工事を先行解体工事費の中で行うことを条件に、本工事の実施見積を同じ施工者で詰めていく方針に変更した。つまり、先行解体工事と本工事は、同じ施工者によって行われるが、契約的には別工事、工程的には重なるという考え方である。もちろん、もう一社の方には事情を説明し、理解していただいたうえでのことである。

さらに、本工事をこのように特命とするにあたって、本見積額が、先行解体工事費とともに提出されていた基本概算資料と照らして、説明できないほど高額となった場合には、他の施工者からも見積を取るという条件も付けた。

写 3-2　詳細設計を始める前に実施した先行解体状況。既存浴室部分が減築された

写 3-3　天井撤去後の状況

写 3-4　仮筋交い。減築部（写 3-2）や天井（写 3-3）に関しては撤去できたが、床や間仕切壁については、具体的な部材交換、補強計画なしに進めることが難しく、仕上げを剥がす程度で、本格的な解体のための仮補強を入れるまでとなった

2013.05—08　実施設計および見積調整

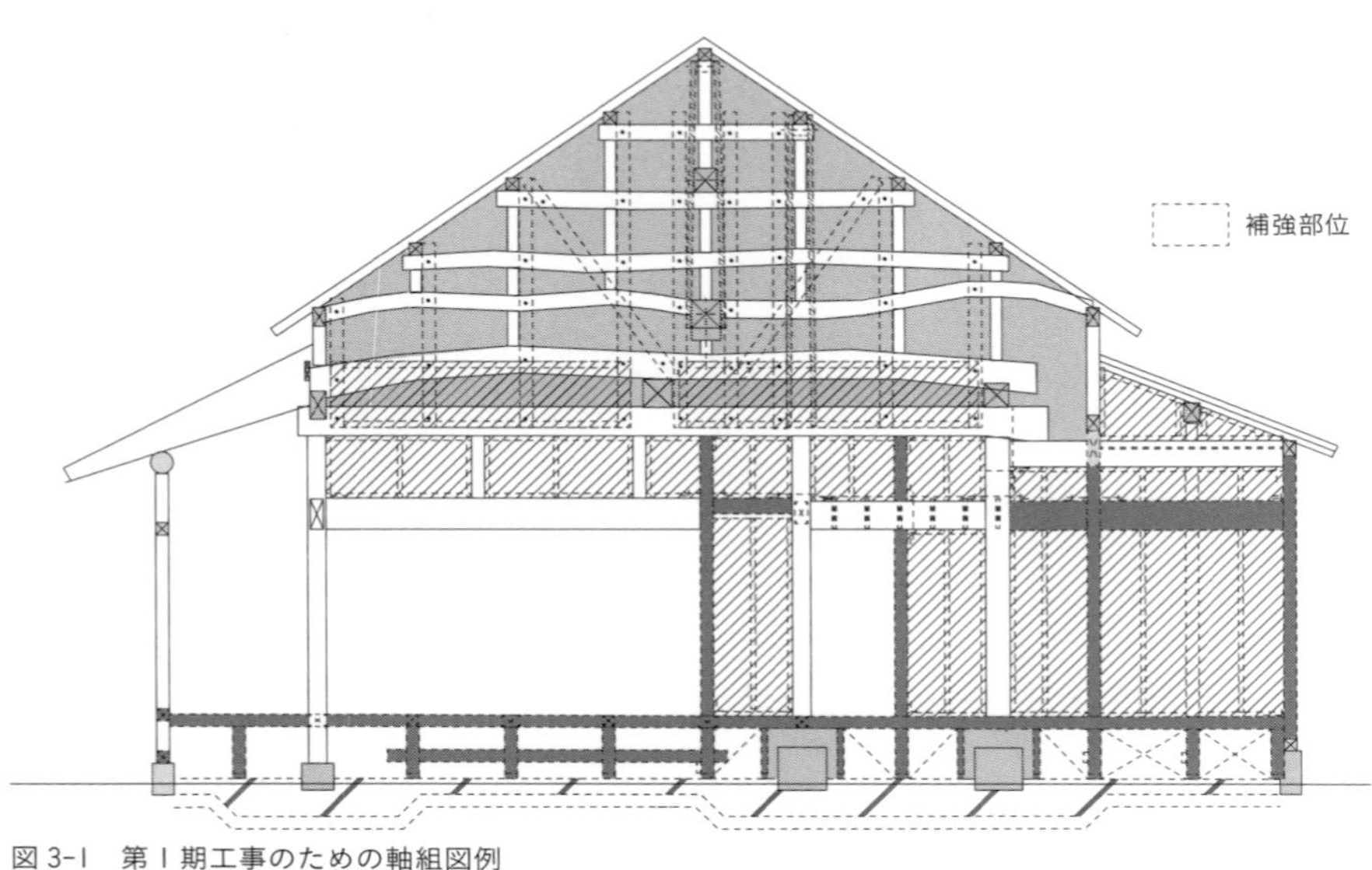

図 3-1　第 1 期工事のための軸組図例

建築構造設計者の力を借りる

先行解体工事が一段落した後、実施設計を進めて行く上で、建築構造設計者の力を借りることにした。

スミツグイエは、補強・改修によって現行の構造規定に適合する水準まで性能を高め、さらに、貫構造や土壁を多用した純粋な伝統構法として復原することは、コスト的にも技術的にも厳しかった。

言い方は悪いが、非常に中途半端な形で、現行の構造規定に寄り添いながら、できる範囲で補強計画を立てていくしかない。こういったことは、自分一人で頭を悩ますよりも、より経験値の高い構造専門家の工学的判断を聞く方が良い。

そうは言っても、普通に建築構造設計者に頼むような予算があるわけではなかった。業務内容（依頼内容）によっては、全体の改修設計・監理料よりも高額になることもあるからだ。重要文化財のような建物であるなら別だが、一般の古民家のプロジェクトに参画してもらうのは、なかなか敷居が高いのである。何とか、予算の範囲でやってもらう方法はないかと試行錯誤の末、図面は私が全て描くことを条件に、補強計画と現場で生じる質疑応答、現地視察１

回と現場確認2回、後は施工写真のチェックをお願いした。

第1期工事のノルマは、繰り返し述べているように、傾いた躯体を補正、補強し、雨風を凌ぐための外装をできるところまで施すというものである。それらの実施図面は、第2期工事以降の将来工事も見据えて描くことはもちろんのこと、反復要素がほとんどないため、意匠図はもとより、構造図の枚数も必然的に多くなった。

これらの図面作業のために、いちいちスタッフを雇っていたら赤字になってしまうが、私が夜も休日も返上してこの作業を被ることで、「喜び」という報酬でペイできれば、なんとかやり繰りできるだろうと踏んだ。業として設計を行う者として、本来あるべき姿ではないことは承知だったが、東日本大震災時に何もできなかった、建築家の禊(みそぎ)としての自己満足と思ってもらっても良い。今回は例外的にそのような方法を取ることにした。

想定内の見積額と想定外の見積明細

こうして、不安材料であった躯体補強部分を含む、第1期工事のための実施設計図面を一通り描き終え、本見積を取る準備ができた。その具体的な設計内容については、次節以降で述べることにし、ここでは見積調整時のエピソードを紹介しておきたい。

本体工事の見積の調整に当たっては、工務店の社屋に赴き、実施図面の詳細、概算見積時の計画との違いなど、入念な説明を行った。といっても、第1期工事で予定していた外装工事の内容については、基本概算時とほとんど変わっていなかった。従って、議論の大半は、詳細情報を更新した躯体補強部分について行った。

第1期工事の工務店の社長は、寺社仏閣も手掛けてきた宮大工としてのプライドもあり、建築構造設計者がからむ耐震補強工事に、少々抵抗も感じているようであった。こういったことは、一般的な工務店とのやり取りでも珍しいことではないが、こちらとしては、改めて対応をお願いする以外にない。

打合せは丸一日かけて行われたこともあり、社長のご厚意で、社屋に一泊させていただくことになった。社屋は、木材の加工場や材料置き場が充実していて、施工管理を主体とする工務店の事務所とは異なり、立派な職人の工場といった印象を受けた。それを見て、少なくとも第1期工事のメインでもある大工工事に関しては、しっかりとやってくれるのではないだろうかと期待を持てた。
その後、しばらくして本見積書が届いた。
本見積の明細は、先行解体工事の入札時に一緒に提出された本工事の基本概算資料が、更新されるかたちで届くことを想像していた。そして、予算を超えるような場合は、工事項目を減らし、最悪の場合、外装やサッシ類を雨風を凌ぐための仮のもので対応するということも覚悟していた。

しかし、先方から届いた本見積書は、全くの想定外であった。想定外であったのは金額ではない。金額自体は、打合せ時の感触から、むしろ、想定の範囲内であった。問題は、その金額の根拠となる明細である。実施見積の明細は、単なる箇条書きだったのである。平たく言えば、「図面に基づき一連の工事を致します」という文面のみということだ。

通常、見積明細というのは、設計図面に基づく材料費と工賃を積み上げたものに、元請の経費が足されるかたちで算出される。これは、工事契約書に記される工事請負額の根拠を示す資料である。特記仕様書や実施設計図面は契約書の一部であるが、見積明細は参考資料として契約書類に添付され、増減が生じた場合などに参照されるものである。ちなみに、参考資料であることを、特記仕様書や工事請負契約書の約款に明記しておかないと、施工者の数量の拾い落としの責任を、施主が背負わされる可能性もあるので注意が必要な部分でもある。そもそも、相見積を取って選定されている場合は特にだが、契約後に拾い落としがあったからと増額請求するのはルール違反である。

このように、明細はあくまでも参考資料であるという認識ではあるが、数量も単価もなく、契約書に記された請負額で特記仕様書などや実施設計図書通りに施工するという趣旨の文面だけでは、さすがに抵抗を感じるものがあった。

私は昔、イギリスの設計事務所で働いたことがあった。イギリスのような契約社会には、日本でいう民間（七会）連合協定工事請負契約約款委員会[*1]のような機関にオーソライズされた見積書や契約書のフォーマットがいくつもあり、工事の規模や内容によって使い分ける習慣がある。その一つに、今回のような仕様を箇条書きとした見積方法もある。

ただ、日本でこのような見積明細を見るのは初めてだった。そこで、補強計画をお願いした建築構造設計者にも尋ねてみたところ、彼も、宮大工に同じような見積明細を提

＊1　日本建築学会、日本建築協会、日本建築家協会、全国建設業協会、日本建設業連合会、日本建築士会連合会、日本建築士事務所協会連合会の建設業界を代表する7つの公益、一般社団法人が集まり、民間建築工事における工事請負契約約款・契約書式などを作成している

示された話を聞いたことがあるとのことだった。

しかし、仮に、宮大工の世界ではめずらしくないことであったとしても、設計図面がない裁量工事ならともかく、現場が始まってから、あれは拾っていない、これは拾っていないと問題になり、設計意図を無視した工事が、勝手に行われてしまうようなことにならないだろうか。

繰り返し述べるが、特記仕様書や実施設計図面は契約書である。しかし、施工者の中には、細かな内容は把握しにくいから、責任は問われるべきでないと主張し、着工後に拾い落とした部分の増額を請求してくる業者、それが認められないならば適当に進めてしまおうとする業者もいないわけではない。そこで、こちらの不安要素を正直に投げ掛けたが、社長は最新の明細をつくらなくても「大丈夫だ」と断言したのだった。

このような条件で締結された工事を、建築設計事務所として監理することはかなり困難なものとなる可能性もあったが、正直なところ、この時点で我々により良い選択肢があったかと言えば、なかったと言わざるを得ない。東日本大震災後の混沌とした状況の中、普通の工事でさえ、まともな業者を見つけることが非常に困難だった時期である。難易度の高い古民家の躯体をメインとした改修を、第1期工事で準備していた予算で引き受けてくれる業者も少ないことはわかっていた。

そこで、鉄平さんとちひろさんとも十分に話し合い、リスクはないとは言えないが、地元で実績のある業者であるということ、今回は大工工事がメインであるということ、そして、その大工が主導する工務店でもあるということから、信じてお願いしてみようということになった。

おそらく、このような判断は、私の建築家人生の中では最初で最後かもしれない。そして、読者には、真似はしない方が良いと言っておきたい。しかし、このような差し迫った状況の中では、結局、「人」を信じるか、信じないか、ということで決めていくしかない時もあるという一つのエピソードとして、あえて触れることにした。

要するに私や鉄平さんとちひろさんは、この工務店の社長を信用し、そこに賭けたということである。

2013.08―2014.07　遠隔的な監理

写 3-5　第 I 期工事での南面スケルトン状況。外周まわりのやせ細った柱や土台は交換されたものも多い

施工状況写真の徹底

躯体と外皮の改修をノルマとした第１期工事の施工者が決定し、２０１３年8月から工事に着手した。

工事段階における建築設計事務所の役割の一つに監理がある。施工者への設計意図の伝達と設計図書と施工内容の照合が、その主な内容である。地方のプロジェクトの場合、大規模であれば現場に常駐して監理することもあり得るが、中小プロジェクトでは、一般的に非常駐監理である。さらに、予算に応じて、遠隔的な監理の割合も増やすことになる。スミツグイエにおいても、特に第１期工事は予算的に厳しかったため、できるだけ効率的に監理が行えるような工夫をする必要があった。

個人的には、プロジェクトの大小に関わらず、遠隔的な監理の精度が上がっていくと、関わり得るプロジェクトの地域も広げていくことができるため、興味深い課題であった。むしろ、これからの時代は、そうなってしかるべきであるようにも思う。しかし、今でこそ新型コロナウイルス感染症への対応としてリモートワークが浸透しつつあるが、当時はまだアナログベースが中心であり、特に施工者との意思疎通方法は手探りの状況であった。

まずは基本に立返り、隠蔽部の施工状況写真の提出を施工者に徹底してもらった。隠蔽部の施工は、民間工事や小規模工事だといい加減になりがちなものでもある。私の事務所では、通常、発注図書の特記にこれを記しておき、本見積の説明に際して強く念を押す。もっとも、念を押したところで、業者によってはあまり撮影をしてくれない場合もあり、現場に入ってからも継続的に催促する必要がある。

こういった施工状況写真は、最後にまとめて受領すれば良いのではなく、可能な限り、工程に合わせて随時確認すべきである。全ては確認できなくとも、主な部分を確認するだけでも意味がある。竣工後にまとめて受領し、何かまずいところが発見されても手遅れになるからだ。

第1期工事では、業者が協力してくれたこともあり、躯体や外装の下地などの木工事については、随時、相当数の写真が送られてきた。それによって、現場変更に伴う増額見積まで行っていた内容にもかかわらず、現場の職人へうまく伝達されていなかったことが判明する一幕もあった。写真の随時提出が、決して無駄な作業ではないことが証明された。

現場での伝達ミスや勘違いといったことは、人がやることであるから常に起こり得ることであり、それ自体を責めても生産性がない。重要なことは、早期に発見し、しっかりと対処することである。信頼関係が崩れるとしたら、現場でのミスそのものよりも、ミスが発見された後の対処によるところが大きい。

現場確認のタイミング

遠隔的な監理として、現場目視に対する写真や書類で確認する割合を増やしたとしても、現場に全く行かなくて良いことにはならない。事後報告ではどうにもならないようなポイントでは、タイミング良く現場で確認をしておきたい。

第1期工事の躯体の施工に関して、重要なタイミングと考えたのは次の通りである。

①床組・壁解体後確認

津波により損壊した床組や内外装を解体し、細材の柱や一部の梁などの劣化や腐食した部材の交換がある程度進んだ段階で、既存躯体状況を確認しに行った。小屋組を支える主要柱の柱脚部や、外周まわりの布石上にある土台の状況を確認し、必要な補強を指示する意味もあった（写3-

写 3-6　床組・解体状況

写 3-7　基礎石の補強配筋状況

6）。

②基礎石補強のための配筋検査

今回の補強は、礎石のぐらつきを防止するための土間コンクリートの打設がメインであるが、その配筋検査とともに、防湿シートによる防湿措置の施工状況も確認した。地面からの湿気は、床下換気と土間コンクリートだけで対応しきれるとは限らない。特にスミツグイエのような場合は、土間コンクリートにひび割れや隙間が生じる可能性もある。従って、地盤の防湿措置は建物の劣化速度を遅らせるために重要な作業である（写3-7）。

③床組・床下補強の施工状況確認

床下筋交いや根がらみ、礎石の嵩上げなどは、工程上、徐々に隠蔽されていくため、床合板を張りだす前に、床組だけを全て確認するタイミングを計ることは難しかった。ただし、床下点検が可能なエリアについては、必ずしもタイミングの制約はない。そういう箇所は、施工写真と並行して確認することを前提に、現場での中間状況のタイミングを計った（写3-8）。

④上部躯体補強の施工状況確認

第1期工事では、上部躯体は隠蔽されないため、耐力壁はもとより、部材の交換や追加、接合金物や水平ブレース

写 3-8　床組・床下補強状況

写 3-9　上部躯体補強状況

などを写真で確認しつつ、ある程度終わったという段階で現場に赴き、気になった部位を集中的に確認した（写3-9）。

遠隔監理の反省点

頻繁に写真を提出して頂いたおかげで、躯体補強に関しては、遠隔的な監理が割とうまくできたように思う。第1期工事の反省点としては、どちらかというと外装工事にあった。躯体の確認のために現場に行った際、外装も随時確認はしていたが、仕上げなどはなかなかタイミングがうまく合わなかった。このような場合は、工程写真が重要なのだが、写真が不十分で、文面や口頭による確認しかできない部位もあった。大工が主導する工務店なので、大工工事に関しては写真をかなり提出してくれたが、左官や建具など、違う職人の行った工事の工程写真がどうしても不十分になった。おそらく、彼らの感覚として、造作や仕上げについては、出来形がわかれば良いだろうという発想であったのかもしれない。しかし、一見問題がなさそうな部位に限って、後々問題になったりすることもある。仕上げや造作においても、工程写真は出来形写真以上に重要な場合があることを、私の方も徹底しておくべきだった。

こうして、第1期改修工事の現場は終了し、しばらく休眠状態となった。全てがうまくいったというわけではなかったが、時勢や予算を考えた時、これ以上のことができただろうか。第1期工事は予算が厳しかったこともあり、当初は、仮の外装として合板を張り巡らし、第2期工事まで放置状態となることも覚悟していたくらいである。そういう意味では、ここまで辿り着いたことを「良し」と考えたいところである。もちろん、そのリカバリーは、第2期工事以降で、継続的に検討して行かなくてはならない。

監理者の役割

施工状況写真の徹底を指示すると、施工者の中には、自分たちが信用されていないのではないかと、拗ねてしまう者もしばしば見かける。しかし、それは大きな誤解である。そもそも、監理の役割を誤解している施工者や施主、さらには、設計・監理者自身も意外と多い。法令その他で公的に記されている監理業務内容は「それそのもの」であるが、監理業務を成り立たせるための大前提として、施工者の「性善説」があることを忘れてはならない。この前提がないという話になると、監理業務には、施工管理者、さらには、職人の仕事の全てをチェックするだけの人工（にんく）と費用が必要になり、事実上成立しなくなってしまう。だからこそ、信用できる施工者を選定しなくてはならないのである。

それでは、監理者はどこまで確認すれば良いのだろうか。規模や複雑さにもよるが、現場で全てを確認できるとは限らない。しかし、少なくとも、何かが起きた場合に情報を遡れる記録の整備を、施工者に指示しておくことは必要であるし、施工者も施工管理者として、それに対応すべきである。これは、施工者を信用していないからではない。

どんなに真面目な施工者であっても、人である以上、勘違いや間違いをすることはあり得る。そのために第三者（監理者）による確認が必要であり、施工管理者はそれに対応する義務がある。もちろん、第三者による確認もまた、完全なものとは限らないということは言うまでもない。

施工者自身も、真面目にやっているならば、自分がやった仕事を記録として残すことは、損にはならないはずである。

全く記録を残さずに隠蔽されてしまうと、監理者は口頭でしか施工状況を確認できなくなってしまう。さらに、施工管理者自身も職人が行った仕事を把握しきれていないこともある。施工管理者自身が確信を持てないことを、監理者が口答確認したことにすべきではない。それでは、第三者（監理者）による確認の意味がなくなってしまう。つまり、施工管理者が記録を残さないことは、実質的に、第三者確認自体を放棄していることにもつながりかねないのである。

我々が、施工状況写真の徹底を発注図書段階から指示し続けるのは、施工者を信頼していないからではなく、それが、監理者と施工管理者の信頼関係のベースとなり得るものだからである。

スミツグイエの耐震補強

写 3-10　耐震補強前のスケルトン状況

普通の古民家が生き延びる方法

耐震補強についてはその性質上、専門的な話が多くなるが、古民家の修復においては重要な部分とも言えるので、少しだけ詳しく述べたい。

現在、伝統的構法による古民家のような建物は、新築はもとより、建築基準法において既存不適格と判定される建物の増改築などであったとしても、構造規定への遡及が求められる場合（耐震診断基準への適合を含む）は、仕様規定[*2]などを満たすことが難しく、なかなか容易には進められない。

また、一般的な古民家は、神社仏閣などと比べると精密なルールやディテールがあるように見えてないことも多く、現地調査にも労力を要する。地域、大工職人の系統によってもつくり方が異なるのに加え、設計と施工が「大工」という一人格の主導により行われてきた、日本の古典的な建築文化故の不透明性や、携わった職人による差が、建物に影響を与えている場合もある。

一部の重要文化財などは別にして、一般の古民家が生き延びていくための最も現実的な道は何か。それは、既存不適格と判定される古民家を、大規模修繕・模様替えによっ

＊2　建築基準法などの法令で壁量や接合金物といった材料や仕様などが明示してあるもの。一方、仕様ではなく、許容応力度計算、限界耐力計算などで性能を数値により確認、認定するものを性能規定という

て住み継いでいくということかもしれない。小規模修繕・模様替えについてはそもそも構造規定の遡及対象外だが、大規模についても、危険性が増大しないことを条件に、遡及は求められないからである。

もっとも、構造規定への遡及義務の有り無しに関わらず、耐震改修ができるのであればしておきたいと考えるのは、住まい手からしてみればごく自然なことである。実際、日本建築防災協会でも、伝統的構法で建てられた住宅を想定した診断方法や補強例が解説されている。*3

伝統的構法による一般的な住宅の場合、その上部構造評点の判定は「倒壊する可能性がある」となることが多い。しかし、単純に耐力壁を増やし、評点そのものを上げることが、必ずしも効果的とは限らないという点が、伝統的構法の一筋縄では行かないところである。

そこで、スミツグイエにおいては、個別の工学的判断が求められることを見込んで、建築構造設計者も交えて耐震補強計画を進めることにした。その結果、東日本大震災で傾いた柱や梁などの躯体をまずは元に戻し、耐震補強については、耐震診断の評点の数値そのものを目標とするよりも、できる範囲でバランス良く耐力壁を入れていくという方針を決めた。

元来の伝統的構法の力の流れ

本書は一般の読者の方も多いと思われるので、ここで「本来」の伝統的構法と位置づけられている建物の力の流れについて説明しておきたい（なお、スミツグイエが「本来」というわけではない）。

まず、伝統的構法の耐力要素は、土壁であれ、板張りであれ、あるいは、差し鴨居と頭繋ぎによって構成される垂れ壁であれ、「貫構法」がベースとなっている（図3-2）。柱の側面にほぞ穴を開け、貫板を差し込んだ骨組は、地震などの水平応力（揺れ）に対して、剛性こそ低いが、仕口がつぶれながら変形に追従するという粘り（靭性）があり、これが伝統的構法の基本である（図3-3）。また、原則として接合金物を用いないため、宮大工による仕口のディテール（精度）が必要となる。

貫構法による耐力要素は、変形によって力を吸収するため、筋交いや面材耐力壁などと比較すると、柱頭柱脚部に生じる引抜力が小さく、浮き上がりが少ないとされる。これは、柱脚部を足固め、または、敷土台によって一体化したものを礎石の上に置いた石場建てが普及してきた一要因でもある（写3-11）。なお、地震による水平力が一定の限

＊3 『2012年改訂版 木造住宅の耐震診断と補強方法』日本建築防災協会、2012年

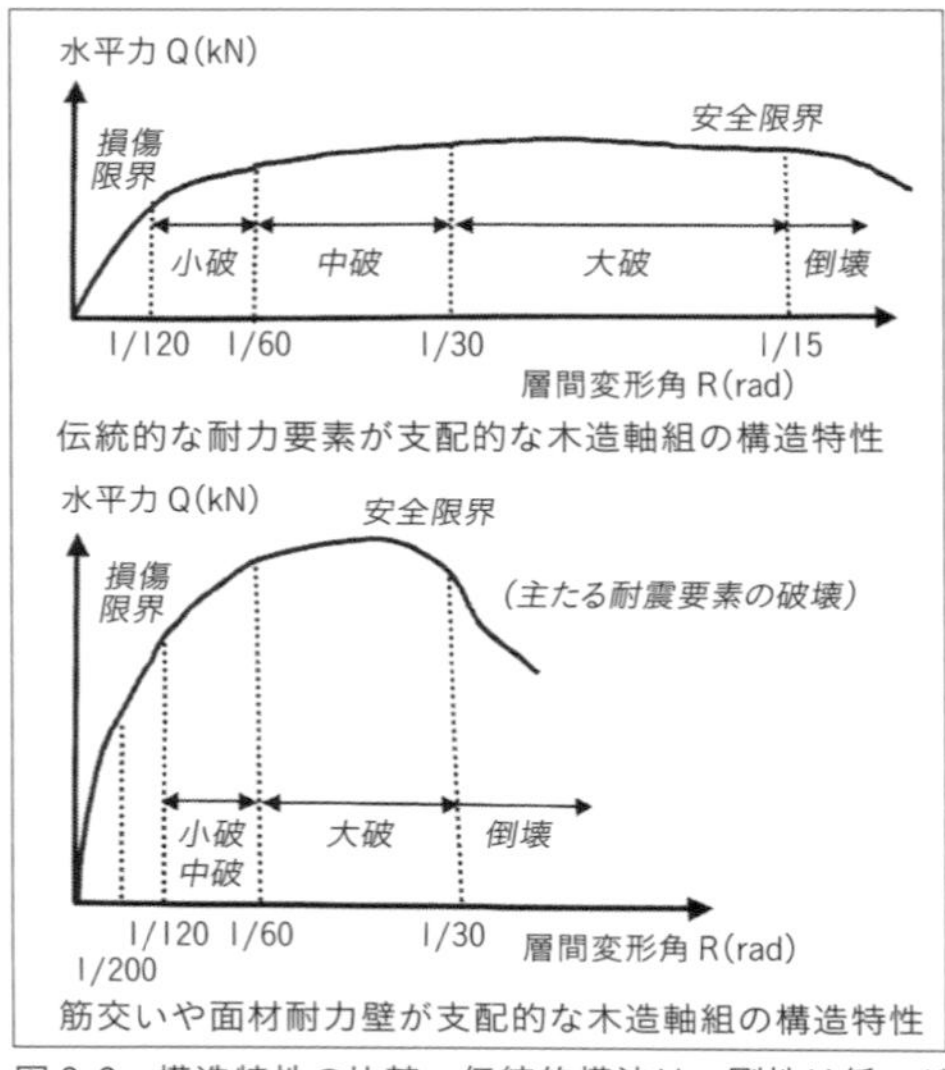

図 3-3　構造特性の比較。伝統的構法は、剛性は低いが変形に対する追従性は高い（上グラフ）。一方、筋交いや面材耐力壁による在来軸組構法は、剛性は高いが、変形に対する追従性は低い（下グラフ）

出典　木造軸組構法建物の耐震設計マニュアル編集委員会『伝統構法を生かす木造耐震設計マニュアル』学芸出版社 、2004 年

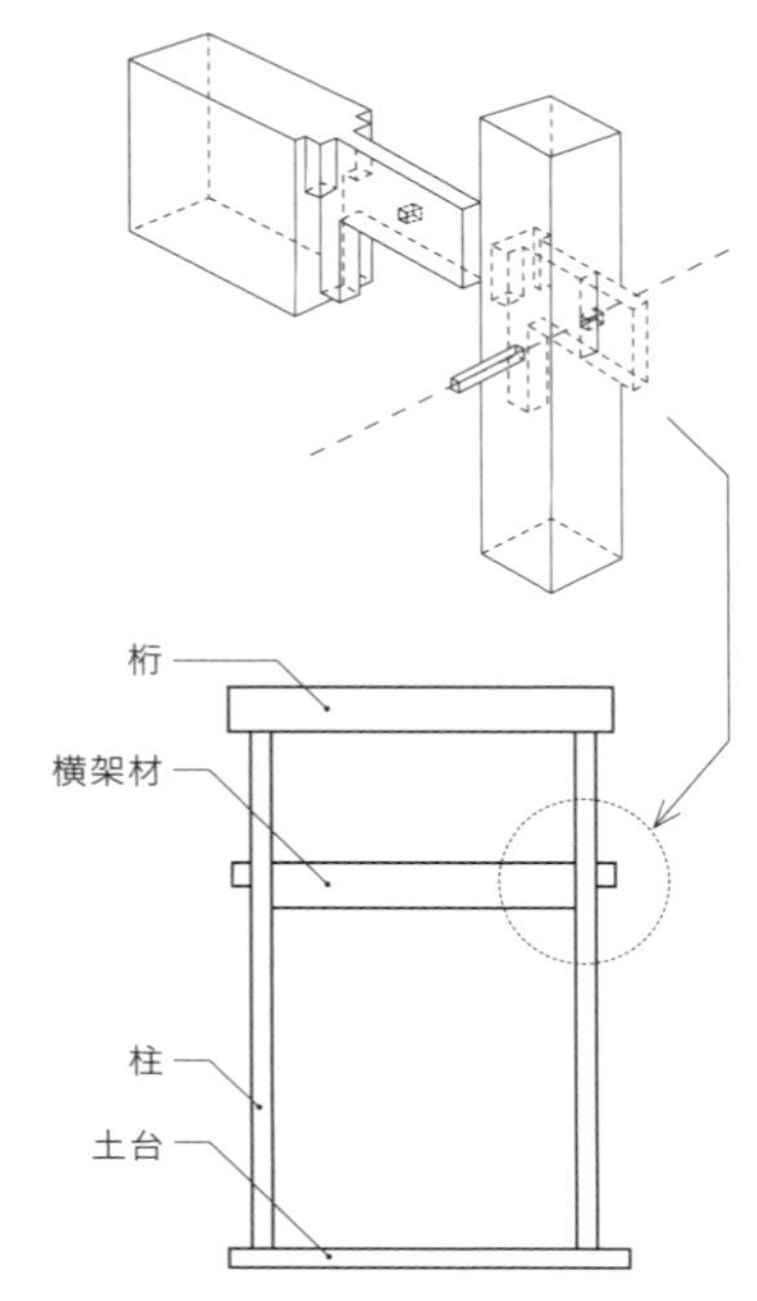

図 3-2　差し鴨居の例

写 3-11　敷土台（左）と足固め（右）の例。土壁の中にも貫が通っている

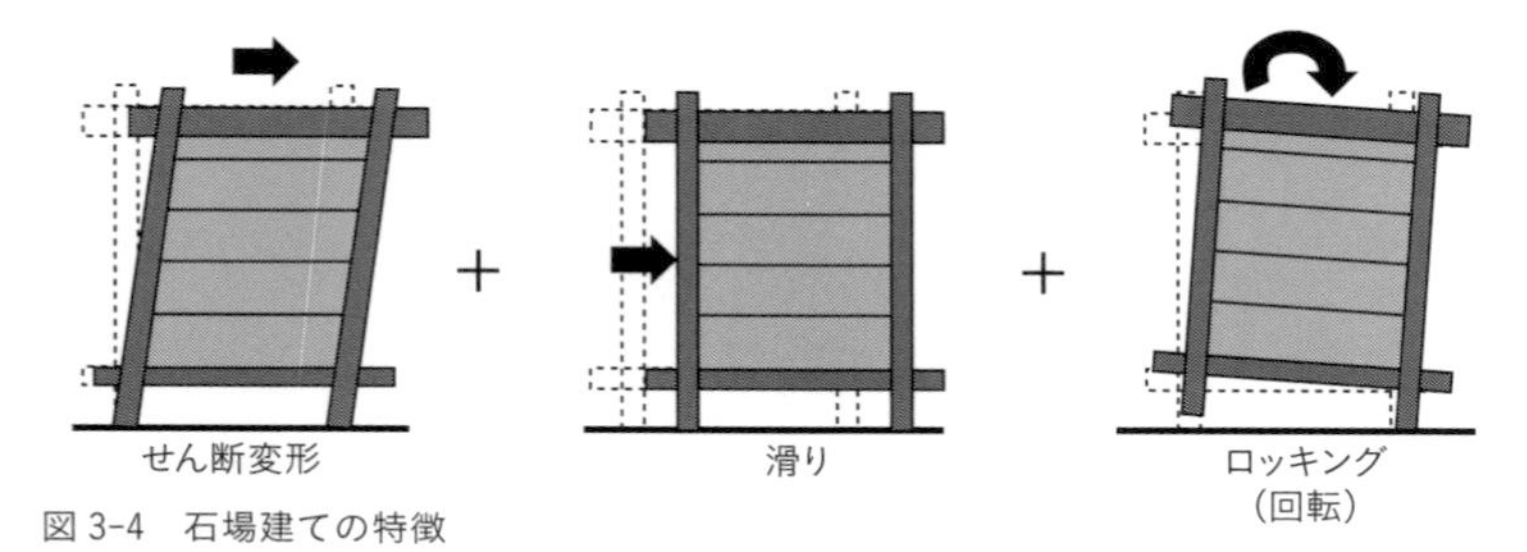

図 3-4　石場建ての特徴

度を超えると、礎石から柱が浮き上がることや、横ずれを起こすことも知られているため、免震的構造と説明されることもある（図3-4。ただし、横ずれ後の復元力は期待できないので厳密には免震ではない）。

こういった伝統的構法の架構の強度は、一般的な壁量計算などでは算定できず、建築基準法の仕様規定も満たさない部分が多い。そこで、「限界耐力計算」という方法が用いられることがある。これは、詳細な計算を行うことで、稀に発生する地震（50年に1度発生、目安は震度6弱以下）や極めて稀に発生する地震（500年に1度発生、目安は震度6強以上）時の応答値を予測し、それが、限界変位以内に納まっているかを確認するという計算法である。[*4] 耐久性等以外の仕様規定（壁量や接合金物など）を満たす必要がなく、伝統的構法の変形性能を生かしながら耐震性を検証できる方法であり、石場建てへの適用も紹介されている。[*5]

しかしながら、損壊した伝統的構法の古民家を復興、維持していくためには、このような詳細な構造設計に対する費用はもとより、復元力特性データに裏づけられた各種仕口の加工や土壁の施工など、現代ではとても高価なものとなった技術や仕様を用いなくてはならず、一般の古民家ではなかなか容易ではない。

スミツグイエの上部躯体補強

スミツグイエも、先行解体時の既存の細柱には貫が通っているものが多かった。しかし、痩せた柱を交換するにあたっては、新しく貫工法でつくり直す予算的余裕はなく、間柱構法でつくり直さざるを得なかった。

間柱構法は、現代木造においては一般的な構法となって

＊4　限界耐力計算は、各階の復元力特性を1質点系に置換した後、加速度応答スペクトルを用いて必要性能スペクトルを算出する

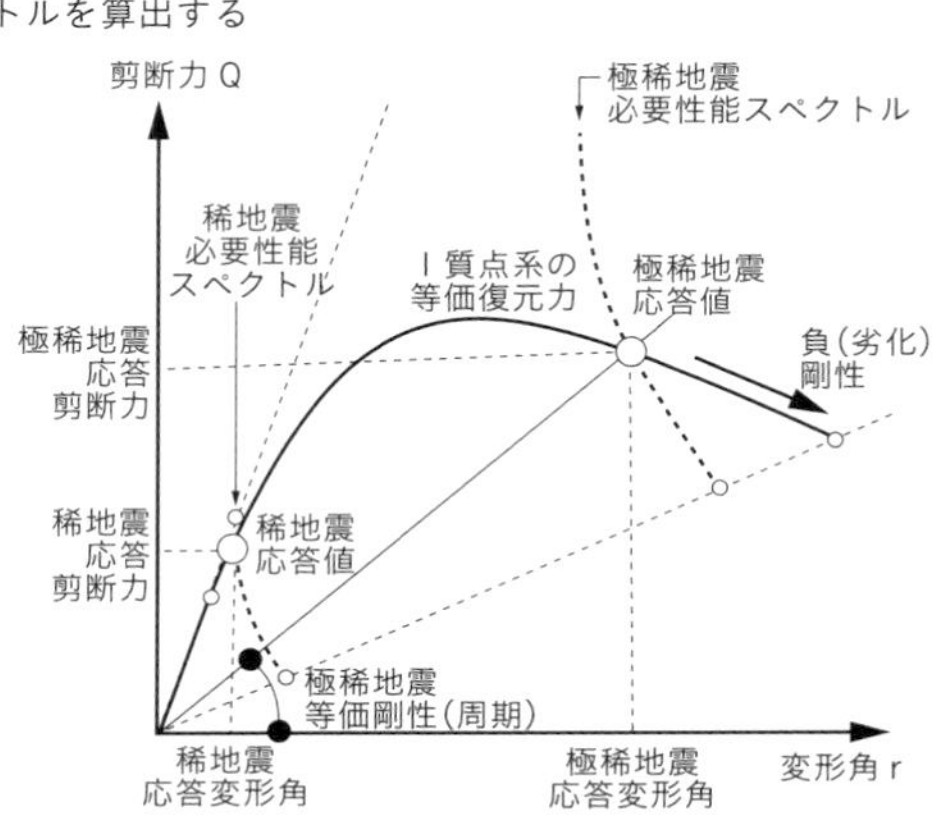

既存建物の場合：
損傷限界層間変形角：稀地震時に1/120～1/90
安全限界層間変形角：極稀地震に1/20以下
（屋根の積載荷重を考慮する場合は1/15以下）

限界耐力計算による近似応答計算のイメージ

出典　伝統的構法木造建築物設計マニュアル編集委員会『伝統的構法のための木造耐震設計法』学芸出版社、2019年

＊5　例えば、伝統的構法木造建築物設計マニュアル編集委員会『伝統的構法のための木造耐震設計法　石場建てを含む木造建築物の耐震設計・耐震補強マニュアル』学芸出版社、2019年

いるものである。これによってつくられた軸組に筋交いを金物で取り付けたり、面材耐力壁を釘で留め付けたものは、貫構法による土壁などと比較して剛性が高く、一般的な耐震性の診断（限界耐力計算などを用いない保有耐力による評価）では有利である。一方、靭性（粘り強さ）の低さや、変形に弱いという側面もあるが、一般の古民家を耐震補強するためには、こういった耐力壁を用いることも必要となる。

筋交いと面材耐力壁の二者択一となれば、地震に対して応力の分散によって持ちこたえる力や、傾斜に対する復元力、物理的な納まりなどの観点から、面材耐力壁の方が古民家との相性は良いと考える。特に納まりについては、真壁や、差し鴨居と頭繋ぎの2段梁状の架構を形成している部分に施工する場合も多いため、筋交いは使いにくい。

以上のようなことから、今回の上部躯体の耐震補強は、間柱構法による面材耐力壁（一部に意匠的理由による格子耐力壁も採用）をベースとして、耐力壁を入れる以上は必要となる接合部の金物、上屋から下屋の外壁へ力を伝える水平ブレース、小屋筋交い、そして、床組と金物で柱脚部をできる限り固定することを中心に行った（写3-12）。

耐力要素と石場建て

基礎の補強については後述するが、耐震診断上の評価では、耐力要素を構成する端柱の柱頭柱脚接合部の種類と基礎の種類によって、耐力要素に乗じる低減係数が定められている。躯体が鉄筋コンクリート造の基礎に緊結されていない石場建ての場合は、不利となる。

低減係数は、壁倍率（強さ）の高い耐力壁ほど小さくなるため、スミツグイエでは、できるだけ倍率の低い耐力壁をバランス良く配置して対応した。このバランスの良い分散配置は、古民家のような屋根や小屋床（2階建ての場合は2階の床）の水平構面の耐力があまり期待できない構造では重要なことでもある。

また石場建ての建物なので、大きな地震力に対する柱の浮き上がりを最小限に抑えるため、抑え込み効果や鉛直復元性にも配慮し、できるだけ連続壁となるように計画した。

靭性のある面材耐力壁の試み

今回、建築構造設計者による耐力壁の提案は、面材耐力壁でありながらも、建物になるべく粘り（靭性）を持たせ

耐力壁：格子

耐力壁：面材

接合金物：桁継ぎ手

接合金物：柱頭～梁、梁～柱

小屋筋交い：梁間方向、桁行方向

下屋補強：水平ブレース

床下補強：根がらみ、筋交い

床下補強：礎石嵩上げ（柱脚切断部）

写 3-12　耐震補強状況

たいということで、「通常の半分の幅の構造用合板を面材耐力壁に割り付ける」というものだった。また、分割された構造用合板を受ける間柱の幅は、釘が効くように、通常の45㎜幅ではなく60㎜幅が指定された。

通常、面材耐力壁の幅は600㎜以上とされており、現代木造の建築確認申請を行う場合などは原則これを採用する。私自身も、建築構造設計者に相談していなかったら、そして、スミツグイエが平屋でなかったら、600㎜以上を用いるべきと考えただろう。

スミツグイエでは、450㎜幅の耐力壁を単独で用いている所はないが、600㎜幅以上の規定は、端数部分を除いた耐力壁が連続する部分においても、通常は従うものである。それは、600㎜幅未満の場合、耐力壁の強度が落ちるとされているからである。

建築構造設計者の提案を裏付けるための資料を探す中で見つけた神谷文夫氏による「面材張耐力壁の構成と剪断耐力」[*6]によれば、450㎜幅で割り付けた面材耐力壁の強度は、通常の910㎜幅のものと比較すると落ちるが、最大荷重時の歪は、通常の910㎜幅の1・7倍程度となることが記されている。そして、強度については、低減係数を乗じることによって採用しても問題はないのではないかという所見を述べている。

つまり、450㎜幅で割り付けた面材耐力壁は、土壁以上の強度がありながら、靭性(粘り)についても土壁のレベルまではいかないまでも、通常の面材耐力壁よりも高い構造となる。従って、十二分な耐力壁を設けられない古民家の終局的な状況(安全限界)下における倒壊に対しては、むしろ安全側に働く可能性が高い。建築構造設計者の提案は、それを意図した工学的判断によるものといえるだろう。

面材耐力壁をつくりながら、かつ、粘りにも期待するという補強計画だが、柱や梁の架構が崩れないための最後の砦は、賛否両論あろうとも、やはり金物になる。宮大工がいつも一番抵抗を感じる部分はここのようだが、そもそも、耐震構造の建物の仕口にかかる応力は、耐震構造ではない建物の仕口にかかる応力よりも大きく、金物がなければ耐えられない可能性が高い。特に、古民家のような老朽化した既存仕口に関しては、その強度を判断することは難しいといえる。

スミツグイエの基礎補強

スミツグイエの基礎石まわりは、過去の改修の過程でと

＊6　「林業試験場研究報告」第340号、1986年

ても奇妙なことになっていた。腐っていた柱脚部を切断し、元の玉石基礎と柱脚の間に、大きめの秋保石が新たな礎石として差し込まれていたのである（写3-13）。

オリジナルの玉石基礎は、建設当初にしっかりと根固めをして埋め込んであるからか、柱の沈下は見られなかった。しかし、表土は比較的柔らかく、オリジナルの玉石まで、手で簡単にかき出せる程度のものであった。大きな秋保石が揺れた場合に、それを固定するほどの強さを表土が持っていないとすると、この古民家は事実上、元の玉石基礎、新しい大きな秋保石による礎石、そして柱が、絶妙なバランスで積み重なり建っていたことになる。

土間コンクリートを打設するために、全ての秋保石のまわりの表土をかき出してみると、かなり危なっかしい状態で建っていたことがわかる。もし、柱の軸線が地震などで元の玉石基礎からずれていたら、挟まれた秋保石が傾き、柱が沈下する可能性もあった。不思議なのは、東日本大震災のような揺れを受けても、それが全く見られなかったことである。

一般的に、伝統的構法で柱脚が腐った際の対処方法として、「根継ぎ」が紹介されていることが多いが、スミツグイエでは当時それが採用されていなかったのはなぜだろう

写 3-13　根切り状況。玉石基礎と礎石（秋保石）が重なりあっていた

か（図3-5）。

現地再生では、同種の乾燥木材の手配や、現地での仕口の加工など、材料、大工手間費の上に、高度な技術が必要となる。10本以上におよぶ上屋を支える主要柱の根継ぎを行うことは、たとえ今よりも技術のある宮大工が多く存在したであろう当時（秋保石への改修時）でも、やはり難しかったのではないだろうか。

今日的には、耐震補強を施すのであれば、耐力壁を構成する柱に根継ぎを設けることは好ましくないので、結果的には良かったのかもしれない。

また、先行解体時にこの礎石の状況を見たときは驚いたが、しばらく玉石基礎の上に秋保石が安定している様を見ていたら、オリジナルの玉石基礎と切断された柱脚部の間に秋保石を挟むという選択は、床下の湿気による柱脚部の腐朽を軽減するという意味でも、むしろ良かったのではないかと考えるようになった（東日本大震災時まで土間コンクリートや防湿シートなど、地盤の防湿措置はなかった）。

礎石まわりの補強

このような礎石の現況に対するアプローチとして、一般

基礎Ⅰ
・健全な鉄筋コンクリート造基礎またはべた基礎

基礎Ⅱ
・ひび割れのある鉄筋コンクリート造の布基礎またはべた基礎
・無筋コンクリート造の布基礎
・柱脚に足固めを設け鉄筋コンクリート底盤に柱脚または足固め等を緊結した玉石基礎（軟弱地盤を除く）
・軽微なひび割れのある無筋コンクリート造の基礎

基礎Ⅲ
・玉石基礎
・石積基礎
・ブロック基礎
・ひび割れのある無筋コンクリート造の基礎など

図3-6　耐震診断において耐力低減係数に影響する基礎の種類。上記の基礎ランクの設定は、日本建築防災協会による『2012年改訂版　木造住宅の耐震診断と補強方法』から抜粋したもの。スミツグイエの 耐震診断を行う際は、基礎Ⅲとして考える

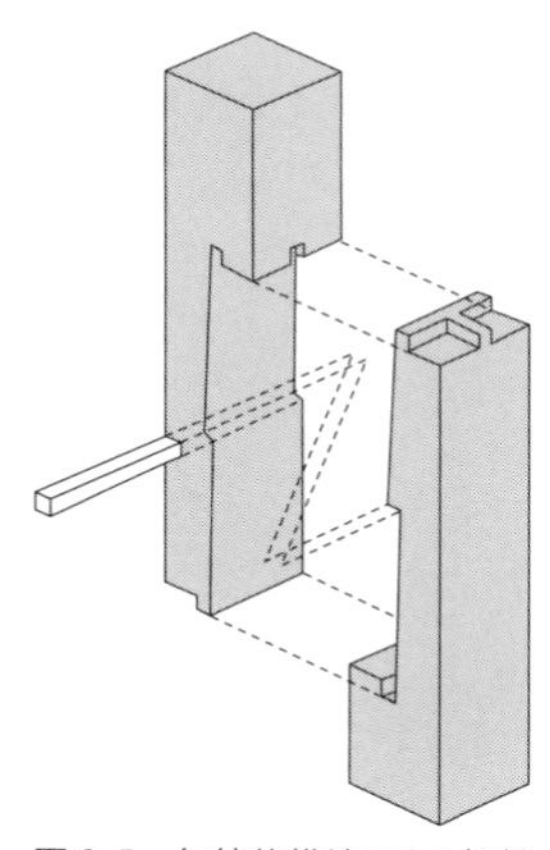

図3-5　伝統的構法による根継ぎのイメージ。腐朽が大きい場合の根継ぎ。腐朽が小さい場合は、底部のみの隠し十字目違、十字目違などもある 。いずれも、現地再生で行うことは、簡易的な下駄を履かせるようなものと異なり、高度な技術を要する

的には3つのオプションが考えられる。
①補強はせずに地盤の防湿措置のみを施す
②土間コンクリートを打設して礎石を一体化する
③②に加え、柱や足固めと土間コンを金物で固定する

参考までに、日本建築防災協会による『木造住宅の耐震診断と補強方法』による評価法について説明しておくと、基礎には3つのランク（基礎Ⅰ～Ⅲ）がある（図3-6）。2012年の改訂によって、石場建ては③のような補強を施せば中間のランク（基礎Ⅱ）、①と②はともに一番下のランク（基礎Ⅲ）となった（改訂前は②でも基礎Ⅱだった）。ただし、軟弱地盤においては、3つとも一番下のランク（基礎Ⅲ）として扱われる。これらのランクは、耐震診断を行う際の上部躯体の耐力要素へ乗ずる低減係数と関係してくる。軟弱地盤において③を評価しない理由は、固定しても破壊され、ずれてしまうという想定からかもしれない。評価が同じなら、むしろずれることを許容して力を逃がす方が、応力集中による局部破壊を避けられるという考え方もあるだろう。

以下は、スミツグイエにおける、基礎補強対応である。

〈礎石の固定について〉

石場建てに対する基礎補強のスタンダードとして、土間コンクリートにより礎石を一体化することで、地震時の礎石の移動によって柱がばらばらになることを軽減する方法がある。これは床下の防湿効果ももたらすことから、柱脚部の腐食防止にもなる。スミツグイエも基本的にはこの考え方に準じている。

ただし、一体とすべきは最下部の玉石基礎というよりも、その上に積まれた秋保石の礎石の方である。さらに、荷重を多く受けている柱については礎石のまわりを深く掘り込み、その下部にもコンクリートがある程度まわるように土間コンクリートを打設した。また、礎石には鉄筋アンカーを行い、土間コンクリートとの一体化を図った。

〈上部躯体の横ずれ対応について〉

前に述べたように、2012年に改訂された日本建築防災協会の『木造住宅の耐震診断と補強方法』では、軟弱地盤ではない場合に限って、足固めや柱と土間コンクリートを金物により固定し、躯体の横ずれ防止を行うことによって、基礎ランクが中間（基礎Ⅱ）になったが、スミツグイエに関しては改訂前の基準で計画されたため、横ずれを許容する考え方（基礎Ⅲ）を採用している。あまり地盤が強固でないこの地域では、ずれ止めによって足元を固定しすぎてしまうと、地盤的に逆にそこへ応力が集中し、早期に

破壊が生じる可能性も考えられるため、これも一つの合理性である。

そもそも、地震係数と摩擦係数の関係を基準に考えれば、横ずれする前に建物が大破する場合も考えられるが、横ずれを許容する場合の礎石の対処法については次で述べる。

また、耐力壁によって軸組が回転し、柱脚部が浮き上がった際に建物がずれることも考えられる。スミツグイエでは、これを軽減するために、低い倍率の耐力壁を用いて柱脚部の引抜き力を最低限に抑え、さらに、軸組が回転しかけても復元するように、耐力壁をできるだけ連続壁としたことは前に述べた通りである。

〈柱脚腐食部への対応について〉

秋保石により礎石が嵩上げされていたものの、床下の地面に防湿措置がなされていなかったため、多くの柱で柱脚部の腐食が見られた。

それらについては、昭和34（１９５９）年の改修時と同様に、根継ぎではなく底部の切断により対応し、柱脚部と礎石との隙間には、嵩上げコンクリートを打設した。また、大きな地震の際に柱が横ずれする可能性があるため、嵩上げコンクリートは柱より一回り大きく計画し、脱落防止に配慮した（写3-14、15、図3-7）。

原理的な視点と試行錯誤の経験

このように、古民家の現地再生における耐震補強というのは、ケースバイケースで対応していかなければならないことが多く、スマートにいくものばかりとは限らない。実際のところ、どれが一番正しいと言いきれない部分もある。

ここで行った一連の補強も、あくまでも一つの事例であり、限られた予算、物理的条件、施工者の技術力などから総合的に判断し、できることを実行したまでである。

そして、建築家としては、これはもはや「建築士」などという狭義の枠を超えた一技術者として、何をどう考えたかということなのである。施工された内容は、事実としては一つだが、それを介して携わった大工職人や建築構造設計者、そして私自身が考えたことの細部は、ひょっとしたら違っていた部分もあるかもしれない。ただ、各々が原理的な視点に立ち、試行錯誤していたことは確かだろう。思えば、昭和34（１９５９）年頃の改修工事で行われた根継ぎに代わる礎石の挿入にしても、そういった試行錯誤の結果であったのかもしれない。

写 3-14　基礎補強状況。礎石の下までコンクリートが入るように根切りを行い、転圧、防湿シートの上に配筋を行った。鉄筋は、一応、礎石にアンカーされている

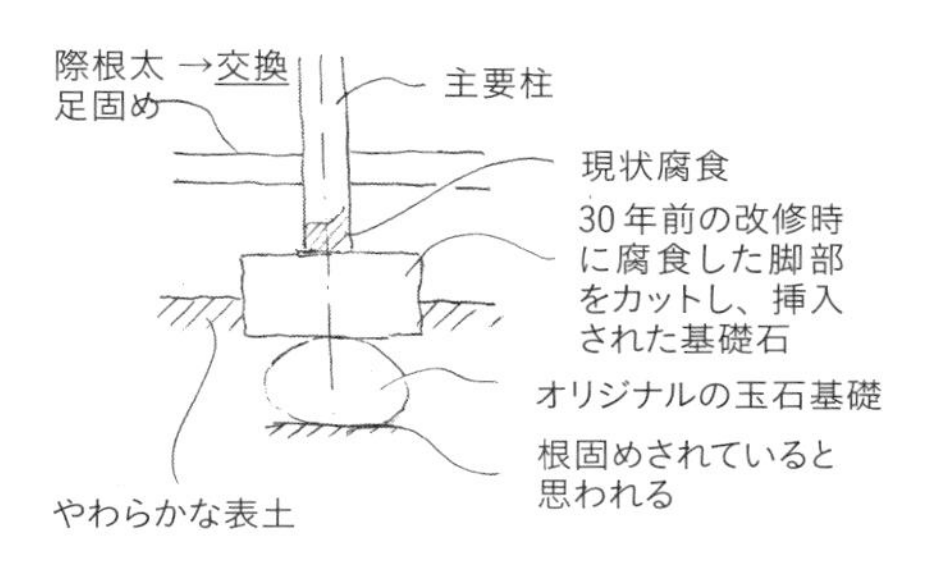

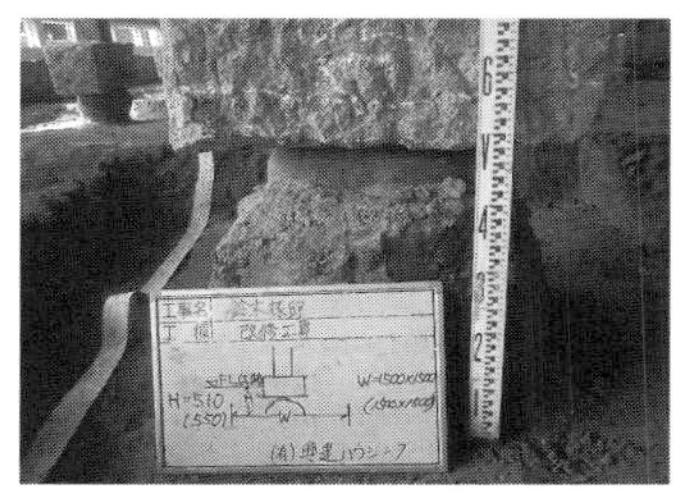

写 3-15　基礎補強工事。根切り状況

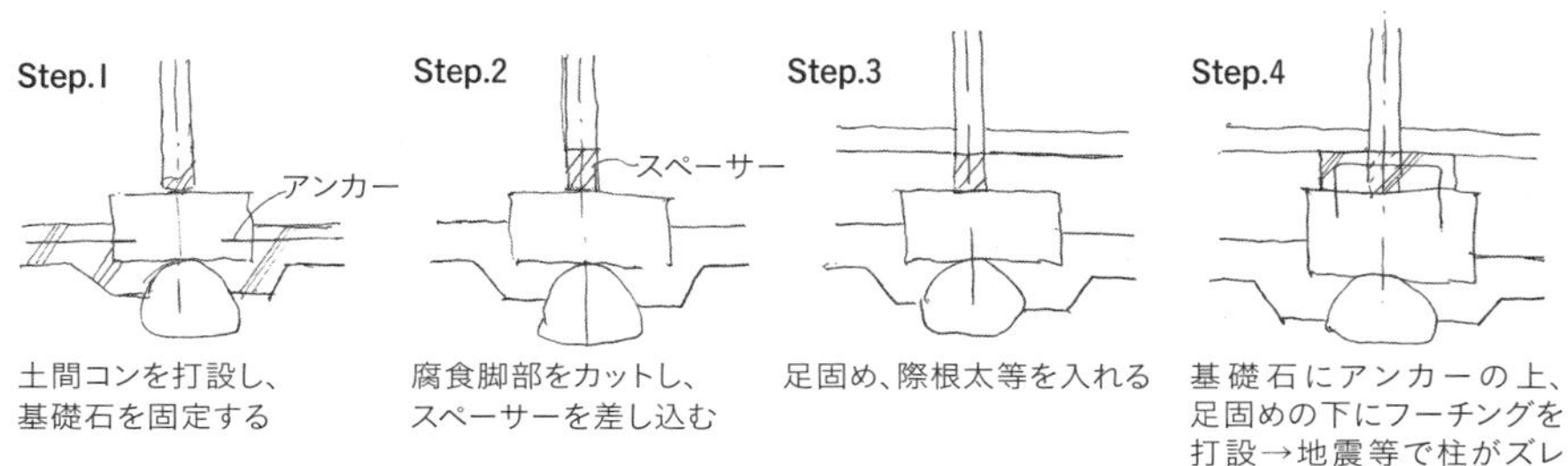

図 3-7　石場建ての補強イメージ。柱脚腐食部を切断し、RC により嵩上げした。嵩上げ部の鉄筋は礎石にアンカーされている。嵩上げコンクリートは原則、200㎜程度の柱の横ずれを許容する大きさとしている

現地再生における部材交換

一般的に古民家の耐震補強を行う以前の問題として、建物の骨組そのものをしっかりとした状態に戻さなくてはならない。

まずは、下屋を中心とする外周部については、真壁によってやせ細った柱や、腐食した土台、梁などの交換を行う。また、内部で上屋を支える太い柱の脚部が腐食していることがあるが、これらの柱の交換は、梁や鴨居の仕口との関係もあり、現地再生ではかなり難しいものも多い。そのため、根継ぎや柱脚部の切断と礎石の嵩上げによって対応することもしばしば見られる。ただし、根継ぎは技術的、コスト的にもハードルが高いだけでなく、耐力壁（特に筋交い）を構成する柱への採用は好ましくない。

スミツグイエでは、外周部の柱や土台などの細材については多くの交換が行われた。また、外周梁については、東側に下屋として増築されていた浴室の屋根と取り合っていた腐食梁の交換、内部の太い柱の腐食部については、柱脚部の切断と礎石の嵩上げ、または、部分除去と埋め木による対応を行った。

東面増築部を除去した先行解体状況（上）。第Ｉ期工事では、増築境界部で 腐食していた梁を交換した。下は撤去された腐食部材の写真

第 4 章

語り継ぐ家の萌芽たち(第1期)

過去の断片から変化を育む—外装の詳細

2012年10月—2014年7月

黒漆喰への憧憬

写 4-1　薄墨による黒漆喰のテクスチュア（第 1 期工事終了時）

竈の趣

第2章「時間軸上の家」で述べたように、スミツグイエに現存している竈の置かれている位置は昔から変わっていない。しかし、煙突なども含めた竈本体は、昭和34（1959）年頃、草葺屋根を瓦に葺き替えた際につくり替えられたものである（写4-2）。

古民家では土でかたちを整え、漆喰で仕上げた竈をよく見かける。ただ、私自身、竈についてはそれほど詳しくなかったので、初回現地調査でスミツグイエの竈の仕上げを見た時、黒漆喰が色あせているのではないかと勝手に思い込んでいた。後々、欠け落ちた断面から、墨モルタルを厚塗りして仕上げられていることがわかったが、左官職人によって仕上げられた趣ある竈であることには変わりなく、東日本大震災で被災し全壊判定を受けた古民家の中で、ひときわ存在感を放っていた。

この竈を復旧し、それを使い継ぐことが「鈴木さん一家の銀河計画」[*1]の中で主要な役割を果たすと考えるのであれば、今度は黒漆喰で復活させてはどうかと想い描いている。

漆喰の主な原料は、石灰石を焼いて水を加えた消石灰で

＊1　「鈴木さん一家の銀河計画」（p.68）参照

白色であるが、藁・スサなどの漆喰の繋材の物性からして、水まわりの汚れを吸収しやすい。一方、自浄作用があり、表面を磨くことによって撥水性も生まれ、漆喰が中性化するまでは（主原料が石灰石なので最初はアルカリ性）、防火性だけでなくカビ防止性能も高いことで知られる。

　これに顔料として墨を加えたものが黒漆喰である。白漆喰以上に施工の難しさはあるが、汚れを目立たなくするという意味でも効果的な選択と言える。

写 4-2　既存の竈（初回現地調査時）

　黒漆喰は、真っ黒に斑なく仕上げれば仕上げるほど質が高く、さらには磨きをかけて黒光りさせたものは最高級とされる。個人的な考えを言わせてもらえるなら、最高級である必要はなく、むしろ、そうでない方が良いとすら考える。そもそも、漆喰と墨は未来永劫ブレンドされ続けてはくれない。時間とともに漆喰の白い成分が勝り、徐々に斑のあるグレーに変わり、やがては白に近くなる。そういう黒漆喰の不均質な表情を、経年変化の象徴として魅力と考える方が、スミツグイエには似合っているのではないだろうか。

　この竈は、鉄平さんとちひろさんとの打合せの中でも残しておきたいものの一つとして位置づけられており、第１期工事の後、屋根に絡んだ煙突や煙出しも含め、段階的な復旧の検討を行うことになった。

風合いを語り継ぐ

　第１期工事範囲である外装の改修において、竈エリアの通用口から裏の畑側（北側）へと連続する外壁面の仕上げを黒漆喰仕上げとした（写４-３）。

写4-3　第Ⅰ期工事終了時の黒漆喰。竈土間の通用口まわりから北側外壁は、竈本体の仕上げ感にちなみ黒漆喰仕上げ

この部分の外装を先人の仕事と関係づける初期検討では、鉄平さんとちひろさんに土塗壁、白漆喰壁、そして黒漆喰壁の3つを提案した。土や白漆喰は既存建物の中にあった要素そのものだが、黒漆喰については、竈の仕上げに含まれた墨が、経年変化により薄れて斑を成す風合いに着目した仕上げの提案だった。

3つの案の中から黒漆喰が採用された。将来、竈が復旧されることなく長い年月が経ったとしても、あるいは、その先に撤去されてしまうようなことがあったとしても、黒漆喰がスミツグイエの竈の風合いを呼び起こしてくれるだろう。

物はいずれ消えて無くなる運命だが、その存在は引き継がれた新たな物の断片の中に生き続けることがある。ここで用いた黒漆喰は、そういった語り継ぐための断片を、改修の過程の様々なレベルで刷り込むことを目指す試みの一つでもあった。

外壁の黒漆喰仕上げについては、伝統的構法の土壁下地からつくるまでの予算上の理由に加え、復原は今回のテーマではないことから、あくまで、現代の通気構法の大壁下地に対する仕上げである。また、意図的に墨の量を減らし、通常よりも経年変化の速度を上げるようにした。ここだけ真っ黒で艶のある高級黒漆喰にしてしまうと、中の竈の仕上げの表情との差が生じ、もともとの意図からずれてしまうと考えたからである。塗ったばかりの頃は、割と黒く安定していたかにも思えたが、間もなく、色あせは進行していった。外壁なので、ほとんど白になってしまうようなところも、近い将来現れてくると思われた。この黒漆喰の経年変化については、第6章で改めて述べることにしたい。

木製建具の記憶

写 4-4　第 I 期工事終了時の既存欄間窓

木製欄間窓を活かす木製建具

東日本大震災後の初回現地調査の際、外部建具で特徴的だったのが、縁側の立派な丸太梁の下に4間連続で並んだ木製欄間窓である。それは、ほとんどの外部建具がアルミサッシに交換されていた中で残存していたいくつかの木製欄間窓のうち、震災による損壊を免れたものだった。

丁寧につくられた細枠による規則的な構成でありながら、木造作による懐かしさも感じるつくりであった。

この欄間窓がつくられたのは、竈と同時期（昭和34［1959］年頃）ではあるが、製作した建具職人の平凡ながらも努力の結晶を活かすためには、この下にある掃出し窓を木製建具にしたほうが良いのではないかと考え、鉄平さんとちひろさんに提案した。

初回現地調査のところで既に述べたように[*2]、この縁側の木製欄間窓や化粧垂木による天井は、日光を屋内に導くための、先人の試行錯誤によってつくられたものである。

また、この欄間窓によって、下部の掃出し窓の高さは、一般的な木製建具が過度に変形しない上限である1800㎜に抑えられている。もし、これらの掃出し窓を東日本大震災時と同様のアルミサッシで新調するのであれば、欄間窓

＊2　「改修の拠り所を見つける①縁側造作」（p.61）参照

が設けられている意味が薄れてしまうだろう。なぜならば、現代のアルミサッシであれば、高さが２２００mm～２４００mm程度でも十分に対応可能だからだ。

つまり、この提案は、単に外観上の統一性を求めて欄間窓と掃出し窓を木製建具とすれば良いというものではなく、その寸法や強度などの諸要素が、相互にバランスよく、合理性をもって納まった状態を生み出すことを意図したものであった。そして、それが先人の仕事に対するリスペクトにもつながるのではないかと考えたのである。

鉄平さんとちひろさんは、木製建具の性能上の短所[*3]を理解した上で、私の提案に同意してくれた。さらに、私があえて言うまでもなく、正面（南側）から見える全ての外部建具を木製建具とすることにも、ためらいを感じるどころか歓迎してくれた。鉄平さんによれば、実は震災前からアルミサッシは古民家に適さないという考えがあり、いつか改修したいと考えていたようである。

もし、この縁側の掃出し窓がアルミサッシになっていたら、他のすべての外部建具もアルミサッシになっていたかもしれない。つまり、この掃出し窓の仕様の決定は、スミツグイエの外観にとって運命の分かれ目でもあったのである。

写 4-5 アルミサッシ、欄間窓および既存鴨居の撤去状況

写 4-6 鴨居（まぐさ）と中間柱を交換し、欄間窓を再設置した。既存の鴨居を新しくまぐさとし、鴨居はその外側に付けた（図 4-3 参照）

＊3 「コラム 木製框窓の良し悪し」（p.139）参照

既存の欄間窓を残しながら、下部の掃出し窓をアルミサッシから木製建具に改修するにあたっては、新しい木製建具のための鴨居を取り付ける必要があった。

そのために既存の鴨居を交換する必要があったのだが、ここでは先人の仕事に助けられた。接着剤を用いずにつくられていた欄間窓は、大工職人によって丁寧に分解することができたのである。

こうして、欄間窓を構成する枠やガラスを損壊することなく取り外し、再び新しい鴨居とともに、うまく設置し直すことができた（写4－5～7）。

縁側を全開放する（縁側・雨戸の記憶）

スミツグイエの縁側の掃出し窓は、一見すると古民家的な框窓（かまち）に見えるが、そのつくりは現代的なものである。

古典的な民家の建具に雨戸がある。縁側の外周にある敷居の上を一本引きで朝夕に開閉するもので、端部に戸袋を持つ。当時は掃出し窓がなく、雨戸を戸袋に収納すれば、必然的に全開放された。その際、縁側は半屋外となり、座敷側（内縁）の障子が内外の境界となる（古民家によっては内縁に雨戸がついているタイプもある）。これが、一般的に想い描く、縁側の全開放のイメージであろう。

一方、スミツグイエの縁側は、全開放のイメージを踏襲しているが、建具の形式は古典的な民家とは異なるものである。掃出し窓自体が4本溝（網戸用を入れると5本）の連窓になっており、それらを両脇の戸袋に収納するというもので、サッシが古典的な民家でいう雨戸を兼用している。もっとも、欲を言えば、これらの掃出し窓の外側に一本引きの雨戸を別につくっても良かったかもしれないし、

写 4-7　第Ⅰ期工事終了時の木製建具（掃出し連窓）設置

写 4-8　玄関縦格子戸と縁側掃出し連窓を見る。縦格子による欄間付き玄関戸は、網戸にも縦格子がついており、框戸と入れ替えても外観は変わらない。鴨居梁は既存を用いており、もともとあったレールと新たに付け加えた鴨居枠の溝をうまく調整し、格子框戸、框戸、網戸の３枚を納めている

実際そのような現代和風建築の事例はよく見かける。しかし、その場合は戸袋の奥行きがかなり大きくなるため、スミツグイエには採用しなかった。

縁側を全開放するか否かは住まい手次第であり、現代の暮らし方としては、開放しないことの方が多いかもしれない。しかし、全開放できるようにしておくことに、過去から現代、そして未来に住み継ぎ、語り継ぐ家としての意味があると考えた。なお、スミツグイエでは「鈴木さん一家の銀河計画」で紹介したように、全開放された掃出し連窓に面してウッドデッキ（濡れ縁）を設け、縁側と一体となった小さな食堂の客席をつくるという将来計画がある。昔ながらの古民家とは違った目的での、縁側の全開放となる。

ところで、この連窓の総幅は意外と大きい。一般的に、この手の木製建具の最大幅はせいぜい３６００㎜が限度だが、スミツグイエの縁側の開口幅はその2倍ある。従って、普通につくってしまうと、見込みが大きな鴨居がたわんでしまう。そこで、中央に方立（ほうだて）を設け、鴨居を受けることにした。幅３６００㎜の連窓が、中央の方立の両脇にあり、それぞれの戸袋に引き分けられるという構成である。

写 4-9　北側の掃き出し 3 連引き戸。玄関戸と併せて建物の通風ルートを確保するもので、津波時には戸が外れ、内部の水を排水することも期待している

内と外を分ける

南側の玄関から、食堂、書斎・居間を介して北側の畑に抜けるオープンスペースの計画は、この家の背骨のような空間である。ここは、この家の中で最もアクティブなスペースであるというだけでなく、南と北の両端に設けられた掃出し窓を開放することによって、最も風通しの良いエリアにもなる。また、再度、津波に襲われるようなことがあった場合は、建具が外れ、水を通し、建物への衝撃を和らげる役割も担う（写4-8、9）。

東日本大震災時まで、正面玄関の上部垂れ壁の一部が欄間窓になっていたが損壊した。第1期工事の改修に際しては、食堂内により多くの光を導くべく、垂れ壁全体を欄間窓として計画し直した。垂れ壁下の開口部は、両引戸、框窓、そして網戸の3層構成とした。玄関を介して食堂に直接面するこの開口部は、全体を縦格子で覆うことで、日中の光を取り入れながらも外からの視界を制御し、来客に対して内と外の境界を暗示する。なお、通風のために戸を引き分ける際も、網戸と入れ替えることで、常に全体が縦格子に覆われた状態を保てるつくりとした（写4-10、11、図4-1～5）。

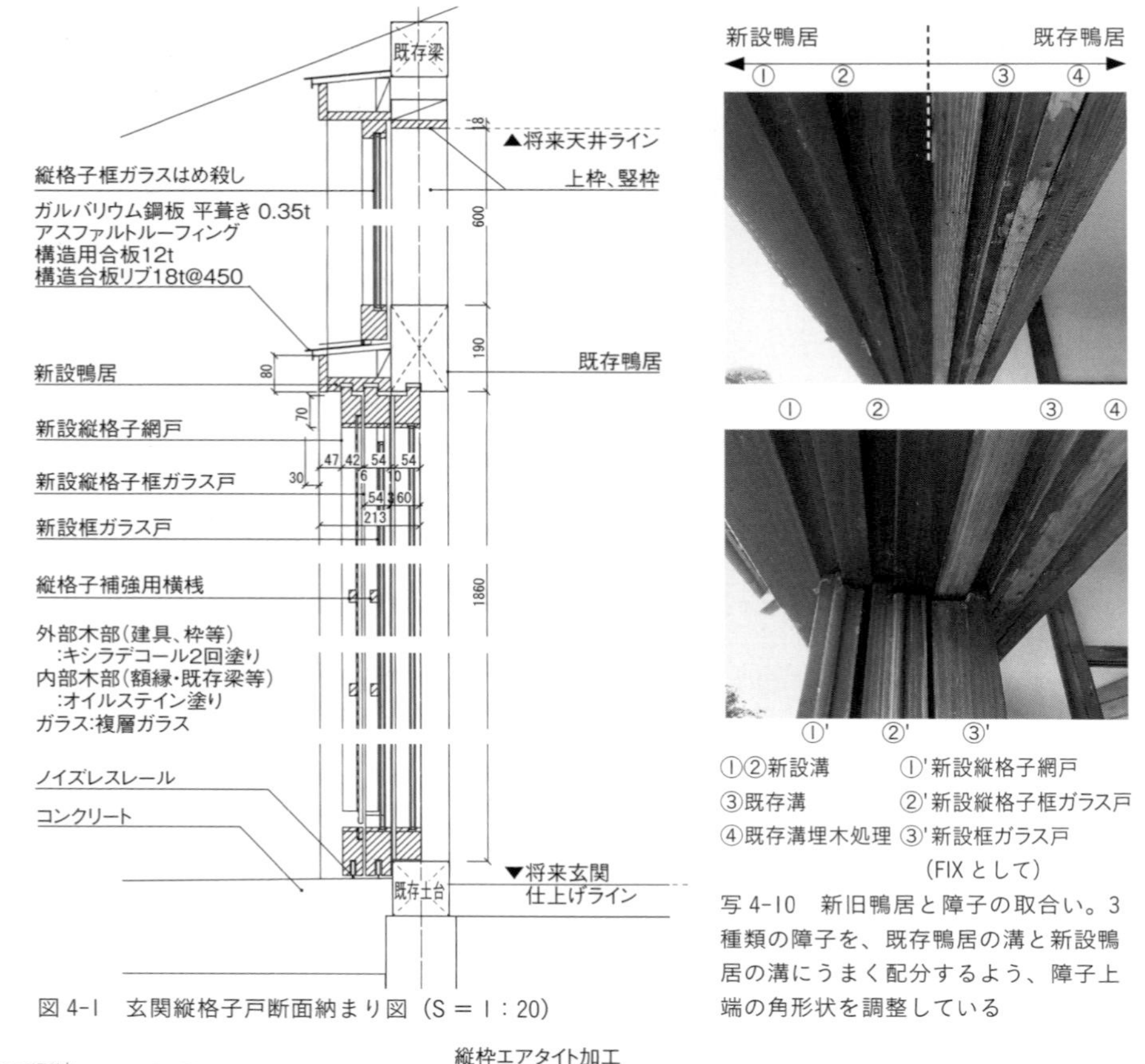

写 4-10　新旧鴨居と障子の取合い。3種類の障子を、既存鴨居の溝と新設鴨居の溝にうまく配分するよう、障子上端の角形状を調整している

図 4-1　玄関縦格子戸断面納まり図（S = 1：20）

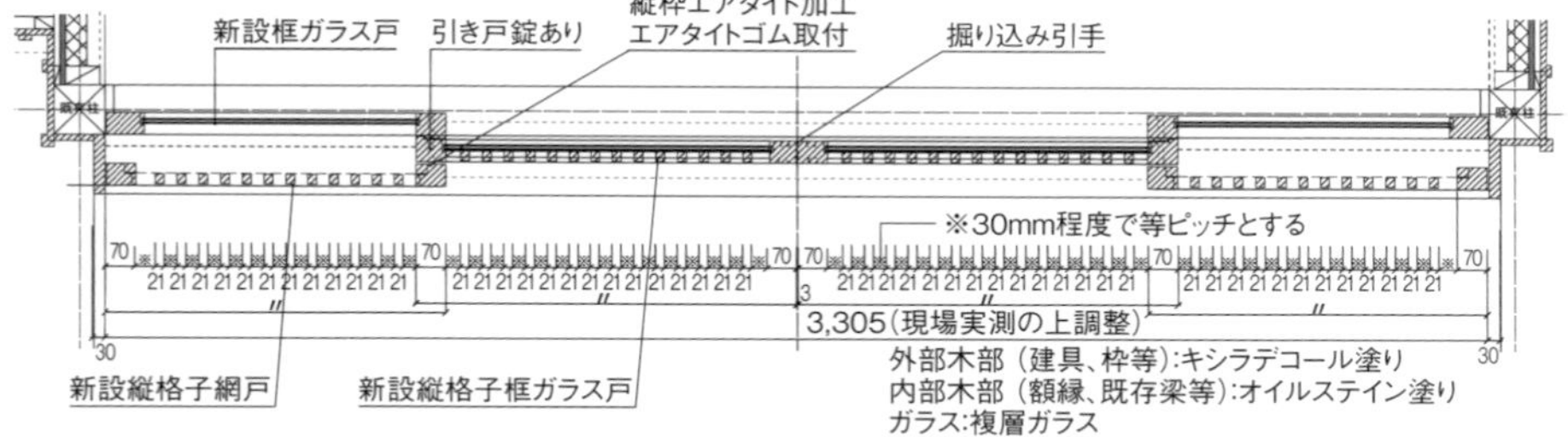

図 4-2　玄関縦格子戸平面納まり図（S = 1：30）。両側の奥が框戸、真ん中が框縦格子戸、両側の手前が縦格子網戸になっている。框縦格子戸と縦格子網戸を入れ替えることで外観を変えずに通風が可能になる

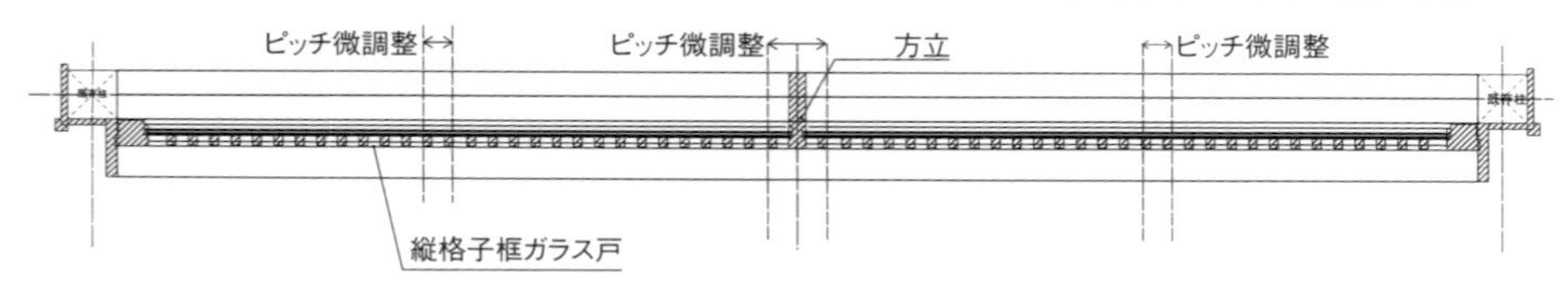

図 4-3　玄関縦格子欄間窓平面納まり図（S = 1：30）

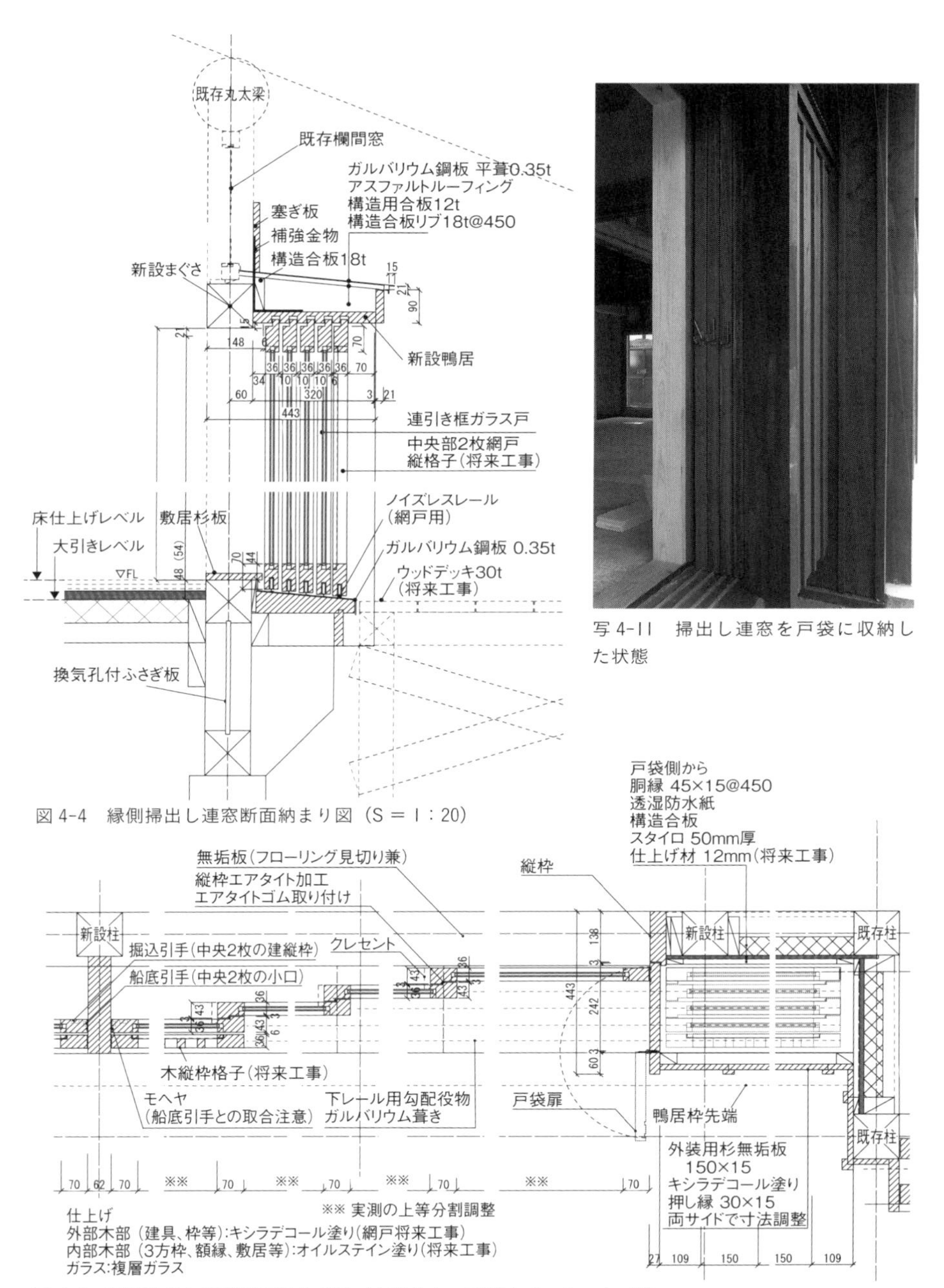

写 4-11　掃出し連窓を戸袋に収納した状態

図 4-4　縁側掃出し連窓断面納まり図(S＝1：20)

図 4-5　縁側掃出し連窓平面納まり図(中間方立〜戸袋まで、S＝1：20)

既存の欄間窓を残し、それより下を新たにつくり直している。間口が大きいため、中央に方立を設け、2間の片引き連戸を両側に配置している。それぞれ、両端にある戸袋に収納すれば、昔の古民家の縁側のような全開放となる。敷居下部にはリブを設け、建具の荷重を礎石に伝えている。框戸の縦枠は召し合わせになっており、クレセントによる引き寄せとともに気密性に配慮しているが、下枠については戸車のため気密性は低い

憧憬と記憶を束ねる

写 4-12　木製建具と、その背景としての杉板張りの外壁

新陳代謝する杉板張り

正面(南側)から見える全ての外部建具を木製建具としたことを受けて、南側の外壁を中心に杉板張りとした。木製建具や黒漆喰仕上げの北側外壁が、既存建物の特徴的要素を拠り所に提案した「図」であるとするならば、外装の杉板張りは、それらの背景となる「地」の役回りと言える。

ここでの杉板張りは、化粧垂木による軒天や木製建具と調和し、黒漆喰仕上げとは対比をなす。実際に杉板張りが使われている範囲はそれほど多くはないが、部分補修がしやすく、新陳代謝そのものがデザインになる工法を採用した(写4-13、14)。幅広の下見張りにささら子を直行させて押さえるのが古民家の板張りの定番だが、スミツグイエでは、幅狭の羽目板張りのジョイントに沿って押縁を入れる納まりとした(図4-6)。

押縁がない本実(ほんざね)納まりの場合、端部以外の一枚を張り替える際、ビスを板の真上から打つことになるため、そこだけビスが見えてしまう。また、実なしで張り替えた板と隣接する板との間には、隙間が生じる可能性もある。ジョイントに押縁を当てることは、これらの問題を解決する方法の一つである。

さらに、この納まりの場合、本実でなくても良く、板幅も自由に設定できる。板同士の多少の隙間も許容するので、自ら施工・補修することも可能な納まりである。

第1期工事では、板幅を150㎜幅に設定したが、実なし押縁仕様であれば、今後の修繕の過程で板幅を変えていくこともできる。幅が狭い方が、新旧の色の濃淡がバランスよく馴染み、押縁による凹凸の影が生み出す彫りの表情も繊細で豊かなものとなるだろう。

外壁木部は塗装せず、紫外線による経年変化により、灰色になる風合いを楽しむという考え方もあるが、スミツグイエでは木製建具と合わせて、半透明で木目を潰さない浸透性塗料とした。木部塗料には浸透性と塗膜性があるが、塗膜性は塗替え時の下地処理が難しいため、再塗装時に木目を潰したベタ塗りに変えられてしまうことが多い。それに対し、浸透性塗料は最低限の下地処理で塗り重ねることが可能で、木目も維持することができる。手入れさえ怠らなければ、経年とともに深みを帯びた風合いが増す仕上げである。

二つの大壁を繋ぐ真壁

東側外壁の中央部は、東日本大震災まで真壁としてつく

写 4-13　外装初期スタディ。木板の張り方は図 4-6 ④のイメージ

写 4-14　出窓・玄関扉・板張りのディテールスタディ。木板の張り方は図 4-6 ②のイメージ

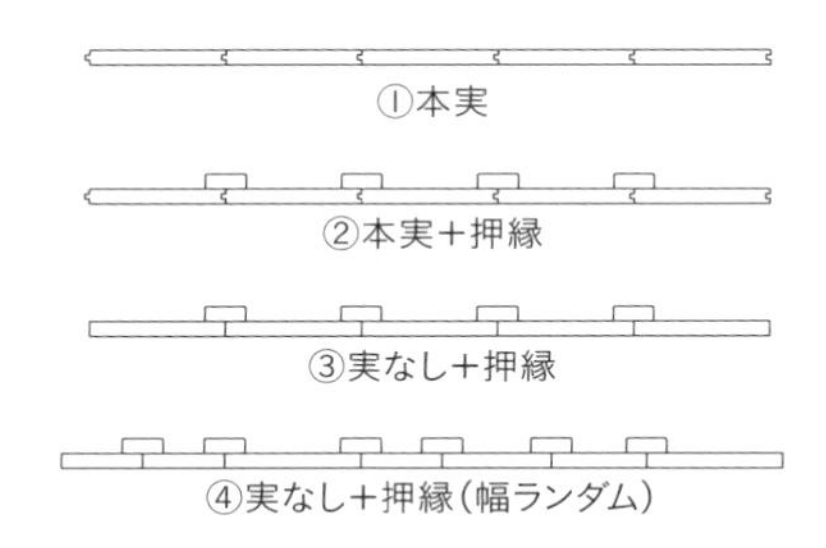

図 4-6　羽目板張りの張り方オプション。竣工当初は②、補修時に③、好みによって④となり、最終的に⑤にもなり得る

られていた部位の一つで、桁の上に掛かった牛梁の端部が見える特徴的な壁であった（写4-15）。

第1期工事では、この真壁を意匠的に引継ぎ、両脇に新たに計画した異なる種類の大壁を仲介する役割を担わせた。既に述べたように、竈土間の通用口から北側は竈の仕上げ斑にちなんだ黒漆喰仕上げ、南側は縁側、玄関、出窓といった、一連の木製建具を背景として束ねる杉板張りがまわり込んで来ている（写4-16）。

なお、もともとこの真壁には通用口があったが、キッチンエリアの嵌め殺し窓としてつくり直し、新しい通用口を竈土間側の外壁に新設した。ここは、東日本大震災まで浴室の増築部によって塞がっていたエリアである。

写4-15　東日本大震災時の東側壁面状況

写4-16　　第Ⅰ期工事終了時。大壁で構成される板張りと黒漆喰の壁を仲介する真壁

木製框窓の良し悪し

スミツグイエの外壁の框窓は、もともとは木製建具であったはずだが、被災時の既存状況を見た限りでは、ところどころの小窓にその片鱗は見られたものの、ほとんどの窓はアルミサッシとなっていた。これは、ごく普通の現代の古民家によく見られることだが、スミツグイエを改修するにあたって、サッシの仕様の選択をどうするべきか、全てアルミサッシで良いものかということを、鉄平さんやちひろさんと話し合った。

外部建具は、断熱性や気密性など、その性能が住み心地に直接影響する。人によっては、好みだけでは乗り切れない壁があり、安易に進めることはできない。スミツグイエについても、意匠上のコンセプトやイメージとして木製建具を使いたいと考えるのは自然であるが、性能的には必ずしもそうではない。

木製建具の良さをアピールすることはいくらでもできるが、その逆もしかりである。その両方を知った上で、それでも木製建具を選ぶという覚悟が伴わなければ、アルミサッシにしておく方が無難という考え方もある。

私は、鉄平さんとちひろさんが、木製建具のデメリットを知った上で選ぶなら選んでほしいと考え、まずは、性能面のデメリットを伝えることから始めた。

クライアントの中には、木製建具のデメリットを聞くと、「それならアルミサッシで」と言う人も多いが、鉄平さんとちひろさんは「それでも木製建具にしたい」とこだわった。

そこまで覚悟があるならば、木製建具しかあり得ないだろうと、その想いを汲み、イメージを重視する部分と、性能を重視する部分に整理した。縁側や玄関、ワークスペース、オープンキッチンや竈土間の通用口など、共用部に面する窓や正面アプローチ側から見える窓を木製建具、それ以外の寝室や浴室、トイレなどのプライベートエリアは性能を考慮し、アルミサッシで計画した。

ここで性能と言っているのは、主に耐久性と気密性である。木製建具の耐久性は、定期的な保護塗料の塗替えなどによってある程度フォローすることが可能だが、気密性は建具の納まり上の限界がある。従って、もし、そういった性能的な欠点に配慮するなら、このような建具は、多少気密性がなくても許容できるエリアか、窓まわりにヒーターが効く環境に、なるべく採用した方が良いということになる。例えば、スミツグイエでは、縁側の全面にわたって木製建具による掃出し連窓を提案したわけであるが、多少気密性が低くても良いとはいえ、設計当初は縁側に対して床暖房とエアコンを仕込んでおいた。しかし、結局それらは、コストダウンの過程で、鉄平さんとちひろさんと議論した優先順位によって中止となった。

このように木製建具の性能的なデメリットの理解をしつこく求めるのは、スミツグイエで採用する木製建具は、木製サッシメーカーによる建具ではなく、木製建具職人がつくる昔ながらの木製框窓だからである。

木製サッシメーカーによる建具というのは、「ヘーベシーベ」[*4]などの特殊金物を使用した木製サッシのことである。こうした海外の技術を用いた木製サッシは、気密性や材質、強度などの品質が高く、断熱性についてもアルミサッシよりも優れている。実際、寒さへの配慮が優先されるヨーロッパの民家では、ほとんどが木製サッシである。一方、日本ではアルミサッシと比較すると流通量が少なく、コストも高い。スミツグイエでは、予算的にも採用は厳しかったが、もし採用できたとしても、フレームが大きく、重量も重たいため、違和感が生じたことだろう。

一方、木製建具職人がつくる場合は、昔ながらの伝統家屋に用いられている建具に、多少現代のディテールを折衷し、気密性を向上させたかたちになる。現代のディテールとはいっても、先に述べた海外メーカーの木製サッシのように特殊な金物が内蔵され、気密性が確保されるわけでも、精密に規格化されたサッシ枠があるわけでもない。また、材質も加工のしやすさなどの技術上の問題から、針葉樹などのソフトウッドでつくられることも多いので、強度や耐久性に劣る部分がある。

こうしたデメリットもあるが、建具職人による木製建具は、内部建具・造作の延長なので、古民家のような建物との相性は比較的よく、違和感なしにしっくりと納まってくれる。

物事は様々な尺度から決定されるものである。どの尺度を優位に据えるかは、注文住宅の場合は住まい手の価値観に大きく左右される。我々建築家は、施主の価値観に基づく意志を汲み、具体物を検討、提案するわけだが、住まい手がメリットとデメリットの双方を理解するために、デザイナーである前に、技術者として中立的であるべきである。

縁側掃出し連窓。手前半分を全開した状態（撮影：2022 年 2 月）

＊4　戸が持ち上がってスライドする機構。軽快な操作が可能であり、気密性も高い。国内にも木製サッシメーカーはあるが、金物についてはドイツ製を使用していることが多い

寝室Ⅰから神棚の間側を見る

第1期工事を終えて

2年越しで第Ⅰ期工事は終了した。被災後の混沌からここに至るプロセスは、当事者たちにとっては感慨深いものがあったに違いない。一方、プロセスを共有しないまったくの第三者が、このスケルトン状態の結果だけを見たらどう思うだろうか。単なる未完成の古民家改修にしか見えないだろうか。同じモノを見ているにもかかわらず、それを通して感じるものが全く違うのではないだろうか。ここに、当事者たちがプロセスへの能動的な関わりによって得られる豊かさの尺度がある。そして、それはお金では換えの利かない、住まいづくりにとって本当に大切なことは何かを炙り出す。言葉で言うのは容易い。重要なことは感じることができるかということだ。

縁側の既存木製欄間窓を土台に再構成された南立面

既存竈の趣から派生した黒漆喰壁による東立面

神棚の間から仏間側を見る

既存竈の状態

キッチンから竈土間側を見る

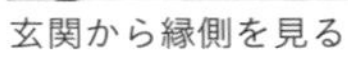
玄関から縁側を見る

木製建具の全開状況

敷地アプローチ側から主屋全景を見る

スミツグヒト
鈴木鉄平さん・ちひろさんの回想②

仙台での生活に込めた想い

スミツグイエの打合せ当初、基本計画（第2章「鈴木さん一家の銀河計画」）をまとめるにあたって、鉄平さんとちひろさんは、それまでの東京での生活とは違った暮らしを想い描いた。

ちひろさん　震災が起こって、遠い将来ではなく思っていたよりも早く仙台に移住する話が出た時に、夫から「食堂とかやったら楽しいと思うよ」と言われたんです。それは多分、私が器や料理に興味があって、友人を呼んでおもてなしをするのが好きだと気づいていたからだと思います。私も夫も食の仕事をしていたわけではないので、突拍子もないアイデアだと思いつつ、「食堂、確かに楽しいかも」とわくわくして移住に対して少し前向きになりました。

鉄平さん　僕は復興にあたり、建物を単に誇れるものというう自分たちだけで完結するものにはしたくないと思っていました。具体的には食堂がありましたが、食堂だけかというとそうではない。思いを込めた建物の中に、何か中心になるものがあって、そこに込めた思いや考えみたいなものを具体的に発信したいと思っていました。その一つが食堂であり、寺子屋、それ以外にもマルシェをしたいという話もしていました。自分のキャリアの後半のほうでは、自分が仕事を通じて経験させてもらったこと、例えば海外プロジェクトや経営コンサルティングの仕事などをかみ砕いて、子供たちや地域に還元するような場をつくりたいと思っていました。子供の頃の祖母の教え「世のため人のためになることをしなさい」に対して、何かやりたいという思いですね。

妻は、人と接する中で自分の価値を見い出していくタイプだと思います。だから根を張っていくような場所をつくってあげたいと思いました。何か自分が提供できる具体的な価値を、役割を通じて持っていること。これが見知らぬ土地で根付くために必要なものだと思いました。そうした具体的なものを見つける作業が一番最初だと思いました。

君塚さんに頼むことに決まってからは、月に一度の割合で打合せをしましたが、最初の半年ぐらいはそういったふわふわした話を毎回していました。構想としては、まだやわらかい状態ですし、しかも足元の課題の話ではなくて10年、20年スパンの話ですが、それを（君塚さんが）具体的に紙に起こしてくれるからかなり議論が深まりました。

「手紙舎」に行ったときも、店内の構成を見て、あそこに自分が座っていて、お客さんが来た時には作業の手を止めて挨拶をする場面が想像できました。

こうしたイメージは、第1期工事の始まる前に決まっていました。


第1期工事終了後、第一子となる娘の花さんが生まれ、鈴木さんたちは、ちひろさんの実家のある神奈川県平塚市に引っ越した。そこで、ちひろさんは洋裁教室を始めることになる。


ちひろさん　出産後の離乳食教室で、同じ月生まれの女の子3人のお母さんたちと仲良くなり、家に集まっては簡単な子供服を手作りしました。育児の悩みなどを話しながら手を動かすと、帰りには娘のための服が完成する。3人ともとても喜んでくれたし、私自身も楽しかったです。

1年くらい経って、こんな風にお母さんたちが子供連れで来られる場所があったらいいなという思いから洋裁教室を始めました。自分で何かを始めることはとても勇気がいりましたが、夫の後押しもあり、また友達が全くいない仙台に移住した後も続けられる洋裁教室を人と出会える場にできたらと思い決意しました。

初めは自宅で少人数でやることが多かったのですが、娘の友達のお母さんが「子供の遊び場」をオープンすると聞いて、そこで洋裁のワークショップのお手伝いをさせてもらうことになりました。

毎回8名ほどのお母さんたちがそれぞれ子供のために作りたいものを作るお手伝いをしながら、その子供たちは別のスタッフが託児をしてくれました。終わった後のお母さんたちの達成感のある笑顔と、自分のために作ってくれたものを受け取った子供たちの嬉しそうな笑顔が、今でも忘れられません。

同じようなことを仙台の家でもやりたいと思いました。

洋裁教室でつくった洋服

第5章

杜の再生へのスタート

進化する居久根を夢みて

2014年10月—2016年3月

2014.10—12　次世代へ向けた新たな役割

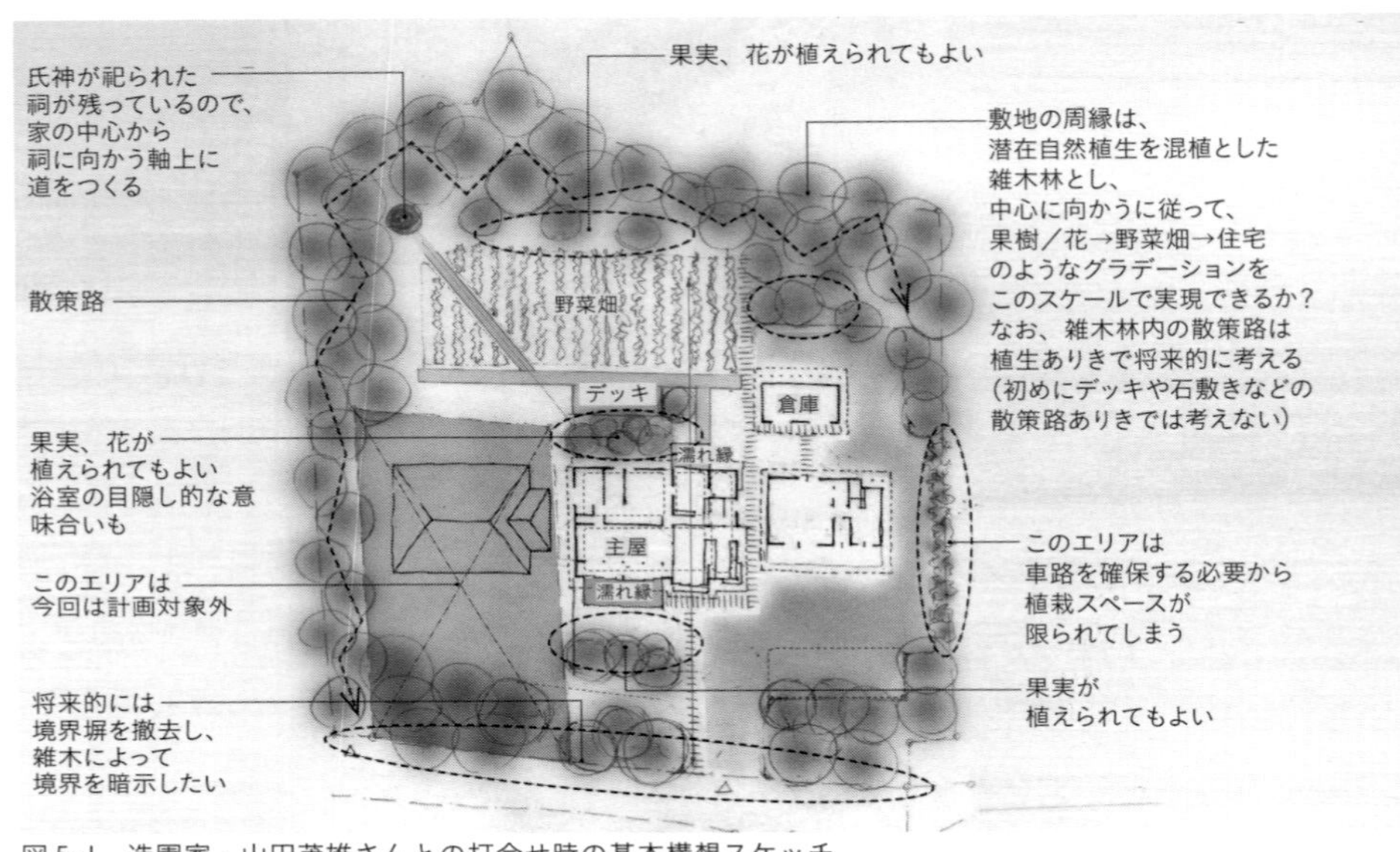

図 5-1　造園家・山田茂雄さんとの打合せ時の基本構想スケッチ

学びの杜へ

第1期工事終了から約4カ月後、鉄平さんとちひろさんから〝杜の都〟の謂われでもあった屋敷林＝居久根の復興について相談を受けた。

鉄平さんにとって、居久根は宮城野の平面的に広がるエンドレスな田園地帯の中で、内省的な垂直性を感じさせる場所として認識されてきたに違いない。子供の頃から不思議な〝わくわく感〟を駆り立てる場所だったという。虫をとったり、木登りをしたり、秘密基地をつくったりといった遊び場であったと同時に、北西の端には氏神を祀る小さな祠もある神秘的な場所だった。しかし、東日本大震災で津波被害を受けた後、ほとんどの大樹は行政の誘導もあり、伐採されてしまった。

その復興にあたって鉄平さんとちひろさんには、単純に被災前の状態に戻すということではなく、長期的な生態系の再生プロセスの中で「銀河計画」構想に基づき、仙台の子供たちに開放し、散策やワークショップを行うことで、次世代に居久根の〝わくわく感〟や〝神秘性〟を伝えていきたいという想いがあった。学びの杜である。

　また、かつての敷地内の雑木には、スギも多くあったと伺っていたが、スギやマツ、ヒノキといった木々は人間の経済活動のために植樹されたものであり（それが居久根の特徴でもあるのだが）、必ずしも地域の気候風土に適しているとは限らない。そこで私は、東京・渋谷区にある明治神宮の杜とまではいかないまでも、潜在自然植生を混植することで、長期的な視野に立って生態系を復興することを想い描いてはどうかと、少々無謀なことを提案した。

　しかしながら、自然のままに生育させて敷地全体をジャングル化するわけにはいかない。なぜなら敷地の中心には家が在り、畑が在る。畑の収穫物は、将来構想されている小さな食堂のための食材としても利用されるものだ。この畑という2次的自然から、外周エリアに想定される潜在自然植生が混植された雑木林へのバランスの取れたグラデーションをつくることは、今回の敷地のスケールの中で実現できるのだろうか。私は基本構想のスケッチを整理し、植栽計画の具体化のために造園家の知見を求める必要性を鉄平さんとちひろさんに伝えた（図5-1）。

「森のテラス」との遭遇

　私は当時、東京・調布市の仙川に住んでいたのだが、近所に造園家の山田茂雄さんがいた。私にとって山田さんとの出会いは、まだ住み始めたころ、散歩中に迷い込んだ「森のテラス」からであった。低層住居地域の傾斜地に佇む慎ましき民家と、それを取り巻く雑木林によって構成されている彼の事務所兼用住宅である。彼は自宅の敷地を開放し、雑木の中を誰もが散策できるようにしている。さらに、住宅の一部をテラスとともに開放し、ピアノの演奏会から味噌づくりに至るまで様々なイベントを不定期に行っていた。森のテラスは、住まいというミクロコスモスを地域に開くことで、豊かさの一つのありようを示していると私は感じた。我々は産業化、そして商品化が浸透した住まい文化の中で生きているが、モノの消費や規模や量といった経済の論理だけではない豊かさのありようが、森のテラスにはある。山田さんなら、きっとスミツグイエの根底にあるものを理解してくれるかもしれない。そう思って相談することにしたのである。

山田雄太郎氏との対談

再生の始まりを振り返って

写 5-1　東京・調布市仙川の「東京 森のテラス」での対談。左側が山田雄太郎さん、右側は著者。「森のテラス」の詳細は　http://www.morinoterasu.net/　を参照

山田造園事務所は現在、茂雄さんの息子である雄太郎さんが引き継いでいる。雄太郎さんはスミツグイエの植栽工事を担当された。対談は、2021年11月「東京　森のテラス」で行った。

自然、2次的自然、人工のグラデーション

君塚　当時、山田茂雄さんに無理を言って協力してもらったのですが、まず私の方から基本構想のレポートと簡単なスケッチ（図5-1）をお渡ししました。それをもとに茂雄さんから具体的な樹種のプロットや造園的な提案をして頂きました（図5-2）。外周の防風林については、既存の広葉樹であるウラジロガシを中心に計画されています。広葉樹を活かすという考え方にとても共感を覚えたのですが、東日本大震災の津波による塩害があったので、これらの多くは伐採され、株の根元だけが残っているという状況でした（写5-2）。それでも、ウラジロガシは意外と生命力があって、切り株の脇からヒコバエがかなり伸び始めているものも結構あります。

そこでお聞きしたいのですが、伐採した樹木が再生する

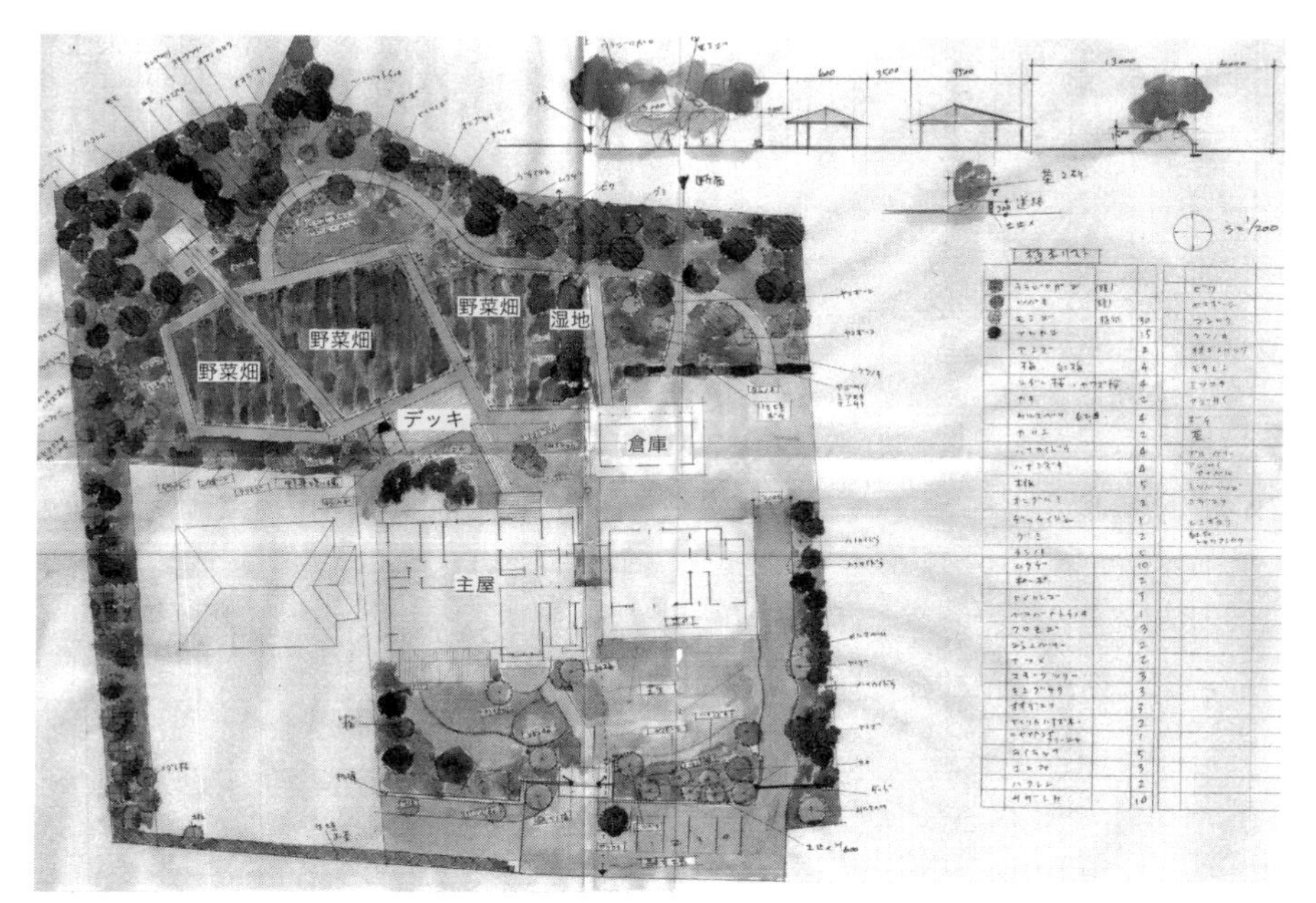

図 5-2　山田茂雄さんによる造園の提案と樹種のリスト。主屋から畑の前のデッキまで木道によって繋がり、中央には湿地も構想されている。右側には既存の樹木とともに新たに植える樹種のリストが書き込まれている

写 5-3　植樹のために並べられた樹木の苗（2016 年 3 月）。果樹を中心に 50 本の樹木が植えられた

写 5-2　2014 年の裏庭の敷地境界の状況。ウラジロガシを中心とした大樹の多くは、行政の誘導により伐採され、かつての居久根の姿は失われた

のには何年ぐらいかかるのでしょうか。

山田　私は植栽工事の時に初めて現場に伺いました。いま言われたウラジロガシに関しては詳しく思い出せないのですが、芽が出ているのだとすれば、20年もすれば、ある程度の樹高まで復活するのではないでしょうか。ただ、状況によって成長は違ってくるだろうし、津波による塩害の影響があるかもしれません。

君塚　施主の鈴木さんとしては、居久根の完全復活は、自分たちが生きている間には無理だろうけれども、次世代に引き継ぎながら実現させていきたいと考えています。20年ぐらいであれば、彼らの生きている間にもある程度実現し得るということですね。

山田　もし、今あるウラジロガシの株が枯れてしまうようであれば、新しい苗木を植え付けてもいいかもしれないですね。

君塚　既に何本か植えたようなことを鈴木さんは言っておりました。株間隔とかちょっと心配なんですけど（笑）。

次に、ウラジロガシに代表される自然植生と畑という2次的自然を仲介するものとして、たくさんの果樹を提案して頂きました。どのような考えであったと思われますか。

山田　この樹木のリスト（図5-2）を見ると、アンズと梅、柿、カリン、クルミ、月桂樹なんかも果実を付けるでしょう。グミやタラの木、ポーポーなんて珍しいですよね。畑の周りに植えられているので、口にする食べ物として畑と一緒に家族の楽しみにもなると考えたのだと思います。

それから、果樹の庭ってこう、わりとラフな感じで、ススキなんかが生えていても、何か豊かな感じになりますよ。

君塚　こうした樹種を選ぶ基準はあるのですか。

山田　花や実がなる時期的なことや、リストの中には科が似ているものが何種類かありますが、その中でもあまり重複しないように配置します。あと、月桂樹だとか、クルミなどは大きくなる木なんですよ。だから、大きくなる高木と中木、それからブルーベリーのような低くてブッシュ状に育つ木を、バランスを見ながら選んでいったと思います（写5-3）。

君塚　この図は将来像を含めたアイデアも含まれていますが、この中で面白いなと思ったのは、中央に湿地が提案されていることです。水が集まってくる場所を1カ所つくっておけば、畑も水はけが良くなりますよね。この湿地もまだありませんが、「湿地に植えられるようなものも植えたら」と茂雄さんに言われました。
　さらに、庭の中を散策していけるようにしたいという話をしたので、木道が巡るような提案も盛り込まれています。実は私がお渡ししたスケッチでは雑木の中の散策路について、はじめに〝道〟はつくらないとしているので、考え方が少し異なるところもありますが。

山田　やっぱり木道だと歩きやすいっていうのが一つと、歩くことでシーンが変わってくる。おそらく、そうしたことを意図して提案していると思います。畑っていうと、やっぱり1方向からの印象しか残らないですけれど、木道を巡らせることによって、それぞれの景色をつくっていける。たぶんデッキの延長のイメージだと思うのですが、要は長靴に履き替えなくても、板の上ならそのまま出ていけるということです。
　秋田の「森のテラス」もそういう考えで木道にしています。あれは最初、裸足で歩けるようにしたくて木道にしたんです（写5-4）。

君塚　もともと、仙川の「森のテラス」のコンセプトがと

山田雄太郎　やまだ・ゆうたろう
山田雄太郎造園事務所代表。1979年東京生まれ。東京農業大学卒業。2002年山田茂雄氏に師事。農業生産法人森のテラス取締役。2015年ロシア連邦ブリヤード共和国ウラン・ウデにて外務省の要請により日露青年交流事業日本庭園造園交流プログラム監修。個人邸からホテル・旅館、商業施設の庭を手掛ける

写5-4　秋田県北秋田市の森吉地区にあるオープンガーデン「森吉 森のテラス」。田畑を含む26haの里山を舞台にして、生態系を壊さずに生き物や植物と共存しながら、米、野菜、ダリアなどの生産や、各種イベントなども行っている。山田茂雄氏が農業生産法人を立ち上げ、“長（おさ）”として管理、運営にあたっている

写 5-5　畑と一体となった屋敷林の風景（撮影：2021 年 11 月）

ても響くものがあったのですが、さらに、秋田の「森のテラス」を知って、東北の案件でも相談に乗ってもらえるかもしれないと思って、山田さんに相談したんですよ（笑）。

山田　そうでしたか。秋田の「森のテラス」は現在、父がほぼ常駐していますが、庭の開放だけではなく、畑や田んぼをやりながらその先の一歩、若い人たちを含めたみんなが集まって何か楽しみをつくりだすことや、豊かな時間を過ごすことを目的に活動しています。

君塚　規模は違いますが、スミツグイエも「銀河計画」と私が勝手に呼んでいるのですが、住宅や居久根を開放したり、畑でとれた野菜を使った農家食堂や食品加工、あと、ワークショップなどを行う構想があるんです。

山田　それは実現したら、すごいですね。

将来を見据えた苗木の植え付け

君塚　計画を終えてから苗木の植え付けまでかなり時間がかかりましたよね。建築とは時間の間隔が違うと感じました。植える時期を逃すと来年、みたいな話が新鮮でした。

山田　当時は、父が工事の前に植える場所などの指示や段取りを立てて、私は工事の方を担当していました。

写 5-6　居久根の再生はまだスタートしたばかり（撮影：2022 年 2 月）

工事は2回に分けて行い、最初は苗木を植えるための穴を掘ったのですが、津波が押し寄せた地域なので、塩害対策もあり、苗木を植える位置の周囲60㎝ぐらいを深く掘って、土をひっくり返し、腐葉土などを入れて耕しました。その後、土を寝かせた後に苗木を運んで植えました。

この当時は、韓国から造園の勉強をするために研修生が一人来ていて、彼と一緒に次々に穴を掘ったことを覚えています。

君塚　基本的には施主である鈴木さんたちが樹木の管理をしていくわけですが、剪定などをしなくてもある程度は育っていくような植え方、樹木の配置も大事になってきますよね。森のテラスのような、つくり過ぎない、放置されたような自然な感じが良いと思います。

山田　そうですね。ここでは、苗木の間隔も広めに取ってあるし、その場所で大きくなっても良いように植えています。ただ、管理に関して言えば、根鉢の周りとかに他の植物が入ってくると、若いうちは樹木の方が負けてしまうことがありますから、樹木の周りだけでも定期的に草刈りをしてもらうといいかと思います。さらに、根の周りに草が生えてしまうと、そこに虫が寄って来たり、病気になったりすることもあるので、その部分だけでも草刈りをやってもらえば、風通しも良くなり、病気の予防にもなる。あとは欲を言えば、普通に腐葉土などの肥料もあげた方がいいと思います。

剪定に関しては目的に応じて行えば良いのではないでしょうか。景色として捉えるのか、果樹は実を取りたいのか。生産者ではないので、梅でもアンズでも、目的に応じた剪定となります。多くの実を取るのであれば剪定した方が良いですが、果樹は専門的な剪定の仕方があるので、僕らの剪定とは違ってきます。

君塚　庭については現在、ちひろさんが主に担当していて、このプランと植樹した樹木のリストを大切にしながら、樹木の世話をしているようです。鉄平さんは畑が主で、以前よりも野菜の種類を増やして、直接訪問販売を行っていると伺っています。

スミツグイエらしさにつなぐ

山田　鈴木さんたちが、移住したのはいつですか。

君塚　２０２０年の４月です。

山田　やっぱり実際に住み始めると、植物も成長するにしたがって世話の仕方も変わってくるので大変かもしれませんね。でも、やっぱりこの主屋が中心になって庭も含めた雰囲気ができていくっていうのは、本当にこのスミツグイエの、何か「らしさ」というか、想いが伝わってきて興味深いですね。

君塚　この辺りは田園地帯で、本当に水平的に広がっている場所ですけれども、そういう所に鎮守の森ではないですが、垂直に伸びる高い木々に囲まれた「杜」のような空間がここにあったというのが、鉄平さんの原風景としてもあると思います。

山田　東北地方でも太平洋側のこの辺りは、雪はそれほど積もらなくても、とにかく風が吹いて地面が凍るという印象があります。それもあって防風林をずっと維持されてきたのだと思う。そこがうまく復活してくれればいいし、今回植えた苗木が育ってくれれば、畑を含めた景色や、家の住み心地も良くなってくるだろうと思います。

この前、宮城の蔵王町で庭をつくらせてもらったのですが、その時、「ああ、寄っていこうかな」と思ったけども、スケジュールの関係で寄れませんでした。今度は、寄らせていただきたいと思います。

スミツグヒト
鈴木鉄平さん・ちひろさんの回想③

「杜の都」への誇り

スミツグイエは建物だけではない。東日本大震災まで家の周りを囲んでいた屋敷林の居久根を抜きに復興は語れない。「杜の都」の「杜」はこの屋敷林であり、その記憶は鉄平さんの中に深く刻まれていた。

鉄平さん　復興は建物だけでは完結しない、居久根も最初から復興に含まれていました。昔は仙台の街中のビルからこっちを眺めると、自分の家の木とかが見えたんですよ。東の方にある海の手前のでかい木は、うちの木なんだって。それと、子供にとって、すごく神聖な場所だったんです。「屋敷の西門の林には神様がいる」って言われていたんですけれど、本当にいるんじゃないかって思うくらい鬱蒼としたでっかいスギの木がありました。その周りには背の低い木もあって、昼間でもちょっと薄暗い感じで、神秘

写 5-7　宮城野に現在も残る居久根

的というか荘厳というか、そんな場所でした。だから、復興に関しても、そこまでやって完成だと思っています。

ただし、居久根に関してはものすごく時間がかかるっていうのはわかっていましたし、生きている間には終わらないとも思っていました。だから、お金はなかったけれど何とか着手だけはしようと思っていました。

そこで居久根や庭についても一緒に考えてもらえる庭の「君塚さん」みたいな人を探そうと思い、君塚さんに相談したら、山田茂雄さんを紹介されました。山田さんには、震災前にあった屋敷林、居久根を伝えて、それを踏まえたうえで、ただ単に木を植えるだけではなく、この敷地全体の活用として、食堂や寺子屋やマルシェをやりたいという将来のことも含めて話し、どうやって具体に落とすといいかを相談しました。

最初、山田さんに頼む前に君塚さんと打合せをしたときは、まさに杜にしようという話でした。ただ、スギとかマツだと手入れが大変だからということで、広葉樹で杜にしようという話をしました。また、春になったら芽吹いて、夏になったら緑が茂って、冬に散るという、そういう四季がわかるような木にしたいと言いました。

実際には果樹を中心に50本植えたのですが、以前と比べると、まだ全然スカスカな感じで、２００本、３００本植えてもいいんじゃないかと思いましたね。

ちひろさん　最近、私は杜の担当になりつつあって、このスカスカな感じをどうにかしたいと思って、とりあえずどんぐりのなる木を10本植えてみました。樹木の中を抜けられる小道を3本ぐらいイメージしながら、どんぐりの落ちている杜にしたいと思って。

鉄平さん　でも、家と違って、そんなに焦って考えていないのは、そもそもスパンが50年とか１００年単位の仕事だと思っているので、その中での1年、2年なんてもはや誤差の範囲でしかない。だから、今後も植え続けていけばいい、そういう性質の営みにしたいと考えています。

第６章

変わらぬ想いへ向かって

再始動から第２期工事着工まで

2017年12月—2019年9月

2017.12―2018.07　移住へ向けた再始動

写 6-1　神棚の間側から食堂を見る（再訪問時撮影）。外壁、床については断熱材まで施工した状態

冷めない鈴木夫妻との再会

２０１４年にスミツグイエの第１期工事が終わってからも、鈴木鉄平さん・ちひろさん夫妻とは、幾度か連絡を取り合っていたが、正式な第２期工事計画の話が持ち出されたのは、２０１７年の秋であった。

鉄平さんから連絡があり、私の事務所のある東京・国分寺市まで来るので、どこか打合せのできるお店を紹介してほしいと頼まれた。そこで、国分寺の「カフェスロー」で落ち合うことにした。これまでにも外で打ち合わせる時は、スミツグイエに何かヒントを与えてくれるかもしれない施設や店舗を選ぶことがあった。

カフェスローは「つながり」をテーマに暮らしを提案するというコンセプトのお店で、顔の見える農家から直接仕入れた食材を活かしたランチメニューなどを売りにしている（写6-2）。もっとも、こういったスタイルは、今では珍しくはない。有機栽培による野菜や伝統的な製法による調味料を用いるなど、メニューにこだわりがあることに加え、使われている食器なども含めたトータルな見せ方のバランスが参考になると思われた。

スミツグイエの根本にあるのは、農を通した豊かさの探求であるように感じている。鉄平さんとちひろさんが将来的な構想として抱く「小さな食堂」もまた、地域の自然のサイクルから生み出される農産物の地産地消はもとより、時には県をまたぐネットワークによって、互いに補いあいながら発展していく可能性もあるのではないだろうか。その時、顔の見える「個」とのつながりを大切に育てていくことと、それをどのように料理や店舗の中で表現していくかということは、自ら事業を営もうとしている当人たちにとって、興味深い課題となり得るかもしれない。そうした思いから、たまたま地元にあったカフェスローで、鉄平さんとちひろさんから第2期工事計画への意気込みを伺ったのだった。

彼らは第1期工事が終了した後、都心から電車で1時間ぐらい離れたちひろさんの実家のある神奈川方面へ引っ越し、倹約生活を送っていたという。もちろん、それは他でもない、仙台への移住準備のためであり、その目標を2020年の春と既に据えていた。第1期工事終了から約3年が経っていたが、力尽きない彼らのエネルギーには、尊敬という言葉以外では表現できないものがあった。

「鉄は熱いうちに打て」と言うように、熱意があるうちに物事を進めた方が良いのは確かだが、冷めない鉄というのはそうあるものではない。揺るがぬ意志と価値観をベースとしたプロジェクトであるからこその持続性である。

鉄平さんとちひろさんから語られた第2期工事の最低限のノルマは、スケルトン状態の現況に対して内装・設備を施し、移住可能な状態にまで到達することだった。そして、第2期工事へ向けたイメージを共有するために見せたいところがあると言われたので、次は私が神奈川方面へ伺う約束をして、その日の打合せを終えた。

実際にその場所を訪れたのは、再会から半年以上経った2018年7月で、この時が第2期工事計画の事実上のキックオフとなった。鉄平さんとちひろさんに連れられて訪れた場所は、神奈川・湘南地域に残った最後の蔵元である熊澤酒造の運営するトラットリアだった（写6-3）。このトラットリアは、築450年以上の古民家を移築して改修したものらしい。古民家そのものも立派な躯体だったが、移築なので構造的にもしっかりと補強され、現代木造としても成り立っていた。古民家と調和した意匠上のトータルなコーディネートも含めて良くできていて、彼らはその点がかなり気に入っている様子だった。一方、私は、そんな彼らと、2012年に私に初めて相談をしてきたときの彼らとの間に、若干の気持ちの変化を垣間見たように感

写 6-2　カフェスロー

写 6-3　熊澤酒造の MOKICHI TRATTORIA

じた。

　思えば２０１２年に相談を受けた際、鉄平さんとちひろさんが掲げたイメージは、前にも述べたように、東京・国立市にある「やぼろじ」であった。それは、長らく使われなくなっていた古家に必要最低限の修繕を施し、貸し店舗を中心とした地域施設として再生されたもので、暮らしをテーマとした地域性のあるイベントなどが頻繁に行われていた。彼らはその中にあった、「やまもりカフェ」という食堂に触発されて、将来「小さな食堂」をやりたいと考えたのである。

　当初彼らは、内装工事についてはＤＩＹも辞さないという考えで、かならずしも完成されたものや、コーディネートされたものを求めていたわけではなかったように思う。私に対しても「そういう仕事があっても良いじゃないですか」と言っていたくらいである。だから、と言うわけではないが、例えば、第1期工事で行った外装は、コンセプトこそあれ、スペックとしては当時の予算条件から、けっして高価なものではなかった。ただ、つるつるピカピカな新建材の家とは違う、素朴な自然素材の経年変化が見せる風合いは、きっとこのプロジェクトにマッチするだろうと考えていた。そういう朽ちる速度と直す速度のバランスを取りながら、つくり続けながら住み続ける。私は、そういうイメージの延長線上に第2期工事以降を見ていたから、熊澤酒造の洗練された古民家の移築改修のイメージが、今後、スミツグイエにどのように影響を与えていくのかを注視しつつ、プロジェクトに向き合って行きたいと考えた。

いずれにしても、それらは俯瞰的に見れば表層的な話に過ぎず、「鈴木さん一家の銀河計画」[*1]の中枢は、中断期を経ても変わってはいなかった。小さな食堂のある家という将来構想の実現に向けて、第2期工事の計画を継続していくことを互いに確認し合ったのである。

食品衛生法を想定した計画

スミツグイエを兼用住宅化し、小さな食堂を営みたいという鉄平さんとちひろさんの将来構想は、出会ってから5年経った2017年、第2期工事計画の始まりでも変わってはいなかった。

一方、第2期工事のノルマとしては、内装・設備を施し、鉄平さんとちひろさんの移住を実行させることに照準を定めた。移住時期の変更予定はない。移住予定時期と工期との関係や予算条件などから、将来工事にまわす部分が出てくることは想定されたが、何としても住める状態にまでは到達させなくてはならなかった。

小さな食堂に関連する工事についても、第2期工事では完了させることは厳しいと思われたが、将来的に対応しやすい状態にまではしておく必要があった。

まず、食堂を営むにあたっての基本として、食品衛生法の施設基準を守らなければならない。これは、管轄する保健所によっても若干指導が異なる場合もあるので、直接連絡を取り、何が必要かを確認し、将来的に食堂を始める際には、最小限の改修で実現できるように計画を詰めておくことにした。具体的には、次に述べるように、当初のヒアリングベースではあるが、できるだけ将来二度手間にならないように第2期工事で対応すべきものと、将来的に対応できるようにしておくものを決めていった。

①キッチン

第2期工事でつくるキッチンは、将来的には小さな食堂専用となるものである。従って、保健所からのヒアリングに基づき、シンク数や、床、棚、その他の仕様を決めた。

シンク数については、手洗いと食品・器具などの洗浄用シンクが別々に要求されることがあるが、管轄の保健所へのヒアリングでは、水栓を分けた2層式であれば一つとす

＊1 「鈴木さん一家の銀河計画」(p.68) 参照

ることも可能のようであった。しかし、ちひろさんの使い勝手上の要望もあり、小さなシンクと大きな1層式シンクを分けて設置する計画とした。床は木造との相性、そして、湿気が少なく衛生的なメリットも大きいドライ式とし、仕上げは耐久性があり、清掃もしやすい磁器タイル張りとした（写6－4）。

また、将来、食堂を始める際の住宅専用のキッチンについては、竈土間背後の部屋に設けたパントリー内に設置することを想定し、そのための一次配管までを第2期工事の最低限のノルマとした（写6－5）。

②トイレ

トイレについては当面の間、将来の食堂用と住宅用の兼用トイレとして計画することにした。トイレに近接して洗面脱衣があるが、これは住宅専用のため、食堂用の手洗いをトイレとは別に廊下に面して設けた（写6－6）。

なお、客席からトイレへの動線は、プライベートエリアを通過することになるため、中廊下を設けている。その計画的な工夫については、第7章「語り継ぐ家の萌芽たち（第2期）」で紹介することにする。

③客席用手洗い

客席用手洗いは、玄関脇の靴棚を兼用した手洗いカウンターを想定し、カウンター下への一次配管までを第2期工事のノルマとした。靴棚カウンターには幅広集成材を用い、将来的に置き型手洗い器を設置する際、配管の孔開け位置や補強による制約が少ないつくりとした（写6－7）。

立ちはだかる制度の壁

一般的な市街地における一戸建住宅を、食堂兼用住宅に用途変更するのであれば、法律上何の問題もない。そもそも建築基準法では、面積の基準さえ満たせば戸建住宅同等と見なされるため、「住宅」から「兼用住宅」への変更は、用途変更扱いにすらならない。問題は、スミツグイエが「市街化調整区域」に建っていたことにあった。

市街化調整区域は都市計画法によって定められ、その目的は、環境などを保全するために、開発などによる市街化を抑制することである。そのため、一般的には食堂部分の面積によらず、用途変更を行うための開発許可が必要となる。

市街化調整区域における用途変更の開発許可、実は、これがこの地で食堂兼用住宅を成立させる上で、大きな足枷になっている。

写 6-5　将来的に住宅用のキッチンとなるパントリー。キッチンは窓側の外壁に沿って置かれることを想定し、床下の一次配管までが第２期工事で行われた

写 6-4　将来的に食堂用を想定したキッチン。2層式＋手洗い器などの制約はないということだったが、大きめのシンクと小さなシンクの二つを設けた。床は湿気が少なく清掃しやすいドライ式

写 6-7　将来的に客用の手洗い器を玄関の靴棚カウンターの上に設けることを想定し、収納内の一次配管までが、第２期工事では行われた。カウンターは孔開け位置や補強の制約が少ない幅広集成材

写 6-6　住宅・食堂兼用トイレの対面に、独立した手洗いを設けた。当初、これで客席用も間に合わせたかったが、客席から遠く、認められなかった

写 6-4 〜 7 は、第 2 期工事終了時に撮影

実質的に考えて「既存の古民家を食堂兼用住宅にするにあたって、どうして開発許可が必要なのか?」という疑問はさておき、必要ということになれば、様々な条件が課せられる。まずは次の3つのハードルを越えなければならない。

①開発地を中心とした半径500mの円内に概ね50戸以上の住宅が存在すること

②当該用途延床面積が170m^2以内であること

③敷地面積を500m^2以下に分割すること

今回のケースでは、①と②は問題ないが、③を行うためには、関連する部分の調整に絡む煩雑な手続きや対応が必要となる可能性があり、開発許可の取得には、相応の時間と経費を見込まねばならない。

そして、2018年に第2期工事の計画を始めた段階での調査では、「小さな食堂」、つまり、飲食店をこの地で営む場合、市街化調整区域の開発許可は避けては通れそうにはないという認識であった。

が、しかしである。先祖代々、その場所に住み続ける農家の土地が、行政の都合で市街化調整区域に線引きされながらも、そこに住む人は生活を続け、農地を守り、農業を営んできた。さらに、その後継者が、農家としての持続性あるライフスタイルを築くために、農作物を活かした小さな農家食堂を、これまで住んできた家の「一部」を活用して始め、地域貢献をしたいと考えている。これが「小さな食堂」の趣旨である。それを始める前と後で、土地も建物も、ハード的な差異はほとんどない。実質的に新たな「開発」と呼べる内容ではないだろう。にもかかわらず、杓子定規的に法律に当てはめては過剰な手続きを要求し、あわよくば阻止しようとするような制度には疑問を感じる。

ずっとその土地に住み続け、農地を守ってきた人たちの、この程度の自由に関する権利は、侵害されるべきでない。私自身、地元で援農をしていることもあり、農家とのつき合いが少なからずあるが、農家が農地を守り、農業を続けていくことは、単なる経済活動を超えた使命感に支えられていると感じることがある。都市計画法がらみの諸制度については、そういった農家たちに対する規制に柔軟性がもう少しあってもよいと考える。

食堂兼用住宅への光明

ここまでの話をまとめると、まず第2期工事では、予算や工期の関係から、住宅として移住できる状態までにすることを最優先事項とする。そして、将来的に食堂兼用住宅となることを見込み、食品衛生法で必要とされる設備工事を、２度手間にならないように一定段階まで完了させることをノルマとした。また、必要と考えられる、用途変更に伴う開発許可上の手続きの諸費用や時間については、役所と具体的な協議を行なっていく必要があり、その制度の壁は、けっして低くはないことを改めて確認し合うこととなった。

しかし、このような、開発許可に伴う理不尽に思える状況にも、徐々に変革の兆候が見られ始めている。例えば、２０２０年12月に改正された国土交通省による開発許可制度運用指針では、市街化調整区域における既存建築物、とりわけ古民家のような地域資源の用途変更許可に対して、より柔軟な対応を求めている。*2

このような指針が、自治体レベルに浸透するまでには相応の時間がかかると思われるが、逆に言えば、時間の問題とも言えるだろう。実際、京都市などでは規模の制約はあるが、農家住宅と農家民宿も類似用途になっており、開発許可なしで用途変更が可能になっているようだ。それならば、農家住宅と農家食堂も類似用途となる時代が来てもおかしくはない。

仙台でも開発許可を取らずに小さな食堂（農家食堂）兼用住宅を始められる時代が、近い将来、来ることを願うばかりである。ちなみに、仙台では、農家住宅の類似用途として農産物の加工場や農業振興施設がある。こういったものが、法制定前から存在する農家住宅（古民家）に対して、許可なしで用途変更可能である扱いになれば状況は好転するが、この辺の取り扱いはケース・バイ・ケースのようである。

これが可能なら、農家食堂の前段階として、農産物を加工して漬物や弁当をつくるようなところから始めることもできる。あるいは、兼用住宅規模の農家食堂が、その営業内容によっては、そもそも農業振興施設であると見なされれば、食堂に対する用途変更の開発許可は不要となるだろう。「小さな食堂」にたどり着くまでの道のりは、決して平坦ではなさそうではあるが、近い将来、時代が味方についてくれる日が来ると信じたい。

*2　開発許可制度運用指針の中で述べられている用途変更に関する内容。長く使用されてきた既存建築物の周辺には、一定の公共施設が整備されていることも多く、新たな開発行為と比べ、周辺の市街化を促進する恐れは低いという考えに基づいている。そして、古民家のような地域資源を、観光振興などによる地域再生や既存コミュニティの維持の取組みに積極的に活用する例として、宿泊施設や飲食店を挙げている

「本当に古い家」の建設時期ほど特定できない

古民家に関連した、建築基準法上の建築確認申請や、都市計画法上の開発許可を受ける場合、しばしば問われるのは、その古民家の既存不適格性である。例えば、建築確認申請であれば、その建物が、建築基準法制定前（１９５０〔昭和25〕年以前）から存在していたことを証明することで、既存不適格建築物として、一定の緩和措置を得ることができる。市街化調整区域の開発許可であれば、区域区分前（線引き前の１９７０〔昭和45〕年以前）から存在していたかによって扱いが変わってくる。

しかし、その古民家に先祖代々住んできた人たちが、建物がどの年代から存在していたかを知っていたとしても、公的な書類なしにそれを証明することは容易ではない。

例えば、建物の建設年を調べる際、閉鎖登記まで遡って記録を確認することがあるが、古い建物の場合、所有権登記を建設当初からしていないこともしばしばある。その場合、１９４０（昭和15）年に国税化した家屋税に伴い整備されるようになった土地・家屋の課税台帳が、地方税化を機に税務署から登記所に現表示の台帳として移管される１９５０（昭和25）年から、台帳と登記簿が一元化される１９６０（昭和35）年の間に、初めて表題登記される場合もあり得るだろう。実際、スミツグイエにおいても、初めて建物自体が表題登記されたのは、１９５６（昭和31）年で、それは、鉄平さんの祖父である故三郎氏が、曾祖父から建物を生前贈与された際の所有権登記に伴うものだった。

一方、土地の記録は建物と比べれば所有権登記を行っていることも多く、かなり昔まで遡れることもある。その地目が宅地となっていて、旧土地台帳の土地形状もほとんど変わっていなければ、少なくともそこに代々家があった、ということまでは類推できるだろう。スミツグイエの敷地については、１８８６（明治19）年時の旧台帳の記録が、ほぼ現在の土地形状であったことがわかっている。鉄平さんの先祖がこの土地の所有権を得たのは１９２２（大正11）年で、それ以前は借地であったようだが、故三郎氏による３００年程前からこの家があったという話と総合すれば、現在の古民家の少なくとも原型が、江戸中期から明治初期頃には既にあったという仮説を第2章「時間軸上の家」で試みたように、導くことも可能ではある。しかし、仮説はあくまでも仮説である。

　また、写真によって建設年を遡る方法もあるが、その写真は身内にとってはいつ頃、どこが撮影されたものかを認識できるかもしれないが、対外的にはどうやって証明できるのか。例えば、ある写真がその建物の一部を撮影したものの場合、それを客観的に同一の建物であると証明することは困難な場合もある。書類を審査する側からすると、真実であるか否かに関係なく、いくらでも認めない理由を見つけることができる。明らかに、建築基準法制定前からあることが当事者間でわかっていても、客観的な証明ができないことを理由にして認められない可能性も、当該担当者によってはありそうだ。

　このように、古い建物であるほど、公的な書類が残っていないことも多く、建設時期を証明することは難しい。

　確認申請や開発許可を伴わない内容の改修を繰り返しながら住み続けるのであれば、こういった証明は必ずしも必要とはならない。実際、地方の現存する古民家は、その様にして生きながらえてきたものも多いだろう。

　しかし、様々な緩和措置や適用除外がある重要文化財とは違い、一般の古民家が、かつてのように増改築による変容を繰り返しながら、生き生きと住み継がれていく、こうした文化に希望を見い出すことは、現状の制度下では容易でない。

2018.07—2019.09 価値を結晶化する実施設計プロセス

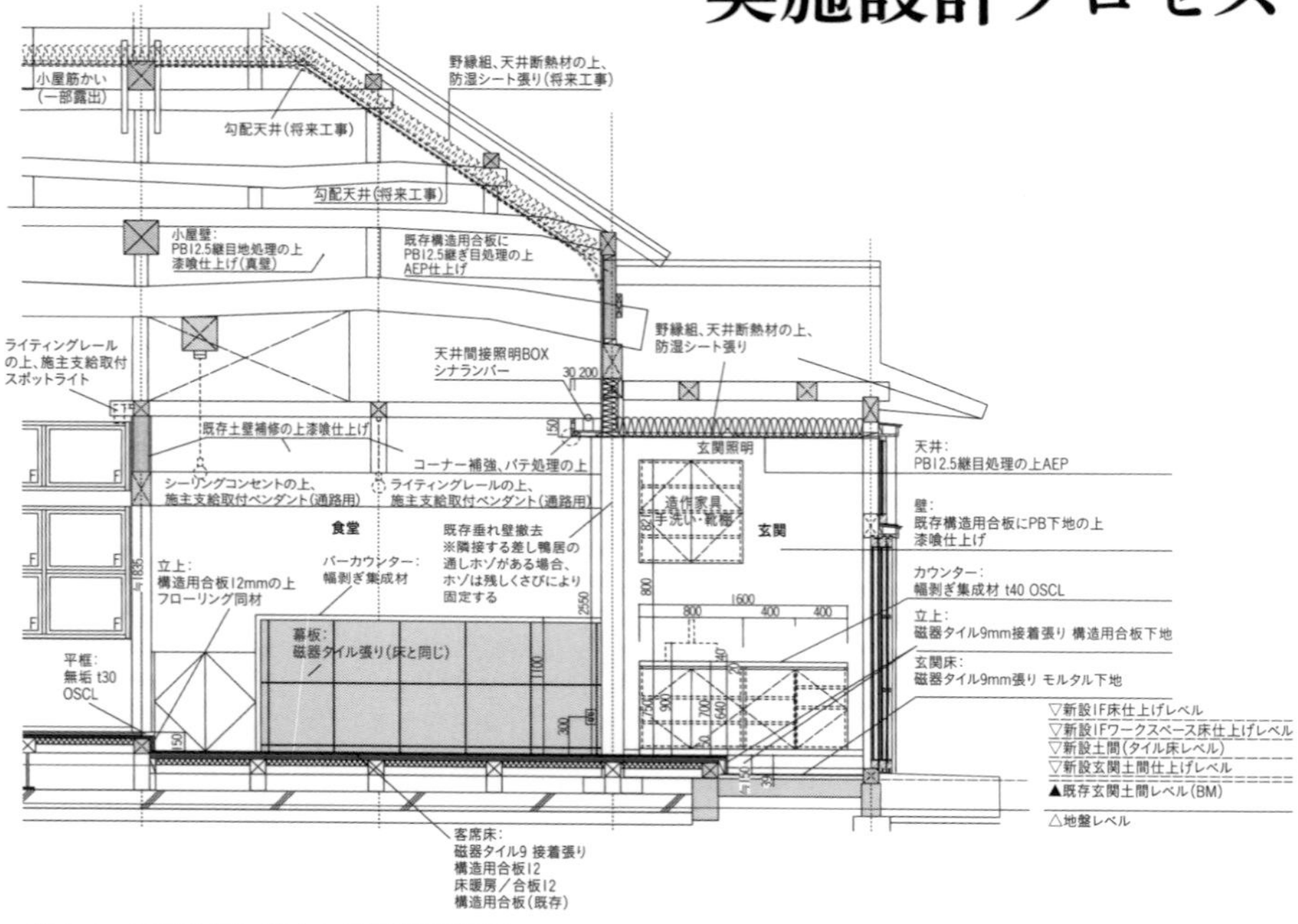

図 6-1 食堂空間の南北方向展開詳細図

コミュニケーションの壁を乗り越える

暗闇をさまよい続け、混沌からベースを築き上げたともいえる第1期工事の終了から4年の歳月を経て、2018年7月に第2期工事の計画が本格的に始まった。第2期は、第1期の初期につくり上げた「鈴木さん一家の銀河計画」を思い起こしながら、細部を詰めていくプロセスが中心だ。

とは言え、漠然とした銀河計画から、より専門的な内容が含まれる詳細計画を進める上で、鉄平さんやちひろさんとのコミュニケーションには多少の工夫が必要であった。

例えば、模型やパースの活用は、補助的な役割としては良いのだが、概してイメージや表現そのものに目が行きがちで、実際の内容を理解してもらえないことが多い。また、経験上、設計者側の自己満足で終わってしまうこともしばしばある。だからと言うわけではないが、私は検討目的のパースや模型は、あまり精巧なものをつくらないようにしている。そういったものは、ラフな断片で十分なのだ。重要なことは、イメージに縛られて思考をストップしてしまうのではなく、そこから完成形への試行錯誤を進めていくことができるかである。

第2期工事の計画にあたっては、パースを参考程度に提示した上で、展開詳細図を多用することにした。鉄平さんとちひろさんには、具体的な生活に影響する諸元を中心に、しっかりと内容を理解してもらいたかったからである(図6-1、2)。

一般的に展開図というのは、詳細図の中では割と軽視されがちな絵のような図面である。スミツグイエでは、それらを各室詳細図としてアップグレードし、暮らしをシミュレーションする提案と議論を交えながら、入念な打合せを進めた。空間はもとより、仕上げやディテールといったデザインから、造作家具の使い勝手、コンセントやスイッチの具体的な位置に至るまで、全てにおいてである。

これらの打合せは、Eメールでの打合せが結果的に多くなってしまったが、文面のみのコミュニケーションというのは、どうしても誤解が生じやすく、最悪の場合は関係がこじれてしまうこともある。できる限り実際に会って打ち合わせること、あるいは、昨今であればリモートであってでも、お互いの顔を見ながら打ち合わせることが、とても重要であると考える。

第1期工事の計画の時は、コンセプトや将来的な構想など、俯瞰的視点からの議論がメインだったので、鉄平さんとちひろさんの双方と多くの話合いを行った。一方、第2期工事の計画は、より具体的な暮らし方や使い勝手にも踏み込んだ詳細部分の議論が多かったため、どちらかというと、ちひろさんと打ち合わせる内容が多くなった。

当然のことながら、初めは図面の内容を理解することにかなり苦労していたようであった。しかし、彼女が偉いのは、定期的にスミツグイエを訪れては、第1期工事で既に建ちあがっている躯体と図面を照らし合わせ、徐々に内容を理解できるようになっていったことである。そして、少なくとも、第2期工事が始まる頃には、詳細内容についての大方のコンセンサスが得られる状況にまでなっていた。

図面を通した細部におけるコミュニケーションを怠らないことで、誤解が生じた場合でも、すぐに原因を見つけて修復することができる。一つ一つ積み上げられた詳細計画は、現場に入ってからの工事費の増減や工期に影響する設計変更を、最小限に抑えることにも繋がる。そして、何よりも鉄平さんとちひろさんが、家づくりに関わっている意

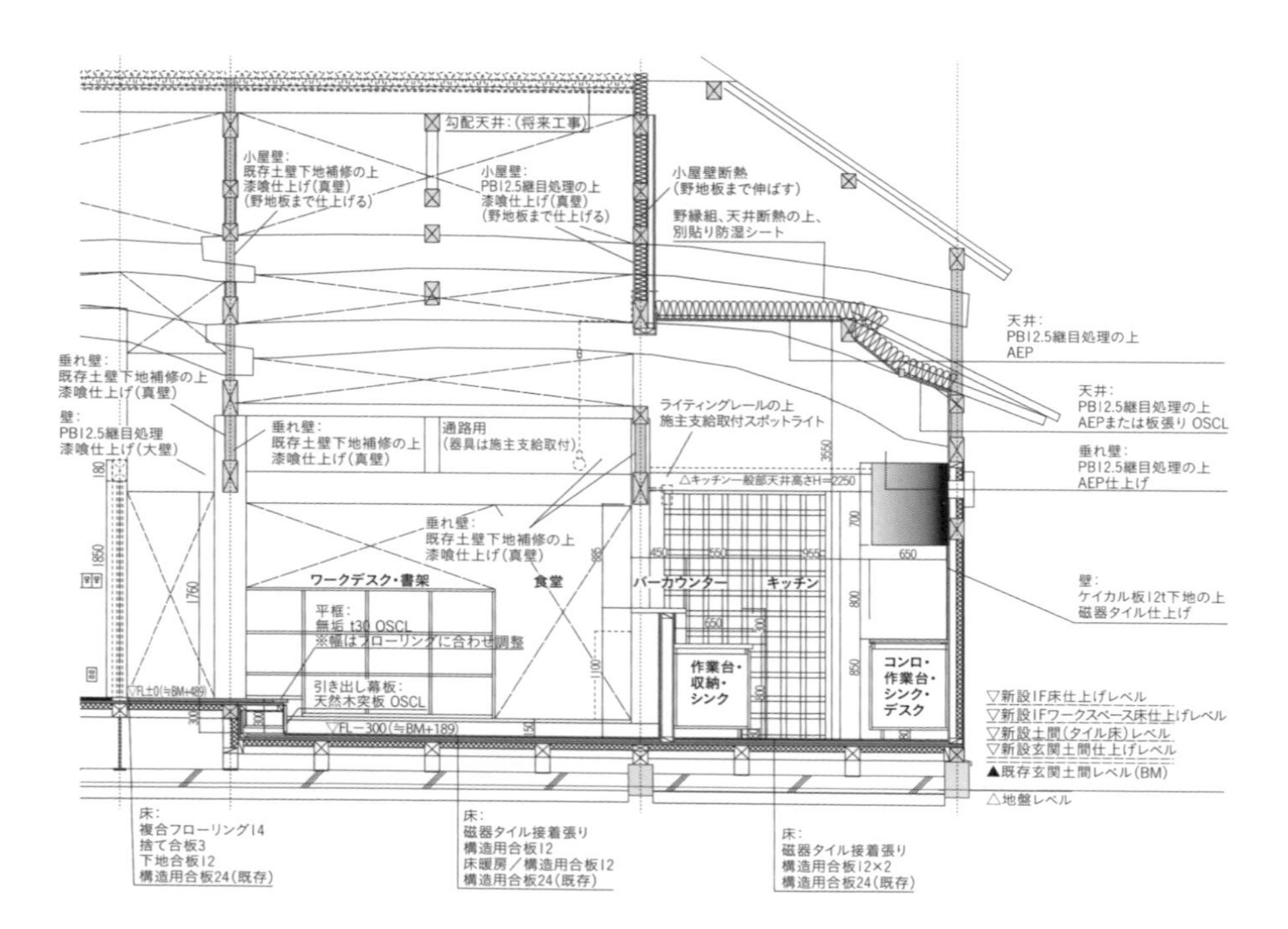

図 6-2　展開詳細図とイメージパースの例（食堂）

イメージだけで施主を打ち合わせた気にさせてしまうのは危険である。施主が納得いくまで細部を確認できるようにするためには、設計者だけではなく、施主側の努力も必要である。

食堂部分の東西方向展開詳細図（上）と同じ部分のイメージパース（下）の例である。打合せのプロセスでは、双方ともに、ラフな状態から徐々に情報を更新していった。計画やデザインはもとより、細かな仕様や寸法、コンセントやスイッチの位置まで入念に打ち合わせ、現場に持ち越すことがないようにした。施主は設計のプロではないので、初めから詳細図面を理解することは難しかったのは当然だが、打合せを重ねるにつれて理解が深まり、工事発注の時には大方の内容を理解できるようになった。また、今回は第1期工事で躯体ができ上がっていたため、比較的イメージもしやすかったのではないかと思われる。

識を持つことで、移住後に始まる暮らしを納得したかたちで迎えられることが重要なのである。

見積明細から施工者の信頼性をはかる

第1期工事は、古民家の躯体の復旧・補強工事がメインであったから、寺社仏閣や古民家の経験がある大工が必要だった中での施工者選定だった。一方、第2期工事に関しては、内装・設備がメインであるから、宮大工のような技術は必ずしも必要ではない。様々な工種をきちんと束ねることができる施工管理者の存在が重要であった。

第2期工事終了後には、鉄平さんとちひろさん、そして、第1期工事中に生まれた娘の花さんが仙台に移住し、暮らし始めることになる。従って、設計意図の理解に努め、デリケートな仕事にも対応できる、建築設計事務所が設計した建物の施工に慣れた精鋭を組織しなければならないと考えていた。

しかし、こちらの期待するような工務店は、東京ですら探すのは容易ではない。従って、仙台でも難しいことは覚悟していたが、まずは、第1期工事と同様に、インターネットなどを通じて候補の当たりをつけるところから始めた。

リサーチでは、様々な建築設計事務所の仕事をしている実績があるか、建築設計事務所のリピーターは多いかなどが一つの指標になる。そして、写真からしか判断はできないが、設計者が何を望み、施工者がどう応えようとしたかなどを想像することも必要である。これらは、単純なマニュアル的手法があるわけではないが、私自身の専門的な経験をベースに、施工管理の質を総合的に予測し、候補者を絞り込んでいくことになる。

また、住宅建築の場合、私の考えでは、組織規模は小さい方が良い。それは、現場の質は担当者の質で決まるからだ。特に、戸建住宅程度の規模のプロジェクトにおいて理想的なのは、社長が積算して施工管理もするような工務店である。経験上、営業と積算と施工管理部門が分かれているような「縦割り」の企業は、今回のような案件には向いていない。少なくとも、積算担当者と施工管理者が、同一人物であることが望ましい。そうすれば、見積のやり取りを通して、ある程度の信頼関係が築けるので、現場も安心して任せられる。大規模な建物をゼネコンに頼むような場合を除き、施工は小規模で責任の所在が明確なところに頼む方がうまくいく。

工務店による見積明細を見れば、仕事への向き合い方がだいたいわかる。施工者の見積明細に概して不透明性があるのは仕事の性質から仕方がないが、その程度は工務店によっても様々である。あからさまに駆け引きをしようとしている見積は、見ればすぐにわかってしまう。そのような態度は、総額が高いとか安いとか以前に、信頼関係をどこまで築けるかの判断基準になるものだ。

第2期工事は、この点において、より慎重に考慮したつもりである。一度現場が始まれば、同じ目的に向かって協力し合う同志となるわけだから、相性や信頼関係が築けるかどうかという期待値は、初回の見積提示額そのもの以上に重要なのである。

価値の結晶化のプロセスを共にする

前述のような考えで絞り込んでいった結果、第2期工事では、非常に良い工務店に出会うことができた。初回の見積額は予算内に全く納まってはいなかったが、明細がしっかりしており、担当者の考え方も明瞭であった。そこから、鉄平さんとちひろさんとともに優先順位を見極め、減額要素を洗い出し、許容の金額まで調整していく道筋を描くことは容易ではないが、不可能ではないと思われた。

初回見積額の提示から工事契約まで、数カ月以上を費やしたが、工務店の担当者は嫌な顔一つせず、辛抱強く対応してくれた。その時、私の中では、今回の工事は必ずうまくいくことを確信した。

私のような建築設計事務所の場合、工務店などの施工者から出てくる1回目の見積が、クライアントの予算よりも高くなるのはある意味で想定の範囲内である。それは、いつもクライアントに初めに断っておくことでもある。なぜならば、まずはクライアントの要望を最良のバランスでできる限り反映した図面を描き上げることを、プロセスのモットーとしているからだ。これが一般的には実施設計と呼ばれるものだが、私の事務所の場合は、ここまでは単なる序章に過ぎない。

これらの実施設計で描かれた図面をもとに、施工者から1回目の本見積を取ることで、まずは自分たちがやろうとしていることが、いくらぐらいになるのかということを理解してもらう。そして、そこからがいよいよ本番である。クライアントとともに、優先順位を見極めていくプロセスに入っていく。この、いわば、「諦めていくプロセス」というのは一見ネガティブに映るが、実は無駄な贅肉が削ぎ落とされ、価値観が結晶化されていく、非常にポジティブなプロセスでもある。

予算がないクライアントほど、このプロセスは困難を極めるかもしれない。しかし、投げやりにならずに、自分たちが本当に必要なものは何かを考える良い機会になるはずである。その意味では、無駄に予算がない方がむしろ良いとも言えるのだ。

スミツグイエの減額手法

通常、コストダウンはいくつかの方法を駆使して進められる。単純に仕上げや設備の仕様を落とすという方法、何かを未来永劫中止してしまう方法、何かを将来工事にまわし、未完の状態としておく方法、それから、ＤＩＹや住宅設備などの施主支給を駆使する方法などである。

スミツグイエの場合、住みながらつくる、つくりながら住む、という考え方が根底にもともとあったことから、鉄平さんもちひろさんも、まんべんなく仕様を落として安くする道を選ぶくらいなら、未完の状態にしておく方を選ぶ傾向にあった。それは、個人的にも共感を覚える価値観であり、一般的な設計で落ち入りがちな単純なスペックダウンとは異なる結果を生み出すことに繋がった。もちろん、将来工事としたことにより、リスクを伴うものもなくはないが、自分たちの家である。リスクを背負うこともまた、価値観として尊重されるべきなのである。

こうしてコストダウンのための「諦めていくプロセス」の結果、多くの工事が将来にまわされることになった。

将来にまわされた工事の中で最も大きなものとしては、小屋裏を吹抜けとした部分の勾配天井、および、小屋梁の生木部の保護塗装が挙げられる（写6－8）。それによって、吹抜け部分の勾配天井には断熱材もなくなった。この部分の工事を将来行うのであれば、大掛かりな足場から組まなくてはならない。出費のことを考えれば、事実上中止という選択に近い。けれども、結果論としては、この選択はそれほどネガティブなものではなかったように思う。諦めたにもかかわらず、ポジティブな方向性が生まれた例として少し触れておきたい。

第1期工事の計画では、既存瓦屋根の葺替えが後まわしになっていた。その理由は、第1章で述べたように、鉄平さんが私に相談を持ち掛ける前に、ご実家の方の判断で、崩れ落ちた瓦屋根の補修が行われていたからである。そして、第1期工事終了後も雨漏りは特に見られなかったと

写6-8　今回の減額案のシンボルとも言える勾配天井や小屋梁塗装の中止による竣工写真。減額調整前の実施設計では、白い勾配天井の中に小屋張りが錯綜するイメージであった。天井を明るく見せると同時に、先人の小屋梁の仕事ぶりを強調する意味合いもあった。勾配天井や塗装の中止に伴い、建物の履歴を小細工なしでありのままに見せるという方針転換も行われた

のことだったので、第2期工事範囲にも含めていなかった（もっとも、もし、第2期工事で屋根を葺き替えていたら、住める状態にまで改修することは、予算的にかなり厳しかっただろう）。

ご実家の判断で行われた屋根補修は、東日本大震災の約1年後から半年くらいかけて行われたと伺っている。予算的な問題から、既存の杉皮下地と桟をそのまま利用し、ズレてしまっていた既存のいぶし瓦の並べ替えや、損壊した部分の陶器瓦への葺替えが行われたということである。

この杉皮下地の桟瓦葺きというのは、雨天時における野地板の直下の湿度が上昇する。従って、小屋裏空間はできるだけ広いほうが良い。勾配天井としてしまうと、天井懐がほとんどなくなるだけではなく、湿気の逃げ場が少なくなる。もっとも、現代の瓦屋根の下に敷かれている一般的な防水シート（アスファルトルーフィング）と異なり、杉皮自体が呼吸をし、瓦の隙間部分から分散的に換気される構造になっているが、雨天が続いたときなどは、湿気の放出が上手く行われない可能性もある。

よって、勾配天井をなくして野地板を見せたことは、現状の屋根の湿気の放出や、万が一、雨漏りした場合の発見のしやすさなどを考えると、むしろ良かったと言える。

冬場の寒さに不安が残るが、断熱が必要ならば、将来的に屋根を葺き替える際に、外断熱を施すという方法もある。その場合は、屋内に足場を組む必要もない。

また、断熱に関して言えば、天井が高いため、実はあってもなくても体感的にあまり変わらない可能性もある。従って、勾配天井部の断熱材がない状態で実際に住むことで、将来工事の内容とその費用対効果を検証することもできるだろう。

以上のようなことを総合的に考えれば、小屋裏を吹抜けとした部分の勾配天井を見送ったことは、ポジティブな判断であったとも言えるのではないだろうか。

減額調整から生まれる信頼関係

勾配天井以外にも、竈まわりの復旧や煙突、いくつかの造作家具や照明器具を将来の工事にまわした。さらに、数量の多いプライベートエリアの壁や天井の仕上げを漆喰塗りから塗装に変更し、床暖房などの付加的な設備範囲の縮小などを重ねた結果、鉄平さんとちひろさんの許容範囲まで見積額を下げることができた。

この「諦めるプロセス」を通して、鉄平さんとちひろさんとは多くの対話を重ねた。互いに意見を出し合い、詳細を詰め、工務店から再見積を取ることを繰り返した。その度に、予算オーバーの壁に打ちひしがれながらも、彼らにとって本当に必要なものが何かが見極められていったのである。

こうして、価値の結晶化の賜物である工事発注図書が完成し、2019年9月、第2期工事は無事に着工した。このような共同作業を経た後のクライアント、設計者、施工者の3者間というのは、不思議と信頼関係が築かれているものである。3者が生みの苦しみを、それぞれの役割を通して感じながら、最終的な建物が建ち現れてくる。第2期工事のデザインやディテールは、そのようなプロセスを経て実現したものである。3者の絶妙なバランスと協力なしには、到達することはできなかった境地と言える。

2019.03　つくりかけの現場へ

写 6-9　第 1 期工事終了時から変わらぬ印象で全体を覆う瓦屋根

経年変化と経年劣化

第2期工事の計画が始まって以降、つくりかけの現場に初めて赴いたのは２０１９年3月、初回本見積のための設計説明会の時であった。本来は、第2期の計画が始まった時に訪れるべきなのだが、鉄平さんとちひろさんに余分な特別経費を負担させたくなかった。他の局面でもっと現場に行くことになるかもしれなかったからである。

実務的には、第1期工事の内容は、図面や写真を含めて隅々まで記録に残しておいたので、それを基に第2期工事の詳細計画を進め、初回本見積用の図面を描き上げることは、特に問題はなかった。また、現場との整合性という観点からは、若干の微調整が必要であるとしても、工事費の調整期間を通して行える範囲と見込んでいた。

第1期工事終了後4年以上が経ち、久々に訪れた現場では不思議な感覚を覚えた。大きな変化を感じさせず、全体を覆い続けていた瓦屋根とは対照的に、木製建具や杉板張りの壁、そして、薄墨による黒漆喰仕上げの壁といった経年変化をあえて許容する仕上げは、予想以上の風合いを纏い、意匠的に独特の魅力を醸し出していたのである。

当然ながら、経年変化と経年劣化は表裏一体であるから、その劣化が表層を超えて建物そのものへ影響を与えないよう、継続的な修繕は必要である。そもそも、スミツグイエは、ノーメンテナンスで建材の耐用年数が切れたら壊して建て替えれば良いというような、スクラップ&ビルド的な考えでは設計されていない。住まう人の建物に対する持続的な愛情のかけ方が、建物の外観にバロメーターとして表れてくる。住み継ぐとは、維持管理も含め、簡単なことではないからこそ、そこに豊かさが宿るのである。

　第2期工事そのものは、内部がメインであるため、終了後の内装と経年変化の進んだ外装は、しばらくの間、対照的な趣となる。第1期工事で改修した部分が、第2期工事を終えてようやく住み始める時には、古さを醸し出しているという、新しいのに古い、通常の新築や全面改修工事では珍しい新旧の共存になる。

怪我の功名としての黒漆喰

　第1期工事で行った、東面の竈土間の通用口から北側壁面にわたる黒漆喰仕上げは、予想以上に見事に色褪せていた。物性と言えば物性だが、普通の現代住宅であれば、ここまでになると欠陥と感じるクライアントもいるだろうから、安易に採用できない仕上げであると改めて認識した。

　もともと、設計段階で指定していたのは、東京などでは普通に流通している、木摺り（きずり）や合板などのラス下地板のない、通気ラスを用いたラスモルタル工法で下地をつくり、そこに砂漆喰の中塗りをした上で、黒漆喰で仕上げるというものだった。しかし、東日本大震災後である当時の喧騒の中、施工業者が同工法の経験がなかったため、ラス下地板を張っての施工に変更した。*3

　第1期工事終了時にはわからなかったが、経年変化の過程を見る限りでは、おそらく、中塗りの施工品質や厚みの精度、施工時の気候への対応、養生が十分ではなく、その結果、ここまでの色褪せが生じたと考えられる。

　このように、樹脂を使わない左官仕上げは、施工する職人の技術や工務店の施工管理に依存せざるを得ないことが多い。従って、現代建築では比較的敬遠される存在となっているのだが、私はあえて、それを魅力にしようと考えて提案することが多い。このケースも、怪我の功名ではないが、これはこれで、魅力的と言えるのではないかとも考えている。もちろん、左官職人としては、このできを「良」とする職人は少ないだろう。職人からしてみれば、綺麗に均一に仕上げてこそ、と考えるのは当然のことである。し

＊3　ラスとは金属製の金網で、これにモルタルを塗って下地とする。ラス下地板のない通気工法は、経年とともにモルタルの裏に入る湿気がこもりにくい。壁厚も薄くおさえることができる

かし、矛盾する話ではあるが、意匠的には（あるいは個人的にはと言っても良いのかもしれないが）、この壁面に見られる不均質さや予測不可能さの中に、今まで自分がやった黒漆喰仕上げにはない魅力を感じるところがある（写6-10）。

黒漆喰の表面を見ると、2種類のクラックがあった。一つは、下地の動きによるひび割れで、これは下地板を使う以上、やむを得ないものであり、水平、垂直に所々に生じていた。このクラックは、一定の限度を超えた段階で補修が必要であるが、施工後4年以上を経過した段階では、まだ許容範囲であったことから、下地の初期収縮の過程で起きてから比較的安定していると考えられる。

もう一つは、色褪せにも関係した無数に生じているヘアクラックだ。幅0・3㎜、深さ4㎜以下と定義されるこのクラックの多さは、前述のように、左官の施工技術や品質管理から起きたものであろう。しかし、興味深いのは、第1期工事終了後、間もなくして発生したと思われる1次ヘアクラックが、後を追うように生じた1次白華現象によって埋められていることだ。1次白華とは、漆喰の内部に入った水分が石灰分を溶かし、乾燥と同時に結晶として表面に白く残る現象だが、それによって、クラックが白い網の目状の模様として、黒漆喰全体を覆っていた。鉄平さんの話では、「第1期終了後1～2年を境にして、状況はあまり変わっていない」ということだった。

漆喰の場合、経過観察は常に必要であるが、最終的には、ひび割れの程度はもとより、もともとの強アルカリ性が中性化していくことで、カビの発生や汚れの付着が多くなる。そのような現象が見られはじめた場合は、仕上げの風合いの良し悪しとは無関係に、本格的な補修を考える時である。

木製建具と杉板張り壁の風合い

木製掃き出し連窓に端を発した外部の木製建具群と、それらを束ねる「地」としての杉板張りの外壁についても、経年変化によって趣が出始めていた（写6-11）。

使われている材料は、コストや加工性を優先した杉材だが、この古民家には非常にフィットしていると再訪して改めて感じた。4年以上経った中で、相応の風合いも生まれ、昔からあった既存の軒裏などの木部ともすっかり馴染んでいた。時代による構法上の違いを見せながら、まるで、ずっと前からそこにあったかのような見え方は、ある

写 6-10　上は第1期工事終了時、下は4年後に現場に訪れた際に撮影したものである。下半分の雨掛り部分を中心に白くなっている。これは、純粋な色褪せというよりも、初期ヘアクラックと白華現象によってできた模様と考えられる。施工品質という意味では、当時の左官職人の技術不足を感じる部分が多く、上塗りの厚みも薄めではないかという指摘が第2期工事の左官職人からあったが、風合いという観点からはなかなか魅力的な部分もある。人為的につくり出すことができない物性のバランスが生み出す妙である。いつかは塗り直す日が来ると思われるが、それまではこの風合いを心に焼き付けておくべきだろう

程度、狙い通りになった部分である。

　これらの第1期工事で施工された木部は、表面保護のために浸透性塗料で仕上げられている。浸透性なので、木目が失われずに染色されている。

　浸透性塗料の耐用年数は5年程度であり、この経年変化は塗料の劣化に伴うものである。従って、第2期工事で見送ったとしても、終了後間もなくして1回目の再塗装が行われるべき時期になる（本来、初回再塗装は2年目程度が推奨されているが、戸建住宅などではなかなか難しいことも多い）。特に、木製建具部分については、杉板張りの壁以上に性能に支障をきたす劣化は遅らせたい部位であるから、メンテナンスは怠るべきではない。

　鉄平さんとちひろさんが、小まめに手を入れ続けることで、木製建具や杉板張りの外壁も末永く生き続けることができる。再塗装の際に下地処理が最低限で済み、やる気にさえなれば、ＤＩＹでも塗れる浸透性塗料を採用しているのは、正にそのためでもある。

写 6-11　木部の経年変化状況。塗装が所々で剥がれていることで趣が生まれているのがわかる

第 7 章

語り継ぐ家の萌芽たち（第 2 期）

反復するコンセプト— 内装・設備・その他の詳細

2018年7月—2020年3月

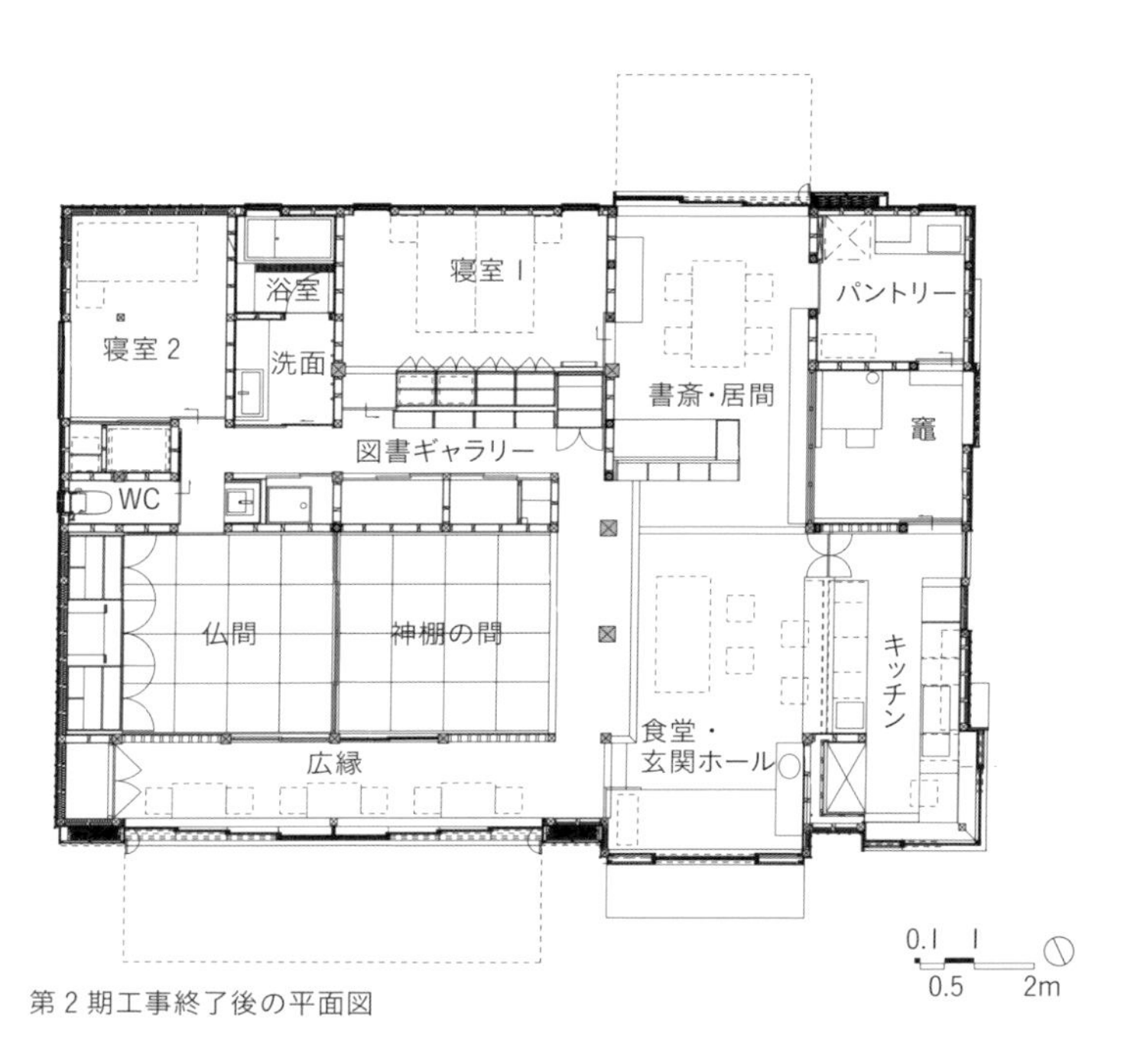

第 2 期工事終了後の平面図

履歴を語らせる

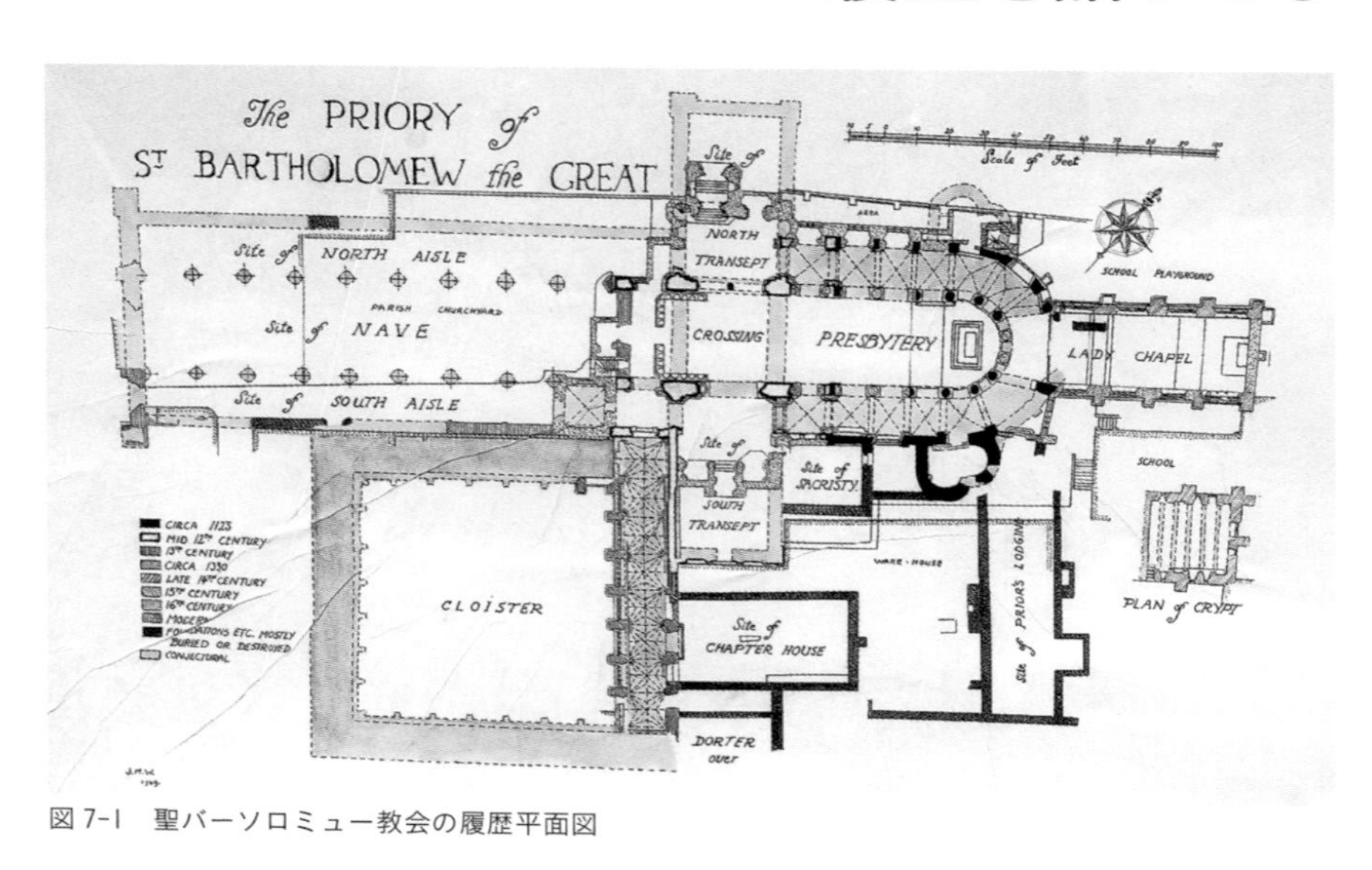

図 7-1　聖バーソロミュー教会の履歴平面図

古建築とどう向き合うか

ロンドンで最も古い教会の一つに聖バーソロミュー教会がある。その原型は12世紀に建てられたと言われているが、その後、様々な増改築や解体を経由して今に至っている。決して派手な建物ではなく、日本人にとっても、ものすごく有名な観光スポットというわけではないが、現地ではとても愛されている教会だ。

聖バーソロミューの履歴プラン（図7-1）をみると、どの部分がいつつくられたかがわかる。その時代時代の要請による改修とその表現が、ブリコラージュのように更新されながら、時間とともに均衡のとれた趣に達している。

こういった建物の改修による変遷は、文化財建築に限らず、欧州の古建築では特に珍しいことではない。現代では1931年のアテネ憲章、1964年のヴェネチア憲章などで、歴史的建造物の保存・修復に関する理念などが整理されてきたこともあり、安易な復元や、根拠のない○○調による改修や建替えは、歴史に対する冒涜という考えの方が、むしろ一般的である。

一方、日本では、このような考え方が定着しているとは言い難い。もっとも、古民家に見られるような木造による数十年単位の仕立て直し建築の場合、部材の物理的な新旧以上に、間取りや構法の変遷そのものに歴史的価値がある場合も多いと思われるが、そういった記録すら残されていないことも多い。さらに、住み継ぐ人の懐古趣味などが災いし、○○調の造作や装飾が付加されたり、歴史的な遺構といってもよい部分が無造作に隠蔽されていくうちに、原型や変遷の履歴が認識されない状態で放置され続けているものもある。

実は、2012年に鉄平さんとちひろさんから相談を受けた際、このような話を通して意見交換を行っていた。

そして、スミツグイエでは、図面という記録が将来的に失われることがあっても、建物の履歴を語り継ぐことができるように、デザインから仕様、構法まで、様々な次元で、できるだけシンプルな工夫を試みようとしてきた。まずは、改修した部分を、それ以前と区別できるようにする。それでありながら、全体として一定の趣を生み出すことを意識しながらという具合にだ。

小屋壁の考古学

スミツグイエの中央にある小屋壁は、東日本大震災による損傷がほとんどなかった部分である。

この小屋壁の東側面、玄関から裏の畑へ抜ける帯状のエリアは、昭和34（1959）年頃に屋根を草葺きから瓦葺きへ改修した後も、吹抜けを意図してつくられた。そのため、竈から発する煤で躯体が全体的に覆われており、古民家を象徴する小屋組となっている。

一方、この小屋壁の西側面については、東日本大震災時には天井裏に隠蔽されていたためか、小屋組の仕事が粗く、設計初期段階では、吹抜けとしない方がよいのではないかとも考えていた。しかし、よくよく観察してみると、長らく天井裏に隠蔽されていたが故に、この民家の歴史が最もわかりやすく刻まれたエリアであることがわかった。

そこで、第2期工事では、この小屋壁とその周辺の小屋組を構成する躯体を、東日本大震災時の姿のまま露わにすることで、その履歴を伝えられたらと考えた。

こうして、中央の小屋壁の西側は、この民家の歴史を地層のように物語るという意味で、最も重要なエリアとなった。このエリアの各部分が何を表しているかを第2章の「時間軸上の家」に沿って改めて確認しながら、第2期工事でどのような改修を行ったかを解説しておきたい。

①小屋梁

スミツグイエは、もともと草葺き屋根であり、昭和34（1959）年頃に瓦に葺き替えられた際、扠首（さす）構造部分が今の小屋組につくり変えられた。従って、その後に天井裏に隠蔽された部分で、生木のまま残っている躯体が瓦葺きの時代、煤に覆われている躯体が草葺きの時代からあったものと考えられる（写7-1）。

スミツグイエの第2期工事では、この履歴を伝えるため、色違いの梁そのものを意匠として見せることにした（写7-2）。

②野縁跡

この中央の小屋壁や周辺の小屋組をよく見ると、小屋梁に刻まれた野縁の跡が2本あることがわかった。上段の野縁は、屋根を瓦に葺き替えた昭和34（1959）年頃の改修時、下段の野縁は、昭和49（1974）年頃の改修時の天井レベルである。草葺き屋根の時代は、このエリアは「ヒロマ」であったから吹抜けのはずである。昭和34（1959）年に天井が張られる際も、高天井とすることで梁を見せた納まりが採用されていることから、「ヒロマ」的な性格を残していたことが伺える。続いて、昭和49（1974）年頃の改修では、天井が低くなり、梁は完全に隠蔽されることになった。これは、このエリアが「ヒロマ」から「ザシキ」的な性格に変わっていったことを示している。なお、ここで言う「ヒロマ」とは現代住宅でいう居間、「ザシキ」とは接客や祭事に使われる間のことを言う。

伝統的な古民家における生活空間において、「ヒロマ」は農作業などを行う「ドマ」の上手側に接する板間で、囲炉裏などが切られ、吊天井のない間であることが多い。一方、「ザシキ」は「ヒロマ」の上手側に接し、古くから畳間に吊天井が施されてきた。そして、時代が進むにつれて、書院造を真似た床の間なども導入されるようになった。

スミツグイエの第2期工事では、中途半端に残存していた野縁を外し、それらのために梁が切欠かれていた跡は、

写7-1　第1期先行解体時、天井を剥がすと、草葺きから瓦葺きに改修した際の履歴や、天井高が徐々に下げられ、梁が隠蔽されるようになった過程が、地層のように現れてきた

写 7-2　第 2 期工事終了時、砂漆喰に漆喰を塗り、小屋梁には着色しないことで建物の履歴をそのまま見せることにした

天井レベルの履歴がわかるように残したまま、煤に合わせた色付けを行うに留めた。

③鴨居（差し鴨居）と柱

前述のように、もともと「ヒロマ」だったこのエリアは、昭和49（1974）年の改修時に天井が下げられ、「ザシキ」的な性格を強めた。その際、垂れ壁が繊維壁によって大壁調に仕上げられ、門型フレームを構成していた梁や鴨居（差し鴨居）の上半分、束などが隠蔽されたつくりとなった。そして、柱や鴨居の露出した下半分にカシューが塗られた状況が、東日本大震災時まで残っていた（写7-3）。

スミツグイエの第2期工事では、天井の撤去に伴い、鴨居や束を覆っていた繊維壁も取り除いた。そこで露わになった、鴨居部分の煤とカシューの境界は、昭和49（1974）年以降と以前の時間の溝を埋めるべく粗くぼかしている[*1]（写7-4）。

④骨組みと土壁

中央の小屋壁は、瓦葺き屋根への改修時（昭和34［1959］年頃）に、吹抜けに露出していた部分は白漆喰、天井裏に隠蔽されていた部分は土壁のままであった。

スミツグイエの第2期工事では、これらに下地処理を行い、改めて白漆喰で仕上げた。漆喰は自然な凹凸を出すた

写7-3　被災時の天井は、昭和49（1974）年頃の改修による。同時に、垂れ壁も繊維壁で覆い、鴨居の露出部や柱はカシュー塗りが施されたようである

写7-4　第2期工事終了時、鴨居下部のカシューと上部の煤の境界は粗くぼかし、昭和49（1974）年以前と以後の時間の溝を埋めている

＊1　「さり気ない対比」（p.207）参照

めに、2厘（約0・6㎜）の白竜砕石を混ぜ、撫切(なでぎり)仕上げとした[*2]（写7‒5）。

なお、中央部以外の小屋壁は、もともと骨組の間に土壁は施されていなかった。第2期工事において、天井を張らずに吹抜けに面した小屋壁については、背後の小屋裏を石膏ボード（PB）下地によって区画し、土壁と同様の白漆喰によって仕上げた。しかし、部材と部材の接合（納まり）上の関係もあり、ほとんどの小屋束をPBで覆い、梁だけを見せている。これにより、中央の小屋壁の納まりとの対比が生まれ、各々の履歴を暗示するものとなっている。

曲がり梁を見せる天井計画

古民家の小屋組は、梁の組方や曲がり梁の形状などが特徴的だが、これは上屋と下屋によって構成される骨組みにおいて、上屋柱をいかになくし、柱の位置に影響されない自由な平面を実現するかというなかで発展してきたものでもある。現代の木造住宅で同じようにつくろうとすれば、材料費や宮大工の技術手間賃など、大きなコストがかかるだろう。

その中でも、桁行方向に架けられた曲がり梁は、牛梁と

写7-5　玄関から食堂、書斎・居間を通って裏の畑へ抜ける帯状エリアの小屋壁。
左手が既存の土壁による中央の小屋壁を改めて漆喰で仕上げたもの。右は、土壁無し小屋壁の骨組みに石膏ボードを張って漆喰で仕上げたもの。ほとんどの束が覆われて梁のみが見えている。神棚の間の吹抜けの仏間側小屋壁も右と同様の仕上げ

＊2　最後にコテ押さえやみがき、あるいは模様をつけることなく、多少のコテむらを残して自然に仕上げる方法

呼ばれ、柱間の距離が長い（スパンのある）梁間方向の曲がり梁を絶妙に受けながら、小屋組のベース部分を支える重要な梁である。その多くは、根元の曲がり方にも特徴がある。

スミツグイエにおいても、牛梁が何本か入っているが、繰り返し述べているように、下段の方の梁については、草葺時代からあったものと考えられる。第2期工事で天井を撤去し、吹抜けとして小屋組を現すエリアは当然のこと、天井を張る部分においても、昭和34（1959）年以前の草葺時代からあると思われる曲がり梁に関しては、局所的な高天井などを用いて露出させることで、その技術を語り継げればと考えた（写7-6、図7-2）。

こういった曲がり梁によって編まれた小屋組は、ある時期からは構造的要素よりも見せることを意識した化粧目的に使われるようになったという説もある。しかし、製材技術や集成材が発達していなかった時代に、柱を抜くためにスパンのある大きな梁を入れる場合、極めて合理的な方法であると同時に、桁行方向が固定されることで水平構面の強度も増す。このように、自然木を活用した汎用性のある当時の構法技術として考える方が、先人の成した仕事に対し、より敬意が持てるように思う。

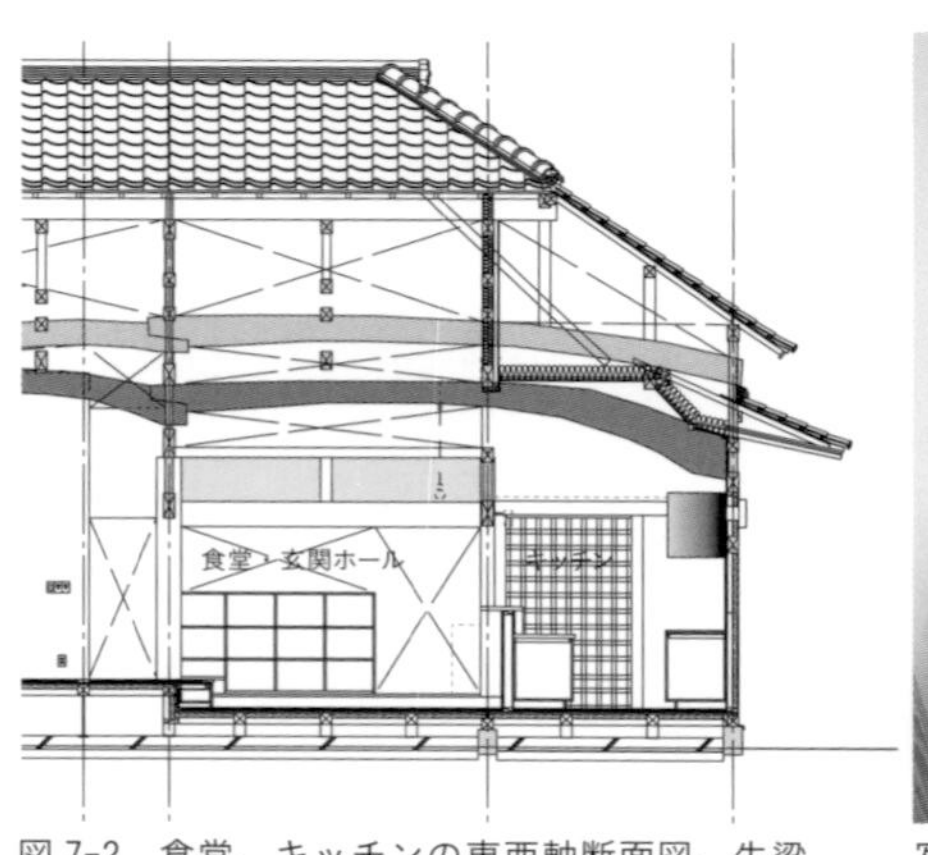

図7-2　食堂、キッチンの東西軸断面図。牛梁が上下に2本掛けてある。下の牛梁はキッチンにも現しで掛かる

写7-6　食堂側の吹抜けからキッチン側の桁まで掛けられた牛梁を見せるために、局所的に高天井とした

土間へのオマージュ

瓦葺きに改修される前（昭和34［1959］年以前）は、竈土間に加え、東南角の旧応接間（今回の改修計画ではキッチン）も土間であったことがわかっている。ただ、第2章の「時間軸上の家」で述べたように、この古民家の原型は、おそらく広間型3間取りであり、もともとは、今回の改修計画における食堂や書斎・居間のエリアまで、土間になっていた可能性が高い。

第2期工事にあたり、小屋組と同様に古民家を特徴づける土間の履歴をどのように考え、いかに語り継ぐべきか、とても迷うところであった。小屋組と違って、本来の三和土（たたき）仕上げなどによる土間は現存しておらず、竈まわりと玄関の土間もコンクリートによるものだった。これらは、瓦葺きへの改修時（昭和34［1959］年頃）に打設されたものである。

この場合、単に原型の土間エリアの復原や、古民家調の土間を意匠的に設えるというのは、これまで述べてきたコンセプトに反することである。そこで、現代的な仕様、デザインを用いた土間へのオマージュとして、玄関前の食堂とキッチンエリアの床部分を下げ、そこを磁器タイル仕上げの床とした（写7-7）。この磁器タイル仕上げの床は、あくまでもオマージュであり、土間そのものではなく、それを懐古するものでもない。鉄平さんとちひろさんの「小さな食堂」の構想に応えた現代的な建築要素で、冬場の体感温度に配慮して床暖房が装備された食堂の床部分と、衛生上の配慮から計画されたキッチンのドライ床部分で構成されている。

写7-7　玄関から続く磁器タイル仕上げの床

また、この磁器タイルエリアの床レベルは、単純に第1期工事の土間コンクリートの上に仕上げるのではなく、隣接する板張りの床レベルとの機能的な関係性によって調整されたものである。

まず、玄関から150㎜上がったところが、食堂と東側のキッチンの床レベルである。そして、まっすぐ進んだ書斎・居間側の板張りの通路は、食堂側から150㎜上がっている。さらに、西側の神棚の間や寝室などの奥の諸室とは、150㎜の段差がある。つまり、第1期工事で想定されていた奥の諸室の床レベルから玄関まで、150㎜の段差で行き来できるように相互の床レベルが設定されている。

食堂とその西側（神棚の間側）にある通路との境界は、300㎜の段差ということになるが、通路幅方向を食堂側に拡張し、腰掛けとして計画した。将来的には必要に応じて、クッションを置いても良いと考えている。また、腰掛け下のスペースを有効活用し、引出しを設けた。これらの引出しは、普段は床段差の幕板として同化し、存在を主張しない。

引出し造作は、床下の有効高さが低いため、大工工事と家具工事の棲み分けを考えた納まりになっている。まず、大工工事で床組と床仕上げを行う。その後、床下に家具工事で製作した引出しレール付きの捨て箱を挿入し、引出しを設置する。なお、引出しの幕板と床段差の幕板は、家具工事と同じロットの突板を横使いで連続して用いた（写7-8、図7-3）。

写 7-8　床段差を利用した引出し

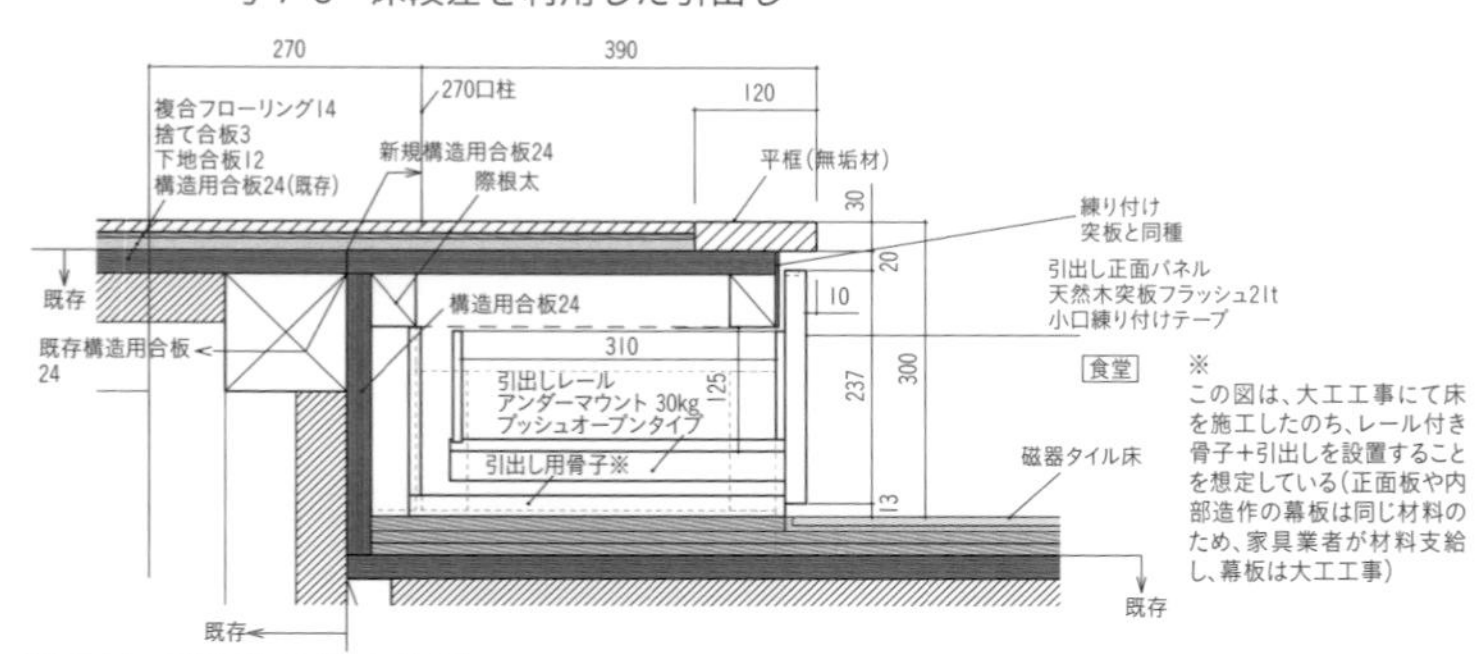

図 7-3　引出しの納まり図

図中の“既存”は第Ⅰ期工事で終了部分を示す

格を取り除く

写 7-9　国指定重要文化財の関家住宅主屋（横浜市）。ドマ側からヒロマを見る。
関東地方で最古（17 世紀後半）とみられる農家の主屋には、装飾的要素はほぼない　写真撮影：小野吉彦

農家建築にとっての装飾

伝統的建築や古民家などの古い建物は、何かと装飾的要素をまとっていることが多い。しかし、その多くは時代とともに意味を失い、その意味を知らない人にとっては、単なる無駄なものにしか映らなくなっていく。歴史家のように、そのもともとの意味を掘り起こし、あるいは、デザイナーのように、そこに新たな意味を与えて別の価値を見い出すのであれば、それもまた「住み熟し」方の一つである。しかし、その装飾が足枷となって、住む人の日常にストレスを与えてしまうようであれば、本末転倒と言えよう。

一般的な農家住宅というのは、少なくともその原型において装飾的要素が少なかったことで知られている（写7-9）。逆に言えば、格式などを示すような装飾が施されているとすれば、それは比較的最近のものである可能性が高い。

スミツグイエの第2期工事では、鉄平さんとちひろさんの描くライフスタイルに対応していく上で、特に意味を成さないと見なされる装飾的要素、とりわけ因習的な格や見栄の表現に付随するものについては、できるだけ取り除いていくというスタンスを取っている。それが、農家住宅のもともとの精神を尊重することになるとも考えたからだ。

化粧長押を外し、光を導く

例えばその一つに、構造的意味を持たない化粧長押がある。東日本大震災の時まで、スミツグイエの玄関のすぐ奥は、掘り炬燵がある茶の間であった。その境界にあった大きな垂れ壁は、外からの光を遮断し、茶の間を薄暗い空間にしていた。これが当時、玄関脇にあった小さな応接間（今回の改修計画ではキッチン）の方が、家族の集う居間として重宝されてきた理由の一つである。

第1期工事の初回現地調査で、その垂れ壁を初めて見た時は、他の垂れ壁と同様、梁と差し鴨居によって構成される門型フレームであると思い込んでいた。しかし、第1期工事の先行解体時に、その垂れ壁の下端には差し鴨居はなく、薄い化粧長押が両面に張られていただけであることが判明した（これにより、補強計画は、この部分を門型フレームとして見なさずに行った）。

この化粧長押は、昭和34（1959）年の改修の際、囲炉裏から掘り炬燵のある茶の間となった空間と、茶の間から独立した玄関に格を付けるため、周囲の鴨居と連続して設けられたものであったと考えられる。さらに茶の間の上には、芋棚を兼用した根太天井が設けられたことで、天井の低い閉鎖的な空間となっていたのである。

スミツグイエの将来的な構想である「小さな食堂」を見据えた時、玄関と食堂を一体化し、より明るく開放的な空間にしておきたいと考えた。そこで、第2期工事で両者を分け隔てるこの化粧長押と垂れ壁を撤去することにした。そして、第1期工事でつくった玄関の欄間窓の高さに合わせた天井を食堂境界まで延長し、垂れ壁の影を落とすことなく光を食堂まで導くことを考えた。さらに、芋棚を兼用した板天井も外すことで、閉鎖的だった茶の間のエリアを、大きな小屋裏を見上げる食堂へと生まれ変わらせた（写7-10、11）。

また、玄関と縁側の間の垂れ壁にも格付けという意味で付いていた化粧長押も撤去した。ただし、玄関と食堂の一体性を示す意味で垂れ壁は残し、その下端は落し掛け的な既存の鴨居枠で対応している（図7-4）。

構造的な効果のない化粧長押の全てを否定するわけではない。実際、第2期工事の内装では、純粋な納まり上の理由から、新たに化粧長押を「見切り」として入れたところもある。それらは、既存で入っていた格を表現する化粧長押とは意味が異なるものである。これらの新しい化粧長押は、その区別がつくように、クリアオイル仕上げとしている。

床の間を外した仏間収納

農家住宅における床の間の役割とは、来客に対する見栄に近いものがある。そもそも、農家に床の間がつくられるようになったのもそう古いことではない。長い変遷を辿ってきた床の間の歴史の最後尾に、「真似る」かたちでつくられるようになったという意味では、現代住宅における床の間と、大きな差はないと言える。

東日本大震災の時まであったスミツグイエの床の間は、左手に付書院なしの床の間、中央に違い棚を有する脇床、そして、右脇に仏壇のスペースという構成であった。竹で化粧された落し掛けが間口一杯に流され、脇床と仏壇のための化粧長押が、その下に平行して流されていた。床柱は手斧（ちょうな）掛け[*3]された角柱が用いられていた（写7-12）。数寄屋

写7-10　被災時の写真。玄関側の垂れ壁と、芋棚兼天井によって、食堂が暗く狭苦しい空間になっていることがわかる

写7-11　第2期工事終了後。垂れ壁と芋棚を撤去し、玄関欄間窓のレベルに合わせた新設天井によって、光がより内部に導かれたとともに、もともとの吹き抜けた小屋裏が復活した

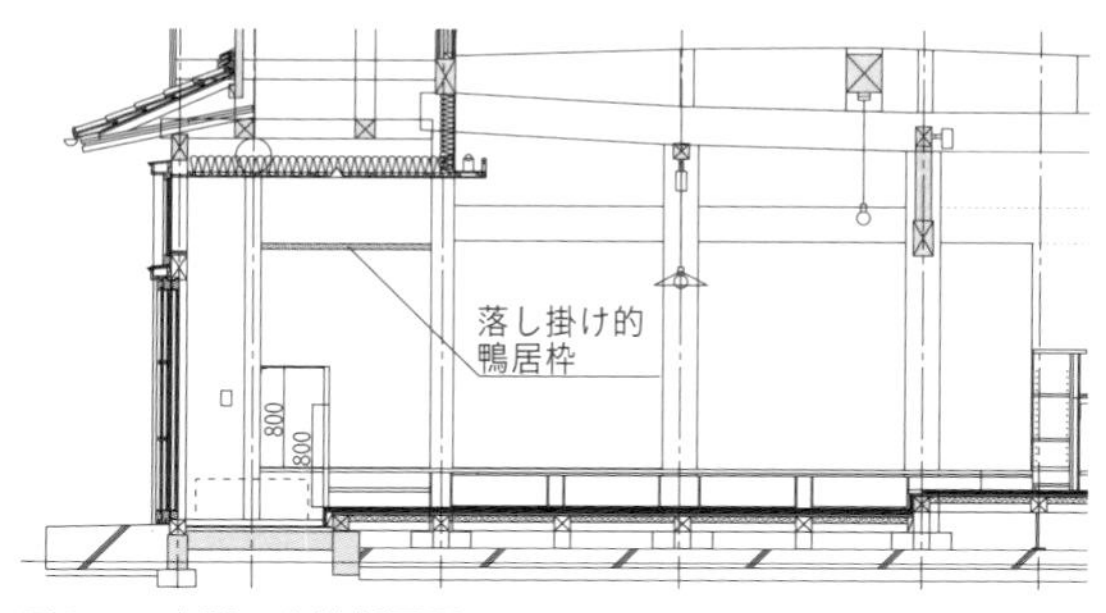

図7-4　玄関・食堂断面図

＊3　材の表面を平坦に仕上げるための工具である手斧を使った仕上げ。鉋（かんな）仕上げと違い鱗状の削り跡が残るのが特徴

調と言ってしまえば「なんでもあり」という話になるが、復原して残す価値があるものだったかと言えば、もう少し、ここに何が必要なのかを考えてみるべきではないか。

既存の床の間の構成要素の中で、格よりも、見栄よりも、農家を住み継ぐ次世代にとって大切なものは何だろうか。それは他でもない、先祖に対する感謝の気持ちではないだろうか。つまり、既存では右脇にあった先祖を祀る仏壇スペースは、中心に配置すべきものではないかと考えた。そもそも、床の間の起源は、仏家が仏像を置くための棚から始まったとされている。仏家にとっての仏像棚は、農家にとっては先祖を祀る仏壇と読み替えてもいいだろう。そこで、第2期工事では、既存の床の間や装飾を取り除き、仏壇スペースを中央に据え、その周辺は全て壁収納とした。ただ、仏壇の上のスペースは、数世代前までの遺影を飾りたいという意向を汲み、壁のままとした（写7-13）。

また、収納の突板の色（樹種）を一般部よりも濃い色としたのは、仏間の奥行き感を出すためと、仏壇に祀られている先祖に対する感謝の気持ちを、具象的な装飾とは違った形で少しばかり差別化するためである。

写7-12　被災時の床の間の状況。床柱など、少々癖のある数寄屋調で、仏壇スペースは右端にあった

写7-13　第2期工事終了後、仏壇を中央に設置した状況。仏壇上の壁には遺影を飾ることができる。写真上部の鴨居は神棚の間側の鴨居。仏壇スペースには垂れ壁はない

宮形を素朴に据える

農家住宅にとって、仏壇と同等以上に大切なものとして神棚がある。１０００坪を超えるスミツグイエの敷地の西北端にある屋敷神を祀る祠と併せて、屋内神を祀る神棚は重要な住宅建築要素の一つである。

東日本大震災の時までの既存神棚は、押入の上に格子戸付きの造作収納としてつくられたもので、その中に宮大工による宮形が収納されていた。この収納自体は、昭和49（１９７４）年頃の改修の際につくられたものである。多少窮屈なスペースでもあったことから、鉄平さんからは丁寧に分解してまで再生することは求められていなかったが、中に納められていた宮形については古いものであり、必ず引き継いでいくことが求められていた（写7-14）。

写7-14　被災時の神棚は格子戸を持つ収納棚だった。下部収納は津波により損壊していた

第2期工事で新しい神棚スペースをどのようにつくるか。仏壇スペースと同様に、格や見栄を外した上で、より原初的な考え方に戻って考えてみることにした。

まずは、化粧長押や格子戸といった、神棚にとっては装飾のための装飾に過ぎないようなものは施さないというスタンスは貫くことにした。そして、自然の微地形を聖域と見なす原初的な聖域のイメージを抽象化してはどうかと考えた。例えば、鳥取県にある三仏寺奥院投入堂（写7-15）のような絶壁の窪みと、そこに設置されるお堂の関係性を、左官壁の掘込棚に据える宮形に置き替えてみるという具合にである。

実施設計時、この左官壁は絶壁の窪みというイメージからきていたので、土塗り仕上げによって、色も表情も白漆喰仕上げと明確な対比を成す方がわかりやすいと考えていた。しかし、装飾性が過ぎると、一貫してきたコンセプトが崩れてしまう。毎日見続ける住空間の要素としては、主張し過ぎない、ほどほどの表現の方が良い（図7-5）。

最終的な壁の仕上げとしては、淡路土を用いた半田仕上げに落ち着いた。これによって、他の白漆喰仕上げの壁との対比は「微妙な差」として表現されることになった。それは、年間の湿度差で土が黄みを帯びる程度でしか、その違いを認識できない。わかる人にしかわからないという違いだが、両者の対比は年輪を重ねるごとに顕在化してくると予想している（写7-16、17）。

畳の縁をなくす

第2期工事で神棚の間とするエリアは、東日本大震災前は天井が張られ、垂れ壁は大壁のように設えられ、仏間と併せて前座敷が構成されているように見えていた。しかし、本章の「履歴を語らせる」の「小屋壁の考古学」で述べたように、もともとは高天井、さらに昔は、吹抜けで構造が露出した「ヒロマ」であった。従って、この神棚の間を第2期工事で吹抜けとし、構造を露わにすることは、軸組に見られる「ヒロマ」としての歴史を語り継ぐことを意味していた。

一方、鉄平さんからは「冠婚葬祭時には、奥の仏間と中央の神棚の間を、座敷として一体的に使えるようにしたい」という要望があった。そこで、縁側から連続する食堂側の廊下部分を除き、双方を畳間に統一した。平面上、農家建築的には「ザシキ」として維持された。

つまり、第2期工事の内容は、断面的（小屋組）には「ヒロマ」の歴史を伝え、平面的には「ザシキ」として、鉄平さんたちのライフスタイルに応えている（写7-18）。

なお、将来、「小さな食堂」が開いた際には、奥の仏間は障子を閉めて居間として日常的に使い、神棚の間の方は、古民家の中心に据えられたニュートラルな空間として開放しておくことを想定している。

この二つの畳間は、仏壇と神棚という、精神性という観点からこの家を守る重要な要素を抱えている。一方で、その使われ方は多目的性に富んでいる。従って、その全体を覆う畳は、極力、均質性をもった意匠が望ましく、格や見栄を表現するような装飾は外すべきと考えた。

そこで、畳の「縁」をなくした。縁はもともと、そのつくりやすさや、綻びにくさという実用的な理由から畳に採用されたものだが、やがては家紋を入れるなどの格の表現として、装飾性を帯びるようになったものである。

次に、方形畳を採用することにした。茶室のように、畳ごとに特定の意味や方向性を生じさせないためである。

写 7-15(上)　三仏寺奥院投入堂（国宝）
図 7-5(左上)　実施設計時の神棚の間イメージ。当初は仏間から神棚の間に連続する造作壁は、白漆喰壁と対比を成す土塗仕上げのイメージだった
写 7-16(左)　左手前から半田仕上げ、スサ入り白漆喰、土塗壁のサンプル。土塗壁の方が白漆喰との対比効果もあり、わかりやすかったが、最終的に半田仕上げを選んだ。白漆喰との対比は弱いが、経年変化によって徐々にその差が現れてくると考えられる

写 7-17　第 2 期工事終了後の神棚。建物の中央に淡路の土を用いた半田仕上げの造作壁をつくり、そこに掘込棚を設け、宮形を据えた

写 7-18　仏壇の間から神棚の間を見る。神棚の間と合わせて冠婚葬祭など多目的に使われる

写 7-19　神棚の間。断面的には「ヒロマ」、平面的には「ザシキ」

以上の二つを考えた場合、琉球畳が理想的とも思えるが、琉球畳はそれ自体が縁あり畳とは別の意味での格があると言えるし、高価な仕様でもある。また、通常のイグサによる縁なし畳という選択肢もあるが、縁なし部の耐久性が低い。そこで、イグサに替わる自然素材を用いた現代畳である、機械すき和紙製畳を採用した。イグサの香りはないが、その耐水性、耐久性に定評があるため、磁器タイルやフローリング同様、新しい要素として採用した（写7-19）。

表と裏の新たな関係

写 7-20　書斎・居間から食堂側を見る

「ハレ」としての台所

スミツグイエにおいては、断面や立面で建物の履歴を語り継ぐ一方で、前節の神棚の間と仏間に関する「畳の縁をなくす」でも象徴されているように、平面については、鉄平さんとちひろさんが展開しようとしているライフスタイルを反映している。

伝統的構法による古民家は、門型フレームによるオープンプランがそのベースにある。障子や襖による開け閉めによって、部屋のサイズを自由自在に変えられるため、物理的には平面計画上の柔軟性が高い。一方、その間取りや配置などには因習的な空間のヒエラルキーが存在してきた。例えば、「ハレ」（非日常）と「ケ」（日常）で形容されるような空間の棲み分けである。

スミツグイエでは、この「ハレ」と「ケ」の棲み分けを、鉄平さんとちひろさんの目指すライフスタイルに合わせて意図的に崩したり、組み替えたりしている。その代表的なものが「台所」である。

古民家における台所は「ケ」のエリアであり、薄暗い土間の一角から室として計画されるようになって以降も、人目の付かない奥に配置されてきたなごりが今でも見受けら

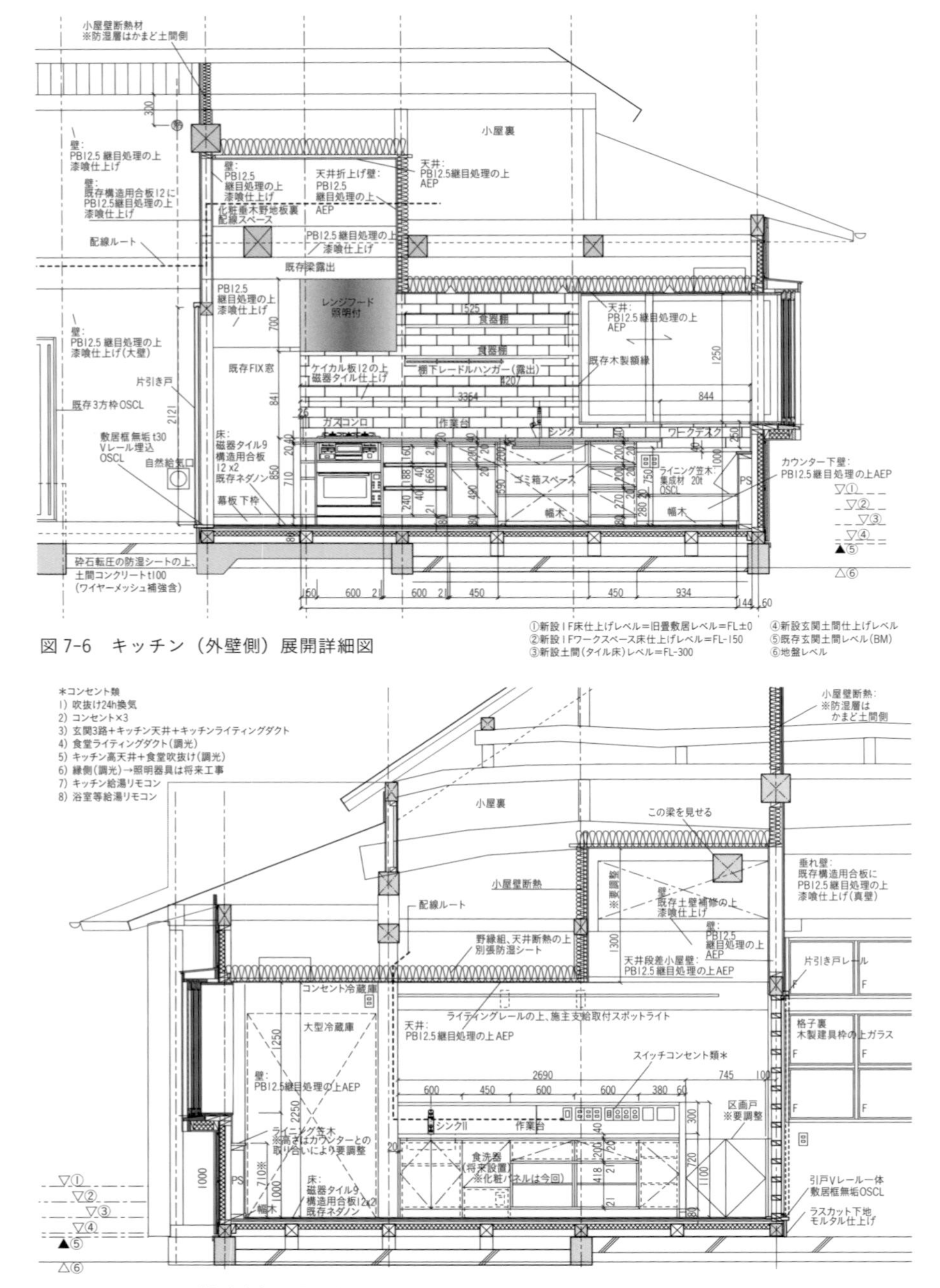

図 7-6　キッチン（外壁側）展開詳細図

図 7-7　キッチン（食堂側）展開詳細図

図 7-6、7ともに図中の“既存”は第1期工事で終了部分を示す

写 7-21　キッチン。既存の東南の角部屋は「ハレ」としてのオープンキッチンへと生まれ変わった。ベース収納は家具職人、カウンターは板金職人によってつくられたオーダーメイド。収納構成はもとより、細かい金物や什器、突板の張り方、細部の納まりまで、一つ一つ提案し、減額案も打ち合わせながら工事は進められた

写 7-23　出窓側には、ちひろさん専用ワークデスクが置かれた。基本計画時はもう少し幅があったが、最終的には手前の水切り一体型の大型シンクを優先し、最小限のスペースが確保された

写 7-22　食堂側はバーカウンターを介して寝室などを除き一望できる。バーカウンターの高さを抑えるため、キッチンカウンターの高さが外壁側のカウンターより若干低くなっている

れる。スミツグイエにおいても、東日本大震災前は北側の奥に位置していた。しかし、第2章の「鈴木さん一家の銀河計画」でも述べたように、今回の一連の改修では、玄関から入ってすぐ右手、震災前までは家族のたまり場であったとされる東南の角部屋を、食堂に面したオープンキッチンとして再計画した。ちひろさんが、家族や来客との新たな関係性を育むこの家の中心、「ハレ」のエリアとして蘇らせることにしたのである。

台所というのは、炊事にあまり興味がない人にとっては、既製のシステムキッチンでも十分なのかもしれない。一方、炊事が大好きな人にとっては、使い勝手上の細かなこだわりを反映したキッチンが価値を持つ。スミツグイエのオープンキッチンはオーダーメイド（造作）であり、その詳細設計は、ちひろさんの暮らし方を左右する重要なプロセスであった。当事者でなければ、その違いは認識しにくいかもしれないが、そういうことを「どうでもよいこと」と考えてしまうべきではない。そのディテールに、使い手の個性を宿らせることも設計力である。

スミツグイエのキッチンの構成は、外壁側にレンジフード、作業カウンター、シンクといったキッチンのベース機能を配置し、さらに、日当たりの良い出窓沿いには、ちひろさん専用のワークデスクを配置している。食堂側は、バーカウンターを介して、手前に作業カウンター、食洗器、小シンクが並び、将来的に食堂を予定している客席から死角となるエリアに、業務用冷蔵庫スペースを設けた（図7-6、7、写7-21〜23）。

細かい棚の構成も、ちひろさんからどこに何を入れたいのかをヒアリングした上で設計している。趣味で集めた食器や調理器具を目に見える場所に置きたいという思いから、壁だけでなくベース収納にも、オープン棚をいくつか設けた。

キッチンカウンターは、ステンレスの手板金加工による特注シンクを溶接一体成型したもので、シンクは水切り一体型となっている。表面をバイブレーション仕上げとしたが、使用している工具の問題からか、シンクまわりがあまり均一に仕上げられなかった。しかし、それが功を奏し、ヘアライン仕上げよりも手作り感が増し、良い質感になった。

また、ベース収納の仕上げは、オークの天然木突板、バーカウンターやワークデスクは集成材を用い、水まわり用のクリアオイル（浸透性塗料）を施した。クリアオイルはメンテナンスが容易で、重ね塗りするたびに木の色が深みを増し、風合いのある表情となっていく。

境界としてのワークデスク

スミツグイエには、南側の玄関から、北側の畑に抜ける吹抜け空間がある。風を通し、視界を通し、そして、再び津波に襲われることがあれば、水を通して建物への衝撃を和らげてくれるであろう、この古民家の背骨のような空間である。

この重要な空間の南側は食堂、北側はワークスペース（書斎・居間）として計画している。双方、用途の性格は違うが、スミツグイエの中で最もアクティブなエリアである。将来的に「小さな食堂」のある家となった場合、食堂は不特定多数の人によって使われるパブリックゾーンであるのに対し、ワークスペースは、開放されながらも専用エリア、セミプライベートゾーンである。通常、これらの境界は間仕切り壁で区画されることも多いが、兼用住宅となることの強みを活かし、ステップ段差と書棚付きワークデスクのみでゾーン分けを暗示している（写7-24）。

本章「履歴を語らせる」の「土間へのオマージュ」で、このエリアの段差について述べたが、ここでは、このワークデスクによるゾーン分けについて触れておきたい。

将来、「小さな食堂」がオープンした場合、このゾーン分けによって、セミプライベートとパブリックの間に交流が生まれる。人々のアクティビティそのものが、劇場のように、空間を構成する要素になる。このイメージは、第1

写7-24　玄関から北側の畑へ抜ける吹抜け空間は、食堂とワークスペース（書斎・居間）で構成される。パブリックとセミプライベートの境界は、ワークデスクのみで暗示している。「小さな食堂」が実現した暁には、ワークデスクには鉄平さん、キッチンにはちひろさん、そして食堂にはお客さんが集うことになる

期工事の計画時から温めてきたものだ。

ワークデスクは、食堂側から利用できる本棚と、サイドの隠し収納によって、デスクカウンターをL型に囲んでいる。煩雑になりがちなデスクの上が、食堂側からはできるだけ死角になるように、本棚や収納の高さなどを考慮して計画した（写7-25、26）。

また、ワークデスクの本棚に面して生じる通路スペースは、共用トイレに繋がる中廊下へのアプローチにもなっている。なお、この中廊下には、後述する図書ギャラリーを、ワークデスクの本棚と連携するかたちで計画している。

ワークデスクには鉄平さん、キッチンにはちひろさん、そして、食堂にはお客さんが集う、そんな日がいつか来ることを願っている。

写 7-25　本棚と収納によってL型に囲まれたワークデスク

写 7-26　正面は本棚、サイドは隠し収納がL型にデスクカウンターを囲み、客席側からは、煩雑になりがちなデスク上は死角となるように計画されている（棚高は1400mm、食堂側の段差150mmと合わせ1550mmあるため、食堂側からデスク上は見えにくい）

さり気ない対比

写 7-27　玄関、食堂の仕上げディテール

新旧を認識させるために

古民家を含めた一般的な古建築の改修において、新しくつくられる要素と既存の要素の別を認識させる方法には、様々なアプローチがある。

例えば、欧州ならば、暴力的にすら映る現代建築のデザインを、既存の歴史的建造物に対して挿入し、明確なコントラストをつくり出そうとするかもしれない。そのようなアプローチは、しばしば批判されることもあるが、中世以前からある教会建築などが、時代ごとに改修されて今に至る姿は、まさに、そのような考え方の蓄積によるものとも言えるだろう。

一方、日本の場合、そのような明確な対比はあまり好まれないことも多い。何事も「和」を好み、歴史に対する向き合い方も欧州とは文化的に異なるからだろうか。例えば、古い建物や町並みに対して、古材調のエイジング塗装や樹脂、シートといった疑似的な仕上材を、商業的なパロディとしてではなく、真面目なものとして取り込む発想は、欧州と比較すると独特なものにも見えなくもない。

スミツグイエのアプローチとしては、欧州ほどの暴力的な対比でもなく、かといって、日本的な疑似的な調和に徹するわけでもない、「さり気ない対比」を新旧の間に生み出すことを心掛けた。

造作家具と木製建具

スミツグイエの造作家具は、キッチンを筆頭に、全てオーダーメイドである。ただし、第6章の「価値を結晶化する実施設計プロセス」の「スミツグイエの減額手法」で述べた調整の過程で、設計はしたが、将来に持ち越したものもある。本意ではない既製品で取り繕うならば、むしろ何もしない方が良い。当面は、あるモノで代用しておけば良いという考え方だ。

オーダーメイドの造作家具は、取り立てて特殊な形態や仕様ではない。一つ一つ鉄平さんとちひろさんが描く、あるいは描き切れない部分に対する柔軟性も含め、移住後の暮らしに合わせて設計したものである。それらは、必要な容量を必要な構成で組立て、それを天然木突板で覆うシンプルな箱をベースとしている。

造作家具の古民家に対する新旧対比のつけ方は様々である。鉄やガラス、あるいは樹脂などを用いれば直接的でわかりやすいが、スミツグイエではもう少し地味に、さりげない方法を選んだ。具体的には、突板の樹種を、古民家ではあまり用いないオークやウォルナットという輸入樹種とした。双方とも、昨今の現代建築では普通に使用されている対照的な色の樹種だ。採用するにあたって、樹種の違いがより際立ち、ロットによって表情の違いがよくわかる板目にこだわった（写7−28、29）。

ロットの選定にあたっては、ちひろさんと突板工場に赴き、共に実物を確認して選んだ。張り方も、板目を上下逆さに張り繋ぎ、幅も含めて指定した。

天然木突板は、ロットによって色味や幅、板目の模様が異なるにもかかわらず、自分たちで選べることは少ない。今回は、工務店に相談して気を利かして頂いたことと、家具製造業者と取引する突板工場が東京近郊にあったことで、実際に見て決めることができた（写7−30）。

無装飾でありながらも輸入樹種を使うことで、伝統的古民家との対比をさりげなく与える。さらに、それらが唯一無二の表情であることを、板目の突板製造工程に、施主を参加させることで感じてもらうという設計プロセスの演出である。

この突板の考え方は、造作家具だけでなく、木製建具にも採用している。建具業者が、家具製造業者と同じところ

写 7-28　玄関の収納造作。ウォルナットで板目を横に

写 7-30　突板工場でオークの３つのロットを比較している様子。水で濡らすことでクリアオイルで仕上げた際の色味の参考にできる。もっとも、色味は時間が経つとあまり差がなくなるので、より重要なのは板目の模様や、幅である。30cm ぐらいのものを選んで、実際には 25cm程度のものが張り継がれると考えたほうが良い

写 7-29　寝室 I。オークによる造作家具と建具で板目を縦に張っている

写 7-31（上）　障子の格子は第 1 期工事で設置した面格子壁の格子ピッチに合わせ、建設時期を暗示するものとした。また、神棚の間と縁側、そして、食堂側の通路との境界には、将来用の鴨居と敷居を設置している（食堂側は敷居のみ）
写 7-32（左）　既存の塗膜性塗料跡がある柱と構造長押面は、斑を残したまま、新規に塗膜性クリア塗料を施した

から突板を仕入れることを快諾してくれたからだ。

　また、無垢の角材を用いる縁側沿いの障子については、第1期工事で設置した面格子壁と同じピッチの格子を組んだ。一般的な障子の格子割よりも密であり、面格子壁と障子の履歴を将来的にも示し続ける意味もある（写7-31）。

木部塗装の棲み分け

　繰り返しになるが、今回の意匠的テーマの一つは、既存の建物の履歴を顕在化することである。

　一部の欠損部などの部材色合せを除いては、改めて着色することは避け、可能な限りクリアで、既存の色や表情を見せることを考えた。

　東日本大震災前に、既存の軸組で着色されていた（残っていた）ところは、玄関から入った食堂（旧茶の間）、および、神棚の間や仏間の柱・鴨居などで、これらには赤いカシュー塗りが施されていた。特に、紫外線が届きにくい、中央に位置する部屋内の塗装は健在であった。

　カシューは、昭和49（１９７４）年頃の改修で張られた繊維壁の下端までしか塗られていなかったため、その時に施されたものと考えられる。

　木部塗装の棲み分けについては以下の通りである。

①既存カシューと煤部分

　本章の「格を取り除く」で述べたように、神棚の間の化粧長押を外したことで露わになった鴨居面の煤部分とカシュー塗り部分は、昭和49（１９７４）年以前と以降を表すものである。コンセプト的には、そのままのくっきりとした境界を残してもよかったのだが、既存野縁を外した跡の処理もあり、両者の違いを認識できるようにしつつ、粗くぼかしている。[*4]

②既存塗膜性塗料部分

　縁側や撤去した垂れ壁によって区画されていた旧玄関に面した柱面や構造長押面については、剥げ落ちたのでなければ、着色はされていないように見えた。ただ、塗装職人に見てもらったところ、なにがしかの塗膜性塗料が塗られた跡があり、その上に浸透性塗料（クリアオイル）を塗るのは難しいことが判明した。そこで、違和感なく連続していた、内部のカシューから塗膜性塗料が塗られた跡がある柱・構造長押面までの斑を伴うグラデーションをそのまま残し、新規に塗膜性塗料（クリア塗料）により表面保護を施した（写7-32）。

＊4　写 7-4（p.188）参照

③新規浸透性塗料部分

第1期工事以降に新たに設置した露出する柱や面格子壁、その他の家具を含めた木造作類については、浸透性塗料（クリアオイル）を施した。塗膜性にしてしまうと、それ自体の耐用年数はあっても、いずれ期限を迎えた際に、再塗装のための下地処理がうまくいかない。その結果、今回の既存部のように剥げ落ちた状態でクリアを塗るならばまだ良いが、斑を好まないクライアントや設計者の場合は、着色によるベタ塗りでごまかす事例もよく見かける。浸透性のクリアオイルの場合、維持管理さえ怠らなければ、自然な経年変化を見込むことができる。なお、キッチンや洗面カウンターなどは水まわり用を施している。

④無塗装部分

小屋組や、煤に覆われている軸組については、無塗装のままとしている。煤の部分は塗装がのらないからであるが、生木部分は、本来はクリアオイルを塗るべきところであった。しかし、紫外線の影響を受けにくい場所ということもあり、減額調整の過程で第2期工事では無塗装のままとなった（写7-33）。

写 7-33　小屋組吹抜け部の煤部分、生木部分は共に無塗装。生木部分の無塗装は減額調整によるもの

先人の仕事と共に

写 7-34　勾配天井、丸太梁、欄間窓といった純粋な先人の仕事によって構成される部分を、欄間窓下部の鴨居（第 1 期工事で交換）と垂れ壁上部の照明ボックス（第 2 期工事で新設）によって区画している

既存の縁側造作を区画する

スミツグイエの建物の履歴は、小屋裏を開放することで語り継げることが多い。今回類推しきれなかったことも、追々明らかになっていくかもしれない。

一方、古民家を住み継いでいく上では、こういった履歴の記録的価値に留まらず、先人が行った仕事の現代における希少性に対する敬意も含まれてしかるべきだろう。こうした思いから、鉄平さんとちひろさんのライフスタイルに支障のない範囲で、造作として次世代に残しておきたいと考えたものの一つとして、まず縁側造作がある。

縁側の既存欄間窓や、その下に新たに計画した木製建具による掃出し連窓については第4章の「木製建具の記憶」で既に述べているが、ここでは内装に関して少し触れておきたい。

縁側内部の化粧垂木による勾配天井を残すにあたり、「ありのまま」という基本的なスタンスは変わらない。第2期工事では、上屋側の垂れ壁に、勾配天井を照らすための間接照明ボックスの造作を施した。床や壁に照度が集中する吊照明としてしまうと、点灯時に天井そのものが暗くなってしまうため、間接照明を計画した。

また、この照明ボックスは、「勾配天井」と、仏間と神棚の間側の垂れ壁を含む「間仕切り」との別も示している。そして、第1期工事で交換した欄間窓下の鴨居と併せて、純粋に先人が行った造作範囲を区画している（外壁側の掃き出し連窓は、第1期工事で行ったものであり、仏間と神棚の間側の間仕切りは、既存の門型フレームに対して、第1期工事で面格子壁［耐震補強］、第2期工事でその割付けに合わせた障子格子が付加されたものである）。

なお、この照明ボックスに設置する間接照明は、減額調整の中で将来の工事に持ち越されたため、第2期工事では1次配線と照明スイッチの設置までを行った。

竈のある暮らしを再生する（将来工事）

次世代に残しておきたいと考えたもう一つは竈である。スミツグイエにおける竈の存在の大きさや、そこから派生し、第1期工事で行った外装の考え方については第4章の「黒漆喰への憧憬」で述べた。ここでは、第2期工事と将来的に行う構想のある、内装の考え方について触れておきたい。

東日本大震災前、この竈土間はガラス障子で仕切られ、当時の台所や茶の間側と行き来ができるつくりになっていた。草葺屋根の時代はもとより、瓦葺屋根へ葺き替えた当初（昭和34［1959］年頃）も、台所や茶の間側は吹抜けていたため、竈の煤は小屋裏へ舞い、躯体を覆った。その後の改修（昭和49［1974］年頃）で天井が張られたため、小屋裏はずっと隠蔽されてきたが、今回の一連の改修で、再び吹抜けを復活させている。さらに、鉄平さんとちひろさんは、竈も将来的には復旧し、日常の炊事に使用したいと考えている。

竈や竈土間の改修は、減額調整により、第2期工事で全てを完了させることはできず、将来へ宿題を残すかたちとなった。

第2期工事で行ったことは、近い将来、竈が復旧した場合を想定し、煤が建物全体にまわってしまわないよう、竈土間と他の部屋を完全に区画することまでである。ただし、単にガス代の節約や炊事の用を満たすだけを優先し、この竈の存在を孤立させては、先人の仕事への敬意が示されない。この竈がスミツグイエにとって、古くから重要な存在であり続け、これからもそうである願いを込めて、隣室から常に中が見えるよう、面格子壁や格子窓によって区画壁を構成した（写7-35〜37、図7-8）。

図 7-8　竈土間、将来イメージ。壁をタイル張りとし、煙突も復旧する。各種竈金物類も新調する予定である

写 7-35　竈土間、初回現地調査の状況写真。被災時まではガラス障子で囲まれていた

写 7-37　竈土間、第 2 期工事終了時。格子壁と格子窓によって竈の存在を隣室から常に感じられる

写 7-36　竈土間、第 2 期工事終了時。煙突・タイル・竈本体の復旧は将来工事で対応予定

竈脇のガラスについては、耐熱ガラスを用い、木製格子部には不燃塗料を塗っている。ディテールは予算上、丁寧な大工職人であればつくれる納まりを実施設計図に記しておいたので、建具工事ではなく、大工工事で対応したものである（写7-38、図7-9）。

なお、竈が接している壁については、不燃材（ケイ酸カルシウム板）下地までを第2期工事で行い、磁器タイル張り、竈の再生、煙突の再設置、間接照明などについては、設計は行ったが、工事は将来へ持ち越された。

従って、当面の間、この竈土間は趣ある竈のショーケースのような位置づけとなるだろう。

写7-38　格子は相欠きで組まれている。その他の部材同士の取り合いなどは、シャクリなどがなくシンプルな内部の嵌殺し枠なので、丁寧な大工職人であれば、十分に対応できるものである

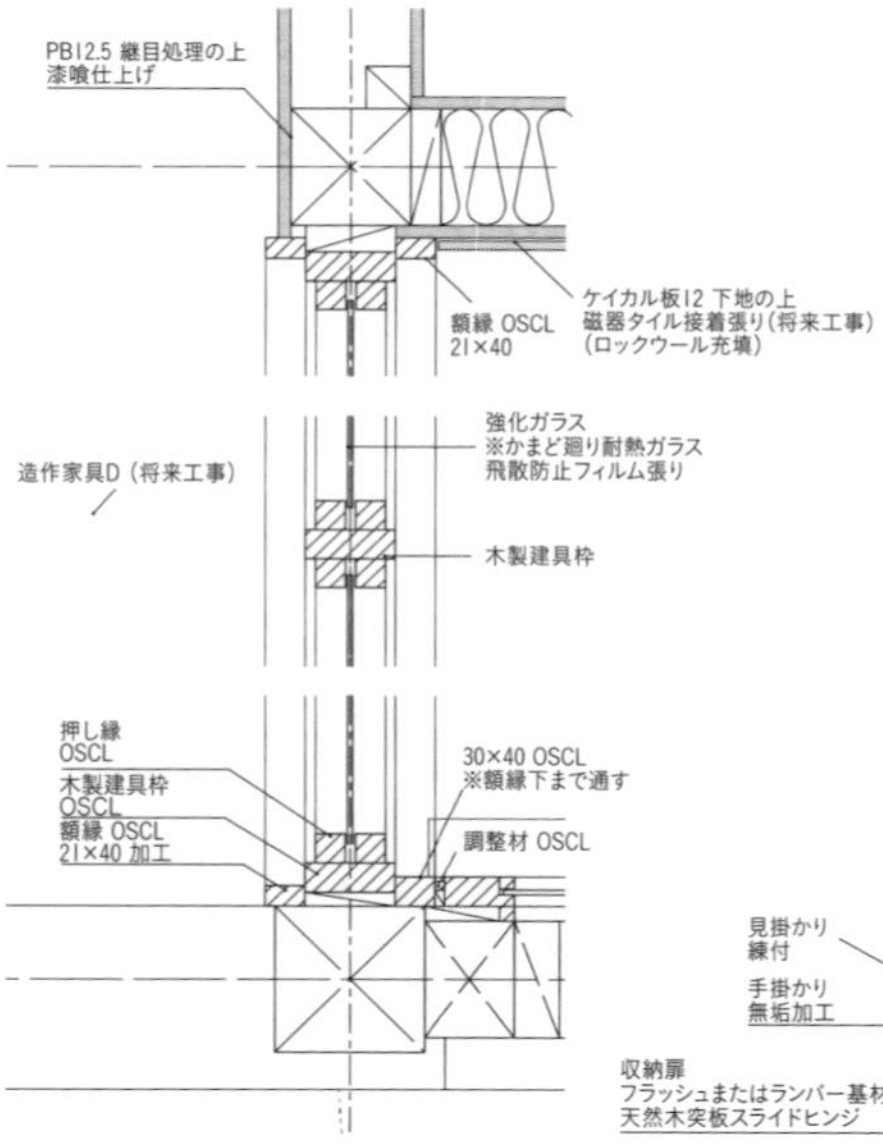

水平断面詳細 S＝1：15

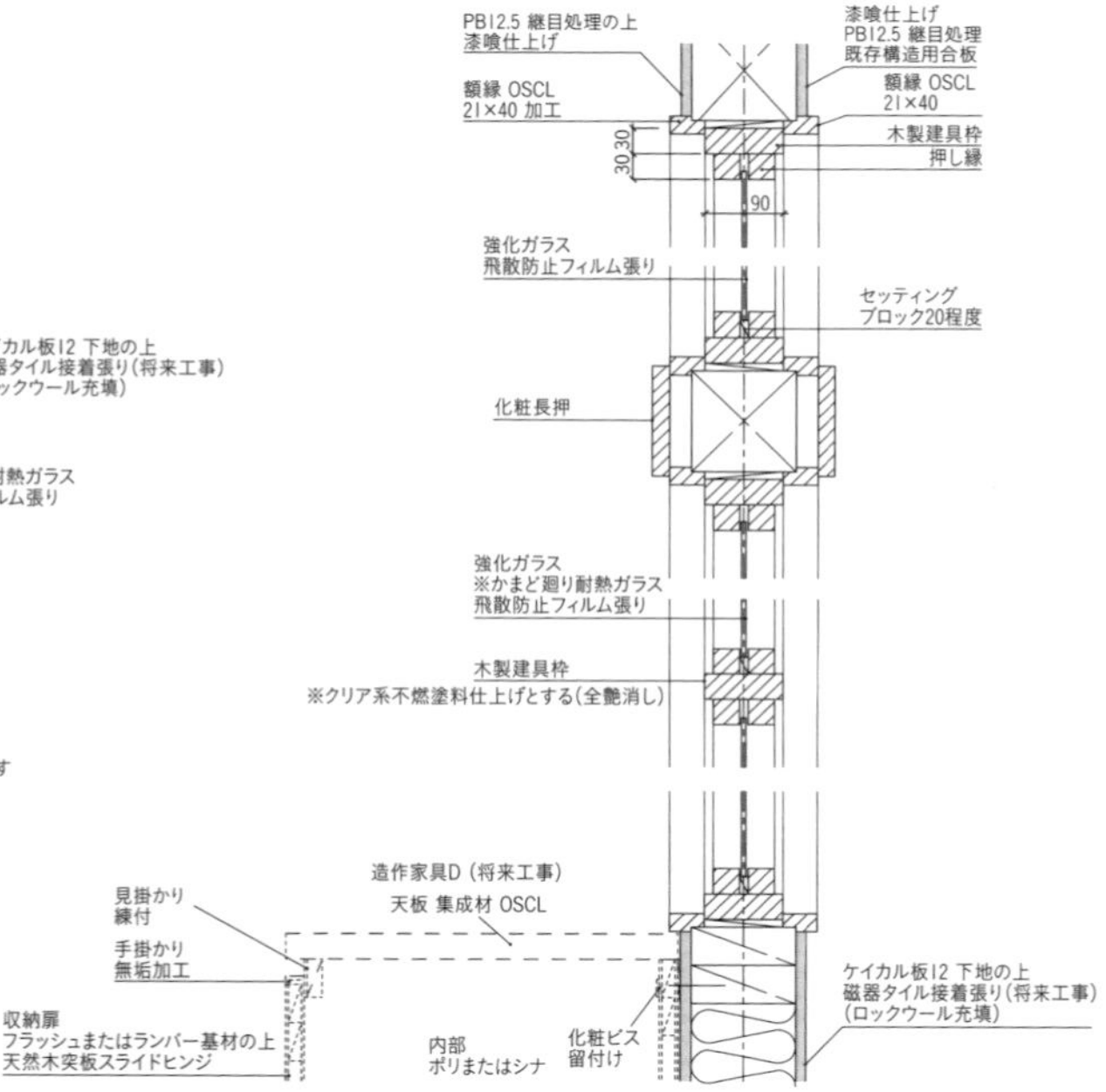

垂直断面詳細 S＝1：15

図7-9　竈脇の格子建具詳細

廊下を「間」として考える

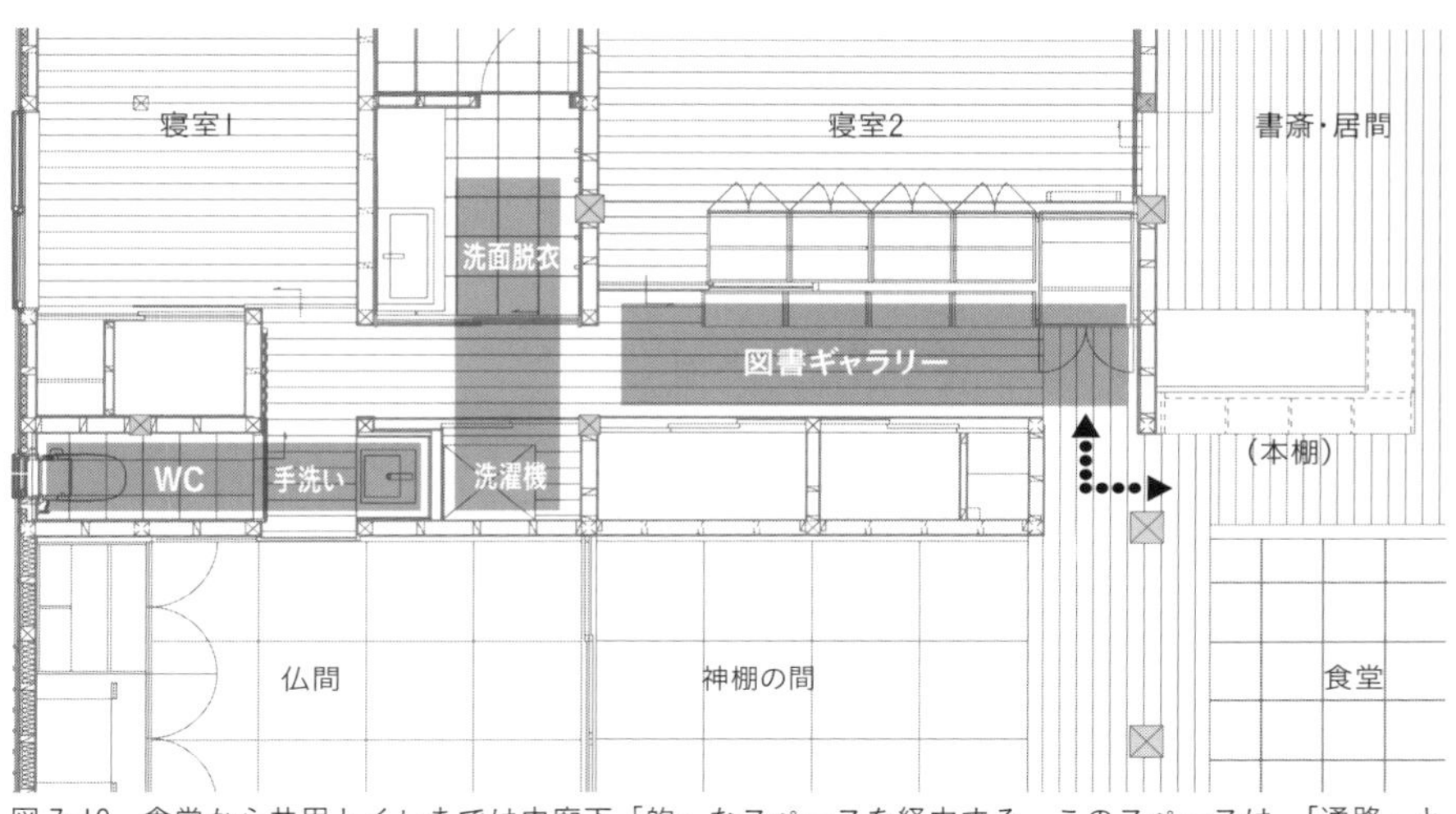

図 7-10　食堂から共用トイレまでは中廊下「的」なスペースを経由する。このスペースは、「通路」という単一機能に留まらない、隣接する諸室同士を繋ぐ、あるいは拡張する「間」としての役割がある

日本の伝統と西洋の合理性

古民家においては、縁側を除けば、廊下という概念はもともとない。異なる「間」が、「間」によって繋がっていくというのが、日本の伝統家屋、特に農家住宅の特徴である。廊下は大正期、西洋的な合理主義の流れから発展してきたものと考えられている。日本の伝統家屋には、それとは違った合理性があったという見方もできるだろう。

スミツグイエは、将来的なパブリックエリアである食堂から、住宅と食堂の兼用トイレに至る動線を、プライベートエリア（寝室や浴室など）沿いに設定したことから、そこに、中廊下「的」なスペースを設けた。

「的」と表現したのは、このスペースが「中廊下」という動線をなぞった単一機能に留まらない別の機能、あるいは、隣接する諸室の機能を拡張する「間」としての役割も併せ持つものとして計画したからである。

平面計画においては、必ずしも因習的な形式に捉われず、鉄平さんとちひろさんのライフスタイルを反映することをテーマとしているが、その結果、このような古典的な日本の合理性と西洋の合理性が融合した、特徴的なスペースになったと言える。

来客に開放する図書ギャラリー

食堂側から将来的な兼用トイレに繋がる、中廊下「的」なスペースへ導かれると、右手には書架が並んでいる。

この書架は、書斎・居間のワークデスク正面にある書棚と連携した図書ギャラリーの一部である。兼用トイレまでの長い動線上にあるプラットフォームであり、将来、「小さな食堂」を開いた際には、来客に開放することを想定して計画した（写7-39、40）。

時間限定で一体化する洗面脱衣&ランドリー

洗面脱衣に面する中廊下「的」スペースは、対面の押入れをランドリー収納として使用し、食堂の営業時間外や浴室利用時以外は、引き戸を開け放すことで、中廊下「的」スペースを含めて洗面脱衣エリアとなるようにした（写7-41）。

欧米では、ランドリーとバスルームは必ずしも近接していないが、日本の場合は、慣習的に服を脱いだ直後に洗濯機に入れたい、場合によっては、洗濯機にお風呂の水を再利用したいという家も多いため、バスルームとランドリー

写 7-39（上）　書斎・居間デスクと一体になった本棚を右手に中廊下に導かれる
写 7-40（左）　中廊下の右手にも公開書架が並ぶ

は近接して計画されることが多い。

今回は、水の再利用はしないということだったので、廊下を挟んだ収納をランドリーとして計画し、その分、洗面カウンターを広く確保することにした。

洗面カウンターは、タオルや化粧品類、洗濯物用バスケットの配置などまで、細かい使い勝手を打ち合わせて設計したものである（写7−42）。

将来的にバリアフリーを想定したトイレ&手洗い

トイレは、将来「小さな食堂」を開いた際には来客兼用になる。しかし、その手洗いは、近接する洗面脱衣内の洗面カウンターを来客兼用に、というわけにはいかない。トイレの中に手洗い器を設けることもできたが、構造的にFIXされた間口の幅に余裕がなかった。また、鉄平さんの家族が車椅子利用者になった場合の使い勝手の要望もあった。そこで、今回は、中廊下「的」なスペースを活用し、トイレの対面、かつ、ランドリー収納の脇に、独立した手洗いを計画した（写7−43）。

また、建具形式についても、車椅子利用者の使い勝手を片開きの場合とで比較し、引戸を採用した。

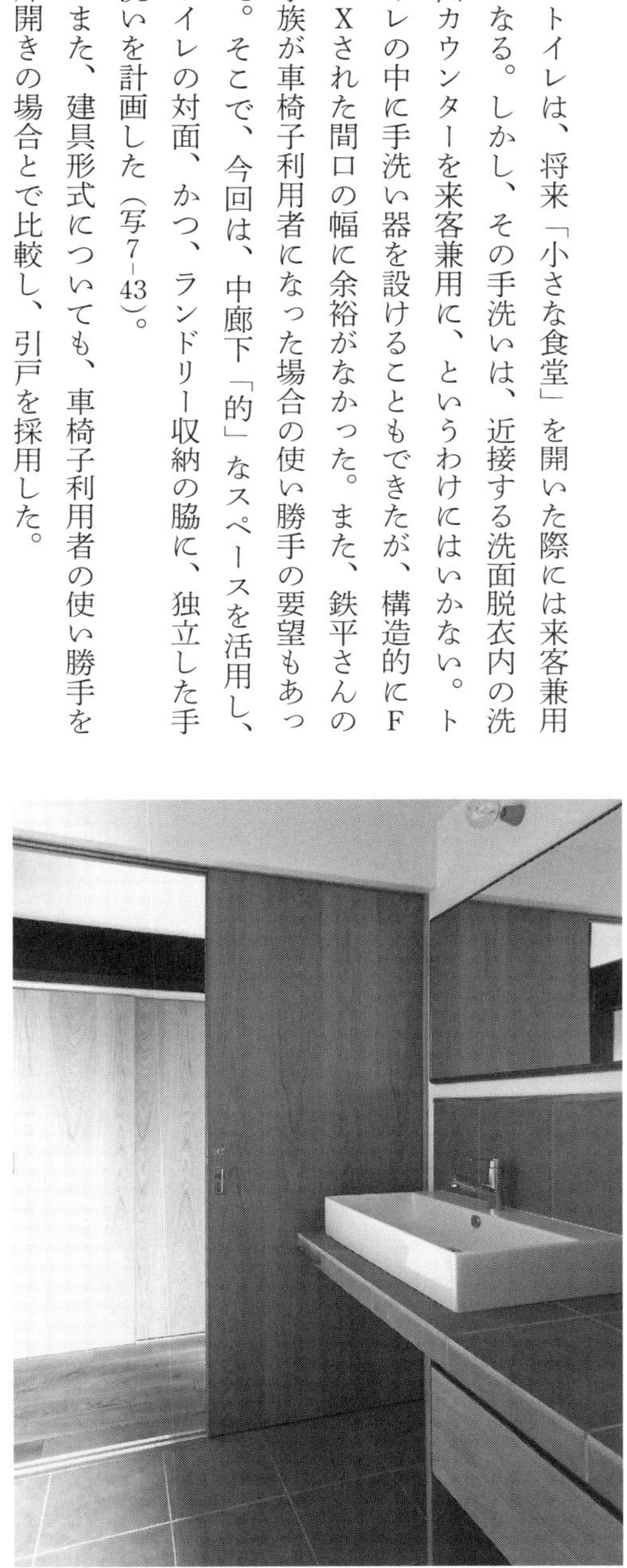

写7-41（上）　中廊下を挟んだ押入れをランドリー収納化した。2連片引き戸を寄せれば全開放される

写7-42（左）　洗濯機を押入側に移動したことで、洗面脱衣カウンターが広く確保された

そもそも、スミツグイエの建具は全て引戸ではあるが、この部分に関しては、例外的に、片開きの可能性についても検討していた。というのも、ここを引戸にすると、引き込む際に、直行する既存の差し鴨居の下を横切ることになり、建具高さが通常より低めとなってしまうことが気になっていたからである。ちなみに、その差し鴨居とは、古民家の原型と考えられる広間型3間取りを構成していたであろう、重要な門型フレームの一部であり、取り外すべきではないと考えた。差し鴨居は現しとして、中廊下「的」なスペースの中でその履歴を物語っている（写7-44）。

写 7-43（右）　トイレの対面、ランドリー収納の脇に手洗いスペースを設けた
写 7-44（上）　トイレの戸を引戸にこだわったため、その高さは鴨居の高さにあわせることになった

軽視できない設備の納まり

写 7-45　タイル床で連続する洗面脱衣と在来浴室

設備ルートと躯体の取合い

これまで述べてきたようなデザインや建築計画以外の重要な事柄として、設備との取合いについても少し触れておきたい。

古民家のもともとの姿というのは、電気はもとより、給排水設備などというものは存在せず、水は井戸から汲んでくるものであり、トイレはあっても汲み取り式、そうでなければ、浴室も含めて別棟でつくられているというのが一般的である。実際、スミツグイエの敷地内にも、以前は幾つものそういった小さな付属建築物があった。また、東日本大震災前は、下屋のさらに外側に、浴室などが五月雨式に増築されてきた。

現代生活を営む上で、一つの棟の中に、こういった水まわりを整備することが求められるのは仕方がない。古民家であろうとも、単純に意匠や構造だけを考えておけば良いという時代ではないということである。

古民家に設備工事を行っていく上で気を付けたいのは、梁と差し鴨居の門型フレームだったり、あるいは、天井懐や床下に必要なスペースが確保できるかということだ。こうしたことに注意を払わないでいると、改修であることを言い訳にして「用が足りていればそれで良い」というような、行き当たりばったりの対応が現場でなされてしまう。そして、そういった無計画な設備工事は、露出配管による意匠的な目障りさ、さもなければ、無理やり隠蔽するための構造的な欠損や、維持管理上の問題を助長するものである。こうした問題を回避するためにも、設計段階から単なる設備機器の位置のプロットに留まらず、基本的な配管や配線のルートについても図面に記しておき、現場で施工者と打ち合わせていく必要がある。図面に記してあることを現場で詰めることには問題がないが、図面に記していないことを現場に入って要求すると、それは増工事として扱われることもあるので注意が必要である。

以下、スミツグイエにおける設備配線・配管ルートのポイントを解説しておく。

①電気工事の配線・配管ルート

まずは、電気工事における幹線の引込み位置と分電盤までのルートの確保について。スミツグイエの場合、敷地が広く、敷地境界から建物までの距離が長い。電柱から建物の外壁などに直接引き込むことも不可能ではないが、かなり目障りな状態になることが予想された。そこで、敷地境界側に引込みポールとスマートメーターを設け、そこから地中埋設管によって建物の北東側外壁まで導き、パントリー内の天井を経由して分電盤へ引き込んだ（分電盤をパントリー内に設けている）。

次に、分電盤から各室へのルートについて。天井懐、梁裏、あるいは、電気配線シャフト（ＥＰＳ）経由で床下を通し、ルートを確保した。また、「梁や柱を欠損しないとコンセントやスイッチなどに到達しないところはないか」は現場で再度確認し、必要に応じて位置を調整した。やむを得ない部位がある場合、それに対する対処方法の検討も必要である。

②エアコンの冷媒管・ドレン管ルート

電気工事と同様に、エアコンの配管ルートを設計段階で確保しておくことは重要である。

また、スミツグイエのようにエアコンの屋内配管が発生する場合、冷媒管については室内機と室外機の距離の確認が必要である。ドレン管については勾配の問題もあるため、場合によっては、冷媒管とは別系統で外部に排水する。スミツグイエでもそのような箇所はあった。

③給排水管ルート

給湯やガス管は、天井経由でも床下経由でもルートを見つけやすいが、排水はそうはいかない。床下の高さが足りない場合は、床上でのルート確保を検討する必要がある。また、スミツグイエのように基礎が石場建ての場合、床下から外構への配管の出し入れは、礎石に孔を開けて貫通させるのはリスクが高いため、床下換気口部を利用する方がよい。また、不具合が起こることを前提に、給排水管と諸設備機器の接続部の点検ができるように計画した（写7-46）。

④ベントキャップなどの壁スリーブ位置

改修の場合、外壁に対するスリーブを後施工で行うこともあり得るが、その場合の止水は1次シール頼みになることが多い。従って、可能な限り、軒下など直接雨掛かりにならない所に入れるように調整した（写7-47）。

改修工事における配管貫通部の処理

新築と違い、配管やダクトなどの外壁からの取り出し、取り入れは、なかなかセオリー通りにいかない。スミツグイエでも、第1期工事で1次配管工事ができなかったこともあって壁への配管貫通は後施工になり、床下配管の礎石レベルの出し入れは、床下換気口を利用している。

配管貫通部の雨水対策としては、ベントキャップなど、

写7-46　給湯器まわりの配管取り出し。床下から取り出す場合は、礎石に孔を開けずに、換気口を利用する

写7-47　パイプフード設置状況。後施工スリーブとなるので、可能な限り雨掛かりの少ない軒下などに設置することが望ましい。どうしても不可能な部位については、シールの点検を一定の頻度以上で行う

貫通孔のサイズが大きいものについては、前述のように、軒下など雨掛かりが少ない所にできるだけ設け、シールが切れた場合[*5]のリスクを最小限に抑えた。どうしても設置が難しい所は、点検補修の頻度を上げて対応するしかない。

キッチンなど、外壁面下部に給排水管の出し入れによる壁貫通が集中する所は、配管まわりを止水した上で、全体を覆う化粧ボックスを取り付けた。2重の止水ラインと、意匠的な調整の双方に有利な配慮を行うためだ（写7-48、図7-11）。

また、キッチンまわりの床下空間がほとんどなかったが、配管をタイル張りの床下に隠蔽することは、維持管理上から避けたかった。そこで、床上を経由して外壁から出すルートを予め確保しておいた。食堂側のシンクや、玄関脇の将来の手洗いのための配管は、ライニング（壁沿いの配管スペース）経由で、外壁側のシンクと同じ位置から、引き込みや取り出しを行っている（写7-49〜51）。

このようなルートは、設計者が実施設計時に図面に記しておかないと、外壁のあちらこちらに配管が出てくることになるので、建物の正面まわりなどの場合は、特に注意が必要である。現場では、実際の配管径や勾配を据えたときの、ライニングの有効寸法を施工者と打合せ、詳細な調整を行っていくことになる。

在来浴室の試行錯誤

最近の浴室はユニットバスが主流である。規格製品によるコストの安さ、設置手間の少なさ、維持管理のしやすさなどがその大きな理由ではあるが、ユニットバスが快適かというと、必ずしもそうではない。

浴室やトイレというのは、単に用を足せればよいというものではなく、快適性を追求したい。しかし、何が快適かということは、人によって異なるのに加え、その建物の持つ条件によっても変わる。そういう快適性を追求した上で、衛生的で維持管理可能な納まりを考えたいものである。

私のような建築設計事務所に依頼するクライアントの多くは、浴室にこだわりたいという人も多い。

そもそも、浴室というのは、住宅の中で最もプライベート性が高く、私的であり、一日の疲れを癒す、あるいは、一日を爽やかに始めるリラクゼーションエリアでもあるから、規格の型に単純にははまらない、微妙な差異を求めるのは当然のことである。一戸建ての注文住宅において、在

＊5　シーリング材のまん中が切れたように破断すること

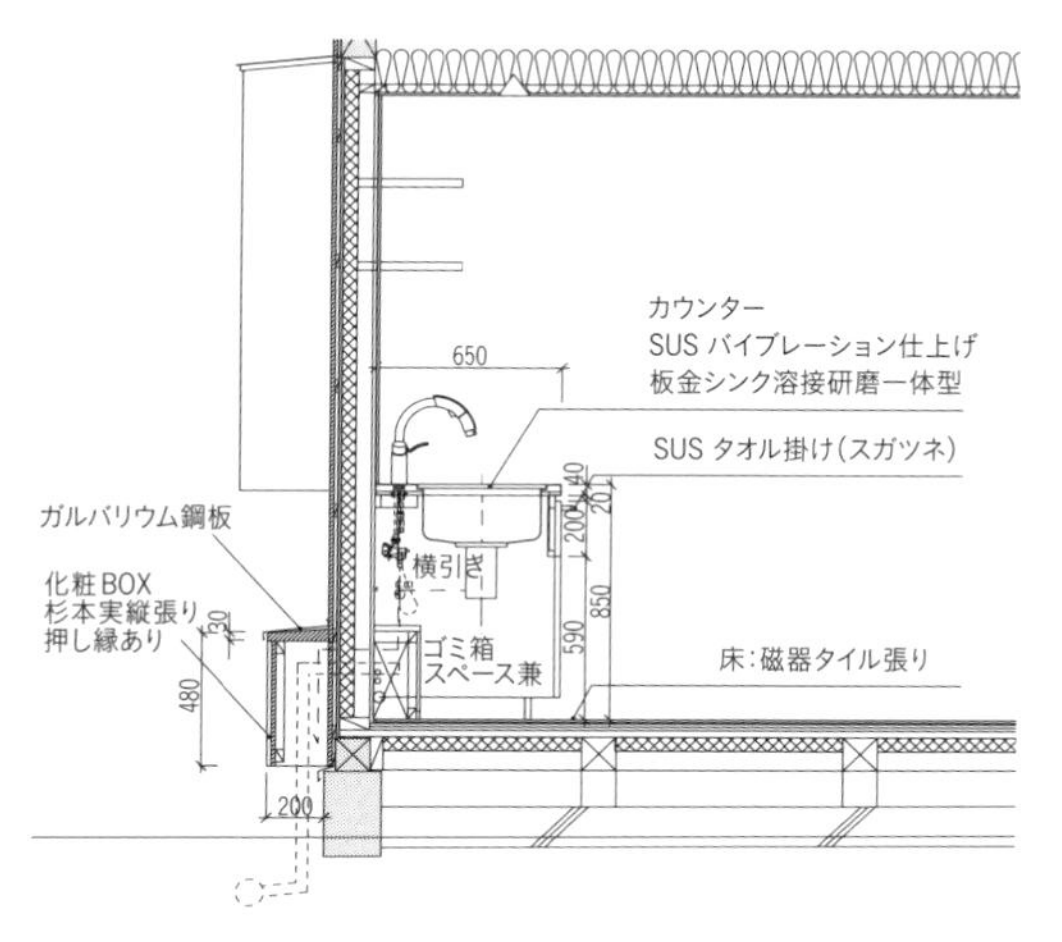

写 7-48(右)　引き込み配管等で外壁下部に集中するような箇所については、配管を隠すと同時に、全体で止水するための化粧ボックスを作ることも一つの方法である
図 7-11(上)　化粧ボックス断面詳細図。内部シンクの下はライニングをまわし、ゴミ箱スペースとしてオープンにしている

写 7-51　シンクまわりの外観。配管が集中するため、ライニングをつくり、ゴミ箱スペースとしてオープンにした

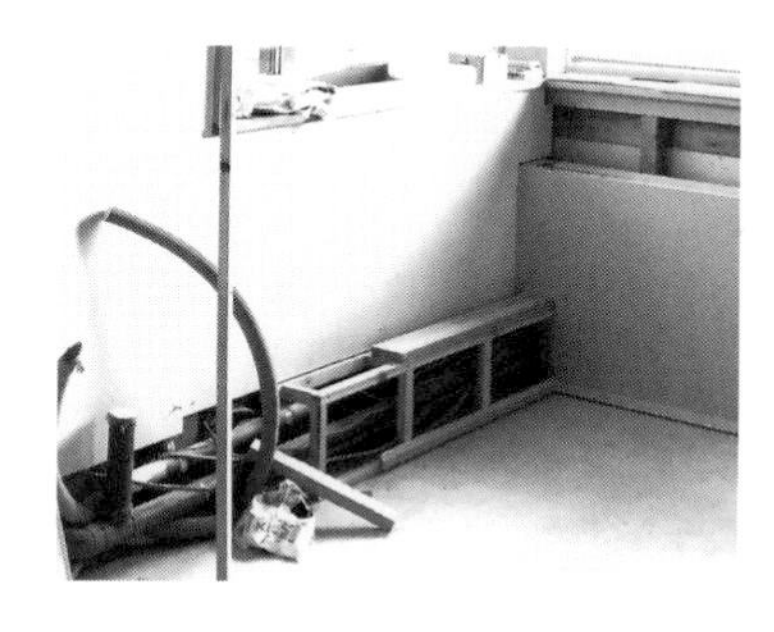

写 7-49(上)　配管工事状況
写 7-50(下)　シンク下ボトルトラップまわりとライニング。配管接続部の点検もしやすい

来浴室の需要がいまだにあるのはそのためであろう。

一方、いわゆる昔ながらの在来浴室の納まりは、維持管理性能という意味でユニットバスに劣る側面がある。それを克服していくために、私の事務所では毎回少しでもより良い納まりを、施工者と共に検討している。

いわゆる在来浴室の納まりとは、浴槽の下に防水層と排水口があり、浴槽内の水は防水層へ垂れ流しで間接的に排水される。浴槽と防水層の間に隠蔽される空間は、どうしても非衛生的な状態でありつづける。

1階に浴室を設ける場合は、この隠蔽された防水層は土間コンクリート（土間コン）で形成されることが一般的だが、この場合、土間コンの下に排水管が埋め込まれることになる。また、最近では排水管接続部の点検を床下で行うために、木造による床を組み、ＦＲＰ（繊維強化プラスチック）防水で対応することもある。しかし、ＦＲＰ防水に対して浴槽の水を垂れ流すというのが、果たしてどれだけ長い間、メンテナンスすることなしに性能を維持できるのかというのは、不安要素である。屋根と比較すると、一般的な屋根防水保証期間である10年程度はともかく、同じ所に水が当たり続けていれば、いずれはその部分の塗膜がやせ細り、下地の合板が湿気を帯び、それが原因で腐る可能性はある。従って、浴槽の排水口と防水層の排水口の位置を合わせることや、排水口まわりにモルタルなどで保護層をつくる配慮が必要である。ただ、いずれにしても、浴槽と防水層の間に生じる隠蔽空間の不衛生問題は解決していない。

この不衛生な状況、そして、防水層の劣化の問題を回避するためには、浴槽から直接排水管に接続する方法（直接排水）を考えなくてはならない。浴槽と排水管を直接接続すること自体は、専用金具を使えば可能である。一方、浴槽の裏側に水が浸入する可能性があるため、浴槽下に防水層がどうしても必要となる。従って、その防水層から排水管を立ち上げ、浴槽の排水孔からの金具と接続することになるが、その際に二つの問題が生じる。

一つは、浴槽と防水層に挟まれたスペース内で、どのようにして排水管を接続するか、そして、その接続部を点検することはできるのかという問題。もう一つは、このように直接排水とした場合、浴槽の裏側に水が浸入した場合の排水ルートをどのように考えるかである。このような問題の解決方法は一様ではなく、プロジェクトによって異なるが、在来浴室を採用する以上は、設計者として留意しておきたいポイントである。

スミツグイエの在来浴室

スミツグイエは在来浴室である（写7-52）。前述した二つの問題について、次のような工夫を行った。

まず、一つ目に挙げた、浴槽と排水管の接続については、接続するだけならば、接続後に浴槽前の立ち上がり（エプロン部）を施工すればできるわけだが、この場合の接続部の点検は、浴槽を取り外すなどしない限り不可能になってしまう。点検は行わず、漏水などの問題が顕在化した段階で、浴槽を交換するということになるだろう。一方、エプロンを先に施工する場合は、浴槽をセッティングする際に、内面平滑性がある蛇腹管などの長いホースを使い、浴槽と排水口を繋ぐことになるが、点検の問題は依然として残る。

点検の問題を解決するには、エプロンと浴槽が設置された後にも、浴槽と防水層に挟まれたスペースにアクセスできなくてはならない。

例えば、マンション型のユニットバスでは、床下がないため、エプロンが点検用に外れるようになっているが、在来浴室の浴槽でエプロン部がタイル張りなどの造作で固定されている場合は、どのように克服すべきかが課題となる。

床下に十分な高さが取れる場合は、床下の側面から点検できるように設計することも一つの方法であるが、なかなかそのような条件があるとは限らない。そこで、もう一つの方法は、隣室の壁から、浴槽と防水層の間にアクセスし、排水管の接続と点検を可能にすることである。

スミツグイエでは、この後者の方法を採用し、隣室（寝室）の壁に点検口（化粧蓋＋気密点検口）を設けた（写7-53）。

また、今回の浴槽の防水層は、木下地によるＦＲＰ防水で床と壁をつくったもので、その下には床下空間がある。浴槽の排水金具に接続した排水管は、排水特殊継手を介して防水層を貫通し、床下、換気口を経由して外構桝へと接続する。それによって、土間コンクリートへの配管埋込みや、礎石の下に配管をまわすような納まりを回避している（図7-12）。

スミツグイエのような基礎が石場建ての建物の場合、上部躯体と礎石は一体ではないため、このように、基礎と配管の縁を切った施工をしておくことで、地震などによる損傷も軽減できると思われる。

次に、二つ目の問題、浴槽の裏に進入した水の排水方法であるが、これは、予備排水として、浴槽の排水口の真下に目皿を設置することで対応した。これによって、排水口と排水金具の接続部から水漏れがあった場合も、直接目皿に落ちる。ただ、この目皿は、有事以外には機能しないことに加え、排水口付近以外から水が浸入したとしても、その水量はたかが知れており、目皿にすら辿り着かない可能性もある。従って、封水トラップを排水目皿用に独立して設けてしまうと、トラップがすぐに切れて異臭が漂うことになるだろう。そこで、この排水目皿からの排水に関しては、オーバーフロー的な位置づけとして、床下で浴槽の排水管と合流後に、外構側のトラップ桝を共有する方法を取った。

以上のような設備納まりの詳細は、毎回、実施設計図に部分詳細図として意図を示しておくが、設備業者によってもやり方が異なる場合もあるため、現場で改めて協議しながら決めていくことになる。何かあった場合に、点検や修理を行うのは設備業者であり、彼らが実際に対応できるように納めておかなければ意味がないからだ。

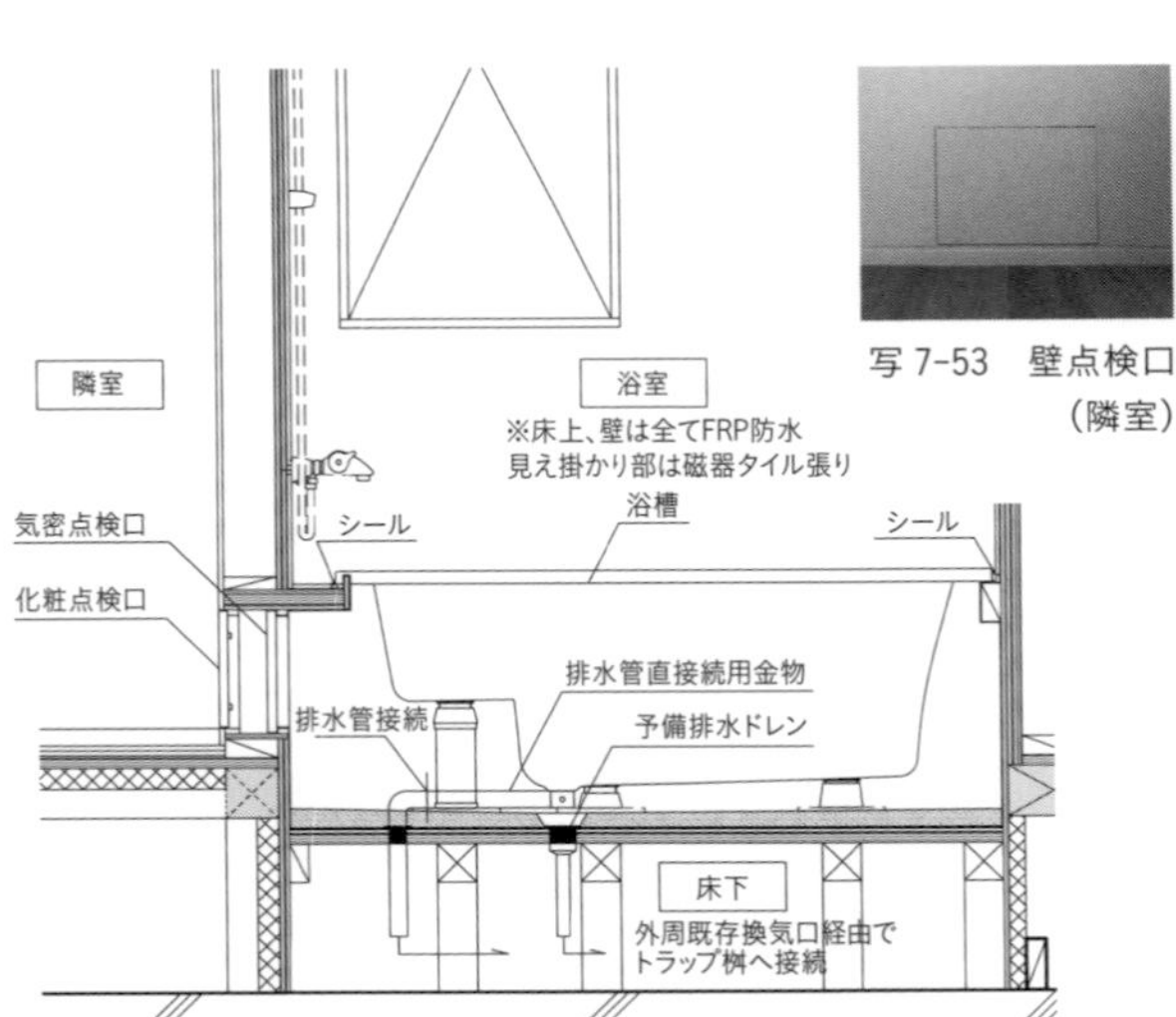

写 7-53　壁点検口（隣室）

写 7-52　在来浴室

図 7-12　浴槽排水の納まり。防水層は土間コンではなく上部躯体側に組まれた木下地の床と壁にFRP防水で対応。FRP防水から立ち上がる配管と浴槽排水管の接続部の点検は、隣室の壁点検口（化粧＋気密）から、床下の点検は廊下の床下点検口から、それぞれアクセスして行う。なお、浴槽下に水が入った場合の予備排水口は別途設置されているが、洗面のオーバーフローの要領で、床下で浴槽用の排水管と合流し、外構側のトラップ桝を共有している

雨漏りと付き合う

写 7-54　既存瓦屋根

瓦屋根の優先順位

ポタリポタリ、雨漏りの下にたらいが一つ。そんな光景は昔話の中だけにしたいところだが、古民家を限られた予算の中で、段階的整備によって住み継いでいく上では、そういったリスクも時にはある。

ある程度モノが充実した現代の住宅では、雨漏り、耐震、断熱などの性能が、新築やリフォームにおいてもまず優先されることが多い。

しかし、スミツグイエに関して言えば、少し違った価値観をもって計画が進められてきた。東日本大震災後の状況の中で優先されるもの、希望を与え得るものは何かということを、鉄平さんやちひろさんとともに考えてきた。

もっとも、時が経てば、その優先されるべきものにも変化が訪れるのは当然であるが、それはその時に改めて考えれば良い。そういう試行錯誤の持続性の中に、スミツグイエの中枢がある。復興にとって一番大切なことは、人が前に進もうとする意志、そこで暮らし続けること自体に、喜びを感じ続けることであろう。その中で、瓦屋根の問題は微妙な位置づけがなされてきた。

杉皮屋根の延命措置

私が鉄平さんやちひろさんと出会う前になるが、東日本大震災で崩れ落ちた屋根瓦の修繕には、既にある程度の時間と費用が掛けられていた。そのような経緯もあり、瓦屋根の葺替えは、優先順位としては後回しになっていた。第2期工事の計画開始時も、雨漏りは特に確認されていなかったため、鉄平さんとちひろさんの移住達成のノルマに向けて、内装・設備工事に対して予算が充てられた。

しかし、第2期工事が始まってしばらくしてから、強い風雨が続いたことを機に、部分的な雨漏りが確認されるようになった。ジャブジャブと入ってくるものではなかったが、どこからともなく入ってきたと思われる雨水が、一部の床をしっとりと湿らしていることが幾度か報告された。

スミツグイエの既存屋根は、杉皮を下葺きとした伝統的構法による桟瓦葺きである。必要な勾配が取られた瓦によって、止水ラインが形成されている。下葺きである杉皮は、暴風雨時に瓦下に雨水が浸入した場合、ある程度の保水力がある。そして、雨が止み、瓦が日に照らされて温まることで自然乾燥する。浸入した水が多い場合は、杉皮の内部を伝って水下へと浸み落ちていくだろうが、その過程で飽和状態になれば、雨漏りを起こす。もっとも、軒先の広小舞辺りで飽和状態になり、軒天に雨水が浸み込む分には、それほど大きな問題にはならない。

現代の木造住宅では、このような伝統的構法の屋根は原則的に採用されない。しかし、住宅保証機構による住宅瑕疵担保責任保険の設計施工基準資料の中には、国土交通省による事例調査に基づく採用可能な参考図が記されている。この参考図によれば、杉皮と横桟の間に流れ桟を差し

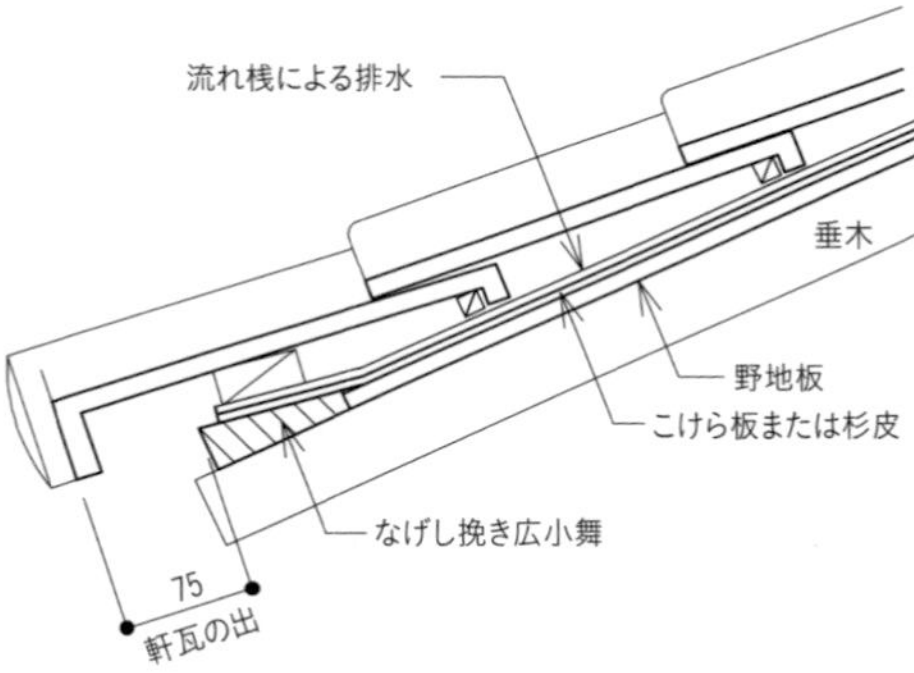

図 7-13　杉皮葺きの瓦屋根の納まり
（住宅保証機構「まもりすまい保険 」における「個別3条確認」のための「伝統的な木造構法の参考事例集」より）

込み、通気と排水ルートをつくっている（図7-13）。杉皮に雨水が浸み込み保水する前提であれば、そして、通気は瓦裏の隙間によってなされ得ると考えるのであれば、流れ桟は、ないよりはあったほうが良いという程度なのかもしれない。実際、スミツグイエの既存屋根には、流れ桟は入っていなかった。そして、60年以上もの間、この家を雨から守ってきたのである（瑕疵担保保証の期間は新築でも10年）。

第2期工事中、前述のような雨漏りが見られたので調査したところ、二つの原因が判明した。

一つは、瓦が風や地震によってずれてしまっている所があった。また、瓦自体も老朽化し、変形も見られた。

もう一つは、杉皮に欠損があった。屋内側から野地板を点検した際に、光が漏れている所があり、屋根の上からその場所を特定した（写7-55）。

これらの補修方法としては、本来、相当な年月が経っている屋根なので、葺き替えるというのが理想である。その際には、現代木造の標準的な工法である野地板に防水シートとしてアスファルトルーフィングを下葺き、桟に留め付け釘を併用した瓦葺きを行うことになる。言うまでもなく、それには既存屋根材の撤去なども含めて、相当な予算と工期が必要となる。もし、第2期工事でそれを行う場合、移住のノルマに到達すること自体が厳しくなっただろう。

一方、葺き替えずに部分補修するにしても、杉皮下地の屋根は、雨漏りがあったからといって、その周辺にアスファルトルーフィングをとりあえず敷いて瓦を並べ直す、といったようなことが難しい。なぜならば、前述のように、杉皮自体は防水シートではない。部分的にアスファルトルーフィングを敷いてしまうと、瓦から入った水がアスファルトルーフィングの上で水下に流れ、隣接する杉皮を集中的に濡らし、そこから新たな漏水が起こる可能性もある。部分補修を行う場合、できるだけ限定的に行い、雨水

写7-55　今回の漏水の原因になったと思われる杉皮の欠損部状況。屋内側に光が漏れていることで発見した。暴風雨時に、瓦の老朽化やずれによって生じた隙間から雨水が浸入したと思われる。また、杉皮は、保水性はあるが防水性はない。侵入する雨水の量が多いと乾く前に漏水する

の流れの部分的な集中を避ける必要がある。

そこで、工務店が連れて来た経験豊富な屋根工事業者が提案してくれた。それは、欠損している杉皮に対して、ピンポイントで板金を充て、その板金上を伝った雨水が、杉皮ではなく、直下の瓦に排水されるような応急措置を行うというものだった。もちろん、これをもってしても、板金よりも水上側から浸入した雨水の量が多い場合は、板金の下に水が浸み込み、漏水や腐朽の原因になる可能性もある。

応急措置ということで、この案で修繕を行ったが、いずれにしても、天井があるエリアについては、軽度な漏水は発見しにくいこと、瓦自体の傷み具合、そして、今後の地震に伴うずれなどを総合的に考えれば、屋根の葺替えは、それほど時期を待たずに行わなければならないと思われた(写7-56、57)。

写 7-56　欠損部に板金を入れた状況

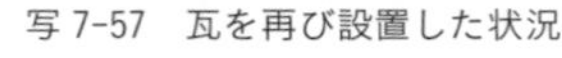

写 7-57　瓦を再び設置した状況

杉皮の欠損部に最小限の板金を充て、その水下側を瓦の上に被せている。このようにすることで、板金を伝った水が直下の杉皮に集中することを防ぐという応急措置。板金ではなく、いっそのこと杉皮を入れるという方法もあったかもしれないが、他の古い杉皮との保水性の差を考えると、水下の瓦に板金を被せるこの案の方が良かったと思われる。いずれにせよ、全面葺替えも近い将来、必要となってくるだろう。

良い職人や業者が集まる現場 2019.09—2020.04

写 7-58 第 2 期工事の施工状況写真

第2期工事を終えて

「芸術とは労働の喜びである」という名言は、19世紀後半にイギリスの詩人でありデザイナーのウィリアム・モリス[*6]が、中世の職人の仕事ぶりをイメージして語った言葉である。近代以降、産業構造や社会構造、建設労働者の労働環境などによって、職人のほとんどは、単なる時間労働者に過ぎなくなってしまったのかもしれない。

しかし、自分の限られた経験の範囲ではあるが、そんな現代においても、「類は友を呼ぶ」ように、優れた施工管理者のもとには、優れた職人や専門業者が集まり、労働の喜びと呼べるような建築を生み出すことがあるのではないかと感じることがある。第2期工事は、そのようなことを改めて考えさせてくれた現場であった。

具体的な計画内容やその背景については、本章の中で既に解説してきたので、ここでは、私が第2期工事の監理を通して見てきた、スミツグイエのつくり手たちとその仕事について簡単に紹介しておきたい。

＊6 William Morris (1834-96)。建築史的には、建築家の P. ウェッブや芸術家仲間とともにつくりあげた自邸「赤い家」で知られる。アーツ＆クラフツ運動などモダンムーブメントに影響を与えた

現場打合せの重要性

第1期工事では、工事の種類が限られていたことや、予算的にも厳しかったため、私が東京・仙台を頻繁に行き来する経費を見込むことは現実的ではなかった。そこで、第3章の「遠隔的な監理」で述べたように、施工状況写真の随時提出を工務店側に指示し、現場確認を要所で行うことで乗り切った。

一方で、第2期工事は、第1期工事と同じというわけにはいかなかった。工事の種類も多く、現場確認以前に、施工者への設計意図の伝達内容が多岐にわたると予想されたからである。基本的に私の事務所では、実施設計図に詳細な情報を網羅する代わりに、現場で新たな図面を描くことは必要最小限としている。それは、現場で設計することは、プロとしてルール違反であり、コストや工期にも影響を与えかねないという意識からでもある。ただ、どんな実施設計図があろうとも、現場で施工者と顔を合わせて打ち合わせるか打ち合わせないかで、最終的な出来上がりには明らかな差が出る。これは経験上、確信に近いものがある。

幸運なことに、第2期工事で鉄平さんが「必要な頻度で現場に行ってください。これは削るべきコストではなく、品質への投資です」と言ってくれたこともあり、隔週ペースではあったが現場に赴くことができた。これによって施工者への設計意図の伝達を十分に行うことができたと同時に、彼らとの信頼関係も築くことができたのではないかと感じている。

各種工事とそのつくり手たち

〈大工工事〉

木造建築において、大工工事は全体工程の軸になるものである。ひとくちに大工工事と言っても多岐にわたる。スミツグイエの第2期工事は、躯体工事が大方完了した状態から始まったものだが、板天井（芋棚）撤去工事、壁・天井下地組工事、開口枠・鴨居・敷居・棚その他大工造作工事、床板張工事、断熱工事、壁・天井下地張工事などが挙げられ、ほぼ、工期全体を通じて行われている工事である。古民家の場合、新築と異なって単純に同じことを反復できないことも多い。不自然な見切り材で騙し騙しつくることを最小限に抑えるために設計段階で詳細図面をたくさん描かなくてはならないが、大工職人も現場を見ながらバリエーションに対応する根気が必要である。

第2期工事の大工は物静かな方だったが、誠実で真面目な職人だった。図面をとても良く見てくれて、設計意図を理解することに努めてくれた。竈土間の格子窓も彼の仕事である。細部のデリケートな部分をいかにきちんとつくることができるか、そういう職人の目立たない仕事の蓄積が、建築全体の品質に繋がる。鉄平さんやちひろさんも、その細部に込められた努力を、住めば住むほど、より深く感じ取ってくれるに違いない。


〈設備工事〉


第2期工事での設備工事は、電気設備（換気設備含む）、衛生給排水設備、空調設備、床暖房設備などで構成され、今回はそれぞれ別の専門業者により施工された。

設備工事は最終的に設置する器具、機器以上に、仕上げ工事前に先行して行われる配線や配管工事が重要である。

戸建住宅の場合、ゼネコンが施工するビル建築と異なり、現場で施工図が提出されてくることは稀である。従って、我々は実施設計段階において、配線や配管ルートが、躯体や仕上げに悪影響を及ぼさないように検討し、考え方を記しておく必要がある。しかし、古民家の場合、新築以上にルートが限られることも多いだけでなく、机上の考え方が必ずしも現場で通用するとは限らない。現場で設備業者と顔を合わせて打ち合わせ、最終的な調整を行う必要がある。

今回の設備業者たちは、そのような打合せに協力的であり、予期せぬ躯体欠損や露出配管などの発生によって、設計変更が迫られるといったようなことは起きなかった。


〈造作家具工事〉


造作家具とは、建築と一体となった家具のことで、クライアントの住まい方と深い関わりの上に設計されるものである。従って、オーダーメイドの家づくりにおいては、必然的に比重の高い工事となる。スミツグイエの第2期工事においても、展開詳細図を用いた設計打合せの大半は、この造作家具工事に関わる部分であった。そうやって詳細設計されたものをもとに、現場では、家具製造業者と製作図の打合せを行う。大きくは、詳細設計内容を一つ一つ確認し、製作図に落とし込んでもらうという作業だが、これを怠ると、似て非なるものが出来上がってきてしまう場合もあるので、手を抜けないプロセスである。

今回の家具製造業者は、非常に丁寧にこの確認作業を行ってくれた。さらに、本章の「さり気ない対比」でも述べたように、通常は業者任せになりがちな、天然木突板のロットや張り方の選定を、突板工場で現物を見て行うことを快諾してくれた。突板の表情そのものは使い勝手と直接関係はないが、最後にクライアントに唯一無二性を感じてもらうための計らいとしても、このようなプロセスには価値がある。この規模・予算のプロジェクトで、そういう融通が利く業者に出会ったことがなかったので、非常に有難いことであった。

〈木製建具工事〉

木製建具についても、オーダーメイドであるため、詳細設計図をもとに現場で建具製造業者と打ち合わせるのだが、家具製造業者と異なり、製作図を提出してくれる業者は少ない。今回もその例外ではなかった。製作図を提出しない業者は「図面通りにやります」と決まって言うのだが、いつも不安に感じるところである。仕事は丁寧であったが、製作図での確認がなかったため、仕様を間違えたり、つくり忘れたりした所がいくつかあった。当然、責任を持って対応してくれたので問題はなかったが、事前に製作図で確認しておけば、彼らも二度手間にはならなかったであろうと思うところである。

今回の建具製造業者に助けられた点は、造作家具製造業者と連携してくれたことである。天然木突板を同じ突板工場から仕入れることができた。そのおかげで、造作家具と木製建具の意匠上の統一が図れた。

〈左官工事〉

左官工事は、その品質を職人の経験と勘に依存する部分が非常に大きい。図面で記せることも限られている。最終的に出来上がるまで、もっと言えば、出来上がってからしばらくするまでは、その品質を評価することは難しい。目立たない下地部分であれば、ある程度の許容範囲があるものの、メインの仕上げに関わる部分（下塗り・中塗りも含む）の施工品質が悪いと、なかなか頂けないこともある。

しかし、第2期工事の左官職人は、そのような私の不安を払拭してくれる素晴らしい職人だった。とても勉強熱心で、仕事の傍ら、左官のことを研究している様子であった。左官職人というと、無口で黙々と鏝（こて）で塗っているイメージがあるが、話好きな方で、私にもいろいろと教えてくれた。その話し方は、左官を愛している人の話し方であり、私の方も楽しくなった。第1期工事の外壁に施された黒漆喰の補修や、壊れかけた竈の復旧についても、貴重な意見を頂戴した。

第2期工事の左官工事は、食堂などのパブリックゾーンの壁を中心に塗られた白漆喰と、神棚の間の造作壁の半田仕上げが主な施工範囲であった。その下地は、石膏ボードの所もあれば、既存の土壁の所、そして、砂漆喰まで塗られた所など様々だった。左官職人は、それぞれの下地の状況を調べ、経験上適正と思われる下地処理を施した上で、丁寧に仕上げてくれた。現場に訪れるごとに塗りあがっていく左官仕上げを見ると、私自身、安堵感に包まれた。

いずれ近い将来、外壁や竈の左官仕上げを補修、復旧する日が来るだろう。その時は、彼のような職人に頼みたいものである。

〈塗装工事〉

塗装工事は石膏ボード下地部分のペンキ（アクリルエマルションペイント）、木部の浸透性塗料（クリアオイル）と塗膜性塗料（ウレタンクリア）が主な施工範囲だった。

石膏ボード部分については、継目のパテ処理を始めとする下地処理のレベルが塗装の品質を決める。予算が十分でない場合、この下地処理に失敗するケースはよく見られる。今回は、テーパージョイントタイプの石膏ボード[*7]を用いることで、パテ処理の品質を担保した。テーパーが付いているため、継目のパテを全面に施さなくても、凹凸が出にくい。もちろん、通常のボードでも、総パテ処理を行うことが当たり前と考える塗装職人や業者もいるが、現場に入ってからそんな予算は見ていないと言われてしまう場合もあり、左官と同様、蓋を開けてみないとわからない。

次に、木部の塗装については、本章の「履歴を語らせる」で述べたように、一部の色合わせを除き、着色は行わない考えがベースにある。少々施工が面倒と思われたのは、浸透性塗料と塗膜性塗料、そして無塗装の使い分けのルールを決めて施工してもらった点である。塗膜性の使い分けは、好みによるものではなく、既存部に対する技術的な理由から決めたものなので、塗装職人たちも納得の上で対応してくれて、間違うこともなかった。

〈タイル工事〉

古民家の改修工事でタイル工事がある時、一番手間取るのは割付けである。

今回は、食堂・キッチンまわり、浴室・洗面脱衣まわり、トイレ・手洗いまわりにタイル仕上げの床や壁があっ

＊7　石膏ボードの長手方向の側面に傾き（テーパー）を付けたもの

た。このうち、床と壁で割付けを合わせる所があったのは食堂・キッチンまわりと浴室まわりであった。食堂・キッチンまわりについては、カウンターの幕板と床の局所的な取合いであったので、さほど難しくはなかった。難しかったのは浴室まわりである。

難しいと言っても、図面上は、どこを起点にどのように振り分けるかなどを決めれば良いだけである。苦労するのは職人である。古民家の現場は、微妙に軸組そのものが歪んでおり、下地もそれを拾っている（歪んでいる）ことがあるため、そう簡単に机上の割付け通りにはいかない。あえて割りをずらすという手法もあるが、スミツグイエでは図面上、奇麗に納めることにしていたので、現場は合わせるのが難しかっただろう。詳細図で示した考え方をもとに、現場では実測の上、割付け図がつくられる。その割付け図と実際の現場を再度すり合わせ、最終調整が行われる。これについては、施工管理者とタイル職人のコンビネーションも大事になってくるが、双方、根気よく対応してくれたおかげで、奇麗なタイル割りが完成した。

〈その他の工事〉

この他にも、ガラス工事、手摺金物工事、畳工事、そして、別工事扱いの屋根補修工事も含め、オーダー対応によって第2期工事に寄与した職人、業者たちがいる。彼らの一人でも欠けていたら、スミツグイエの今の姿はない。

〈施工管理〉

そして、最後に挙げておかなくてはならないのが、これまでに挙げた様々な職人や専門業者を束ね、相互間の調整や段取りに尽力した施工管理者、いわゆる現場監督の仕事である。クライアントの意志をかたちにする建築家の設計意図を受け、実際に建物を建てる職人や専門業者に伝える役割を事実上担っている。良き施工管理者なしに、良き建築は実現しない。そういう意味では、建築家による設計や監理などといったものは、物理的に建てるという場面においては、それだけでは不十分なものなのである。

今回の施工管理者は、コミュニケーションを怠らない誠実な方だった。これは、調子が良い人という意味ではない。きちんとした対話、意思の疎通を、工事期間を通じて持続できる人という意味である。結局、仕事がうまく行くか行かないかというのは、それに尽きる。私だけでなく、鉄平さんとちひろさんの信頼も、がっちりと掴んだに違いない。今後のスミツグイエの維持管理は、彼なくして成立しないとすら思っている。施工管理者によっては、クライアントが引渡し後の維持管理を相談しにくい場合もある。それは、その施工管理者が、その工事にいかに向き合って来たかで、クライアントによって判断されるものでもある。

施工管理という仕事は、言い方は悪いが、手を抜こうと思えばいくらでも抜けてしまえる側面がある。設計を適当に無視して建てることもできれば、利益を出すために事あるごとに増額を主張することもできる（受け入れられるかは別であるが）。それゆえに、会社である前に、施工管理者個人の差が出る職能なのだ。そういう意味で、今回の施工管理者は、現場を安心して任せることができた。

工事費について

本書では、工事費減額の一般的な手法などについては解説しているが、その具体的な金額については、あえて記していない。理由は単純である。ここで具体的な金額を明記したところで、その金額自体に何の汎用性もないからだ。ここでは、なぜ役に立たないかということを説明しておきたい。

まず、私が幾度となく経験したことから紹介したい。ある新築の戸建住宅の実施設計を終え、幾つかの工務店から相見積を取ったときのことである。それぞれの工務店の見積明細の中に記される単価や、項目の拾出し方が異なるのは当然のことではあるが、それによって積み上げられた総額というのは、本来は大きな差が生じるものではないはずである。なぜならば、実施設計段階の見積用図書というのは、仕様も明記しており、数量もきちんと拾えるだけの詳細情報が網羅されているからである。少なくとも私の事務所ではそうである。しかも、小さな戸建住宅であるから、誤差が生じたとしてもたかがしれているはずだ。もっとも、工務店の組織体制によっては、利益率や人工の掛け方が違うというのはあるかもしれない。しかし、それでも限度というものがある。

そのプロジェクトの相見積を依頼した3社は、どれも設計事務所による住宅建築をメインとしており、建売や設計・施工を中心に行っている業者ではなかった。出てきた見積額は、3社のうち2社に関しては、一般の方にとっては微差とは言えない多少の開きはあったが、それは組織体制の違いからくる誤差と考えられた。しかし、残りの1社の出してきた金額は、ある程度の誤差に見慣れている私ですら目を疑うほどの大きな誤差であった。ざっくりと言えば、他の2社が3000万円程度であったのに対して、残りの1社は5000万円を超えていた。つまり、小さな戸建住宅の実施設計図による本見積で、2000万円の差が生じていたのである。しかし、この業界では、こんなことはよくある。

基本計画のようなラフな図面からの概算であれば、様々な可能性が考えられるために、真面目な施工者ほど高く見積もってくるという可能性がないわけではない。しかし、実施設計図からの見積で、他の業者と大きな開きが生じてしまうというのは、その工務店が品質の高い施工をするからということにはならない。

この場合の見積額の差は、かなり極端な例ではあるものの、多かれ少なかれ、一般の方が考えるよりも多くの差が生じることは、この業界ではよくあることだ。

民間工事では、「公共建築工事標準単価積算基準」のような定められた材料単価、施工手間、諸経費率などがあるわけではない。また、同じ工務店から同じ図面で見積を取ったとしても、時期やタイミングによって金額が変わることもある。それらは、材料単価、労務単価の変動や、経営上の必要性からその都度判断されていくものでもあり、部外者が干渉すべき問題ではなく、コントロールすることもできない。

つまり、設計と施工が同一人格でない以上、工事費を、設計者が決めることはできないということである。もっと言えば、施主と施工者が同一人格（セルフビルド）でない以上、施主が工事費を決めることもできない。しかし、設計者と施工者が同一人格でないからこそ、先の3000万円程度の工事に対して5000万円で見積を出してくる業者を選択肢から除外することができるのである。

それでは設計者ができることは何か。それは、施主の意志を具体化し、詳細図を描き、施工者から見積を取り、予算が合わなければ、施主とともに優先順位を検討し、最後まで諦めずに調整を続けることである。一方、設計者が絶対にやってはならないことは何か。それは、実施設計図がない段階、施工者に見積を取っていない段階から、工事費や、坪単価について無責任に言い放つことである。坪単価に至っては、設計者と施工者が同一人格であり、かつ、予め間取りや仕様などが用意された規格型住宅、建売・売建住宅以外には全く無意味な数値だ。従って、施工者でもないのに、工事費を営業目的で平気で保証する設計者を信用してはいけないし、施主も、設計者にそれを求めるべきではない。二言目には「坪単価いくら」という言葉が飛び交うという、設計者、施工者、施主を含めたこの部分の意識改革なしに、住宅建築の未来はない。

むすび

終わらない復興の始まり

移住1年目の屋根改修

2021年は、東日本大震災から10年目となる節目の年であった。前年の第2期工事の終了をもって、鈴木さん一家は移住までたどり着いたが、彼らにしてみれば、それは新たな暮らしの始まりにすぎない。引き続き行わねばならない修繕の数々、「小さな食堂」のある家に向けて諸制度を乗り越えていくための諸々の作業、将来工事にあてた未完成部分、居久根の再生などが控えている。いつまでに何をしなければならないという厳格なしばりがあるわけではないが、しばらくは鋭気をまた養い、次のステップへと進んでほしい。もっとも、クリティカルなものを除いては、ひょっとしたら永遠に手が付けられずに終わるものもあるかもしれない。それもまた、このプロジェクトのユニークなところだ。完成させること自体が目的ではないのだから。

「はじめに」でも触れたように、そんなことを考えていた矢先、鉄平さんとちひろさんから屋根瓦の葺替えの相談があった。

2021年の前半は、度重なる震度5クラスの余震があり、7章の「雨漏りと付き合う」で述べた暫定措置で葺替えを先延ばしにしていた瓦屋根に、また少し雨漏りが見られ始めたということだった。暴風雨の時だけとは言っていたが、地震で再び瓦がずれた可能性もある。このまま暫定措置を繰り返すことも一つの方法だったが、鉄平さんとちひろさんの意志で全面葺替えを検討することになった。

1959年の葺替えから既に60年以上が経っており、これは、CASBEE（建築環境総合性能評価システム）が設定している瓦の耐用年数に至っていることになる。実際、当時からあるいぶし瓦[*1]はだいぶ傷み、屋根瓦としての役割は全

＊1　粘土瓦のうち、焼成工程の最後に竈でいぶし、炭素の膜を表面に固着させたもの。独特の灰色（いぶし銀）に仕上がる

うしたと言ってもよいだろう。葺き替えることによって、これまで劣化したことで馴染んでいた瓦の風合いは、一旦リセットされることになる。多少の違和感を覚えることになるかもしれないが、次の世代に向けての始まりであると思えばよい。

初めは予算がないということだったので、陶器瓦での葺替えを想定していた。既存屋根は、もともとはいぶし瓦であったが、東日本大震災で脱落、損壊したエリアは、陶器瓦で葺き替えられた所もあり、今回の改修では、昔のままのいぶし瓦の部分を陶器瓦で葺き替える想定で見積を手配していた。

しかし、話を進めていくうちに、鉄平さんとちひろさんは、今回の屋根の葺替えを、単なる雨漏りに対する「修繕」ではなく、第2期工事からの流れを組む新たな価値を生み出す「改修」として位置付け、瓦の仕様にも「意味」を見いだしたいと考えるようになっていった。

東日本大震災で脱落、損壊し、陶器瓦で葺き替えられた部分は、下葺きは既存の杉皮のままで、瓦も軒先以外は釘打ちされていなかった。また、この部分的な葺替えは、第1章の「復興を目指して」で述べたように、鉄平さんとちひろさんの意志で行われたものではなかった。そこで、これを機会に、抜本的に考え方を整理し、第1期工事以降の意匠コンセプトを踏襲するかたちで、全面葺替えの検討を行うことにした。

葺替えの方法は、まず、既存の瓦（陶器瓦含む）と杉皮を撤去し、既存の野地板（小幅板）の上に新しい野地板（構造用合板）を張る。次に、アスファルトルーフィングを敷き、桟瓦葺きとする。つまり、伝統的な構法から現代の構法へ変更する。杉皮の見納めである。残念ではあるがやむを得ない。このような構法の変更は、外壁でも行われていたことである。

屋根葺材の仕様については、過去（草葺きから瓦葺きに変わった時代）との明確な対比を考えた。対比の方法は、屋根葺材自体を金属葺きなどに変えるという方法もあったが、鉄平さんとちひろさんは、瓦にこだわりたいという気持ちが強かった。しかし、東日本大震災後の部分葺替えで用いられた陶器瓦という選択は、いぶしの疑似瓦のような印象となり、鉄平さんとちひろさんも好んではいなかった。そこで、いぶし瓦を用いながら、先代の瓦との対比を検討することになっていった。

対比を生み出すいぶし瓦の種類については、写真やサンプルだけで決めるのはリスクがある。私は東京からリモートで相談に乗っていたので、鉄平さんとちひろさんには、屋根業者に実際の事例を紹介してもらい、見学に行くことを勧めた。実際、彼らは業者に紹介された物件に足を運んだり、出先で目に留まった瓦の写真を撮るなどしながら検討を重ねた。

こうして、幾つかのオプションの中から最終的な瓦の仕様が決まった。先代の既存瓦との対比は、主に次のような種類の変更によって行われた。平瓦部は削面型を切落面型に、軒瓦は万十軒を一文字軒に、棟瓦は紐丸を素丸に、そして、鬼瓦はビン付吹流しなどの装飾性の高い瓦が使われていたが、よりシンプルな新山海津型へ変更した。

こうして、先代の瓦屋根は丸みを帯び、装飾瓦と共に、柔らかな印象があったのに対して、新たな瓦屋根は、瓦の部材としての厚みは協調されているが、装飾性は少なく、理性的な意匠とも言えるものになった。趣味としての良し悪しは、人それぞれ感じ方があるだろうが、同じいぶし瓦を引き継ぎながら、明らかな世代交代を示す異なる瓦屋根とすることが、この改修の意図である。

杉皮との別れの記録

こうして当初は、第2期工事の延長としての瓦の修繕として相談に乗っていたものが、結果として大掛かりな屋根改修工事に発展した。私自身、もはや業務とは関係なく、杉皮の撤去をこの目で見ておきたかったが、東京は新型コロナウイルスの感染拡大による緊急事態宣言中、1日当たりの感染者数が日々更新されている状況であったことから、仙台へ行くことは断念した。

しかし、瓦を葺き替えるにあたって、伝統的構法の家を雨からずっと守ってきた杉皮との別れは、記録に残しておくべきである。これは、先人の仕事への敬意でもある。そこで、鉄平さんとちひろさんに写真撮影を打診した。施工管理者にもお願いはしておいたが、それはあくまでも施工記録としてである。この「別れ」の記録としては、やはり、住まい手である鉄平さんとちひろさん自身も撮影した方が良いと考えた。彼らは私の打診を快諾し、撮影に臨んだ。

こうして、2021年8月中旬から始まった瓦と杉皮の撤去工事の記録写真が、随時私に送られてくるようになった。その内容、枚数は期待以上であった。瓦が外され、杉皮が露わになる1日目、杉皮が全て剥がされ、当初の野地板の隙間から屋内に光が差し込むまでに至った2日目が、手に取るように理解できた。

その中に、野地板の隙間から床下へ降り注ぐ木屑の中で、傘を差しながら神棚の前に佇む娘の花さんの写真があった。これこそが、単なる施工記録写真を超えた、この建物に愛情がある人でなければ撮影できない写真である。

屋根の全面葺替えは、草葺きから瓦葺きへ葺き替えた1959年以来である。その時、鉄平さんの母、美枝子さんは小学2年生だった。それから60年以上経ち、当時の断片的な記憶をヒアリングしながらまとめたものを第2章の「時間軸上の家」の中で紹介している。偶然にも、鉄平さんとちひろさんの娘の花さんは、小学2年生。美枝子さんがそうであったように、今回の全面葺替えの経験は、貴重な経験として彼女の記憶に刻まれることだろう。この屋根の改修期間中も、この家の中で生活を続けていたというから、忘れたくても忘れられないに違いない。60年後、鉄平さんとちひろさんのお孫さんと、どこかの建築家がこの建物の履歴について語り合っているかもしれない。

既存瓦葺き撤去状況(2021年8月)。瓦の葺替えは上屋を先行して行われた。既存瓦を撤去し、60年以上、その下でこの家を守ってきた杉皮と瓦桟が露わになった様子

スペックバランスの変化

第1期工事、第2期工事、そして、第2期工事の延長ともいえる移住後に行われた瓦の葺替えといった一連のスミツグイエの復興・改修を通して、少しずつ鉄平さんとちひろさんの改修コストのかけ方に変化が見られ始めていることは、とても興味深いことかもしれない。

第1期工事の時は、とにかく、やるべきノルマに対する予算が少なかった。従って、物理的な外装のスペックは、ある程度低く設定せざるを得なかった。コンセプトは大事であったが、当時は、必ずしもスペック自体の高さが求められていたわけではなかった。

この流れで進んで行くかと思われた第2期工事は、第1期と比べて、ノルマに対する予算をある程度見込むことができた。その結果、内装・設備のスペックは外装に比べると相対的に上がったと言えるだろう。これにより、外装と内装のコストのかけ方にアンバランスが生じた。しかし、それはそれで、外と内の対比として考えれば違和感はあまりなく、むしろ、その対比は心地良くさえあった。

そして、直近の瓦の葺替えである。初めは必要最低限の修繕の予定が、第2期工事の流れから、結果的に予算が捻

杉皮撤去後、吹抜けを見上げる。野地板で使われている小幅板は木摺りのように隙間が空いているので、杉皮を剥がすと光が差し込む

出されることになり、いぶし瓦や一文字軒など、瓦の中でも比較的高いスペックが採用された。これによって、同じ外装である屋根と外壁のコストのかけ方にアンバランスが生じている。

この流れは今後、外装の維持管理とともに少しずつ外壁のスペックを上げていくことで、屋根との均衡を生み出すことになるのだろうか。外壁は、瓦よりも高い頻度で補修が必要となるため、それらを通して、少しずつ全体の調整が成され得る。そういった、時間軸を伴う変化と調和の繰り返しによって、一定の趣に収束していくことが自然なのかもしれない。

スミツグイエは終わらない

住みながらつくり、つくりながら住み続けることが、引き続き鉄平さんとちひろさんには求められるが、よくよく考えてみれば、それは特別なことではない。

もともと草葺き屋根だった現存する古民家の多くは、江戸中期から明治初期にかけて小さな原型を築き、数十年単位で行われてきたであろう仕立て直しごとの変遷を経て、住み継がれてきたものも多い。つまり、時間を止め、あるいは過去に遡り、氷漬けにしたものを遺構として展示する文化財的な建物というよりも、常に、先人にリスペクトを払いながらも、必要に応じて変化し続けることが、このような古民家の本来の姿であり、本書を通して紹介してきたスミツグイエの持続するべき姿勢ともいえる。

これからの時代の建築家は、新築以上に既存の建物への扱いが多くなっていく。その際には、より柔軟な工学的判断も求められるようになるだろう。法規や基準は時代とともに移ろいやすい。そして、まさに、そうした時代に振りまわされ、失われていった古民家も多い。しかしながら、本質や原理というものは、いつも変わらぬ姿で、ドンと一番後ろに構えているものである。このようなプロジェクトに携わる醍醐味の一つは、そういった、日頃、有耶無耶になってしまいがちな、根本の部分と向き合えるところであり、向き合うべきであるということを改めて感じさせてくれるところだ。

スミツグイエをベースとした、「小さな食堂」のある家への道のりはまだまだ続く。そして、その先の「銀河計画」も、広がり続けていくことだろう。

この話の続きは、またいつかどこかで。

木屑が降り注ぐ神棚の前に、傘を差して佇む娘の花さん。この貴重な経験は、花さんの祖母の美枝子さんの経験がそうであったように、次世代に語り継がれていくことだろう

いぶし瓦による全面葺替え。一文字軒や切り落としの平瓦などの採用によりイメージが変わった

北側より屋根全景を見る。既存の損傷していた煙出し煙突は、今回は撤去し、将来計画している竈の復旧にあわせてつくり直すことにした

スミツグヒト
鈴木鉄平さん・ちひろさんの回想④と展望

引き継いで次の世代へ

２０２０年３月、娘の花さんの小学校入学に合わせて、鈴木さん一家は仙台に引っ越し、新しい生活をスタートさせた。その頃は世界的に新型コロナウイルス感染症が拡大しつつあり（国内感染の第１波は２０２０年１月29日〜６月３日）、感染症への対応として、企業でも在宅勤務、リモートワークへの取組みが本格化しはじめた。

鉄平さん　引っ越してくる前は、僕は仙台から東京に新幹線で通う予定でした。ですが、移住直前にコロナの影響で会社が世界的にリモートワークになりました。この家で会社の仕事をすることになったのは本当に想定外でした。リモートワークを始めてみると、自分の作業部屋もあって良かったと思いました。人生、何が起こるかわからないものです。

仕事以外では、６月から12月の毎週土曜日はお客さんのところに野菜を届けています。会社員をしながら家業を手伝うので「本気のやおやさんごっこ」と言っています。朝の会社の仕事が始まる前の時間や昼休み、夕方の会社の仕事が終わった後の時間を使って野菜の世話をする生活です。

引っ越してくる前は、この生活は考えてもいませんでした。以前は、母からそろそろジャガイモを植える季節だから手伝ってと言われても「めんどくさいな」ぐらいにしか思っていませんでしたが、自分のこととしてやってみたらジャガイモを植える深さも気になるようになり、自分でも驚いています。

「やおやさんごっこ」は子供と一緒に本気で取り組み、手を動かして何かを学び取る経験を積ませてあげたいと思ってやっている面もあります。子供向けにロジカルシンキングの授業のようなことをやっても、なかなか心が動くまでいきません。それよりも、畑の野菜や本物のお客さんに対して真面目に向き合っている姿を背中で示したい。この僕自身が模索、工夫する姿を示すというのが、とても重要なキーワードです。よく失敗もしますが、その度、明るく立ち直り、考え工夫するようにしています。

現在は、家の裏の畑でトウモロコシ、ピーマン、パプリカ、もう一カ所の広い畑ではナスやカブ、ダイコンなど合計101品種の野菜を無農薬で育てて、お客さんにお届けしています。先ほども娘と一緒に野菜を届けてきたところです。

ちひろさん　私は、この家の中で一番こだわったのはキッチンだったので、そこにいる時間がとても長くなりました。昔からこの場所は暖かくて、家族が集まってくる場所でした。結婚してから震災前まで数えるほどしか帰省していませんが、この部屋で楽しい時間を過ごしました。知らない土地に移住する決意をした私のために、そのお気に入りの場所にキッチンを作ってあげたいという君塚さんの気持ちがとても嬉しかったです。

平塚にいた時は子供と遊ぶのが忙しくて、家で作るご飯はササっとできるものが多かったり、後片付けも次の日になってしまうこともあったのですが、引っ越して1年半、1度もそのままで寝たことはないです。どんなに疲れていても排水口まで全部洗って、大切に使って過ごしています。

鉄平さん　料理のレパートリーとか、作った料理の数が、ものすごく増えたと思います。僕が野菜を沢山作って持ってくるので、それを調理しなければならない。引っ越した年はそれほどでもなかったのですが、次の年の4月から農業大学校に通い始めて生産能力が上がったので大変だと思います（笑）。

ちひろさん　そう。100品種以上作るようになってからは、初めて作るものは「これどうやって食べるの」と作った本人に聞かれます。あとは売れないB級品みたいなものが本当にたくさん出るので、冷蔵庫の中の野菜から常に早くしてくれ、早く使ってくれと言われている気がします。だから、必要に迫られてということもあるけれど、本当にキッチンにいる時間が長い。

引っ越してからは、コロナ禍であまり出かけられなくても全然苦じゃなかったです。畑も庭もあるし、バーベキューもできるし、家の中が一番居心地いいと思っています。

でも、この広い家に3人しかいないので、寂しいし、「もったいないな」とすごく思うんです。なので、やっぱり食堂なのか、洋裁教室なのか、マルシェなのかはわからないけれど、わからないなら全部やってみたらいいんじゃないかと思う。やっぱり人が集まれる場所にしたいです。

鉄平さん　今はコロナ禍だから、この家のポテンシャルを当初考えていたようには活かせていないと思っています。[*1] 全てコロナ禍が収まった後という前提になりますが、例えば、僕の大学院の研究室の合宿をこの家の座敷でやりたい

＊1　鈴木鉄平さん・ちひろさんの回想④と展望は、2021年10月に語られたもの（回想①〜③も同様）

ですね。神棚の下の漆喰の壁にプロジェクターから投影して、研究のディスカッションをする。

他には農産物の直売や、マルシェの一歩手前で収穫体験とか、収穫したものを家に持ってきて庭で焼いて食べたりとか楽しいだろうなと思っています。

それとビールの醸造をやります。クラフトビールをここで作るんです。実は妻に内緒でシカゴにあるビールの醸造学校に入学して、遠隔で醸造の基礎を学んだりしながら準備を進めています。

今後の話ですが、まずここで、自分たちで育てた野菜など農産物を加工できる施設をつくって、原材料の野菜から加工・販売まで垂直統合した「やおや」にする計画です。その後は竈を直して食堂をやれるようにする。さらに、その先の計画として、ビールの醸造施設をつくろうと思っています。ホップは去年育ててみて、作れることが分かりました。

図書ギャラリーにも書籍が並べられた

仕事を通じて海外の友達もできて、向こうに遊びに行ったり、日本に遊びに来てくれるような関係になりました。「日本の地方は面白い」ということを、海外の人にも示せるようなものにしたいと思っています。
コロナ禍以前は、大体どの地域に住んでいる人が何をやっているのかが想像できたと思うのですが、コロナ禍を経て住んでいる場所とやっている内容の関係性が希薄な仕事もでてきました。東京のコンサルティング会社の会津オフィスの仕事を仙台の自宅ですることは、仕事を始めた頃には全く想像できませんでした。会津ではデジタルを活用して地方の中小製造業の生産性向上を支援する仕事をしています。地元に住み地方のためにこの仕事ができるとも全く想像していませんでした。僕らのキャリアや経験を活かして、僕らだからできること、僕らがやるべきことを地方でもやりたいと考えています。そうしたことは、僕のミッションだと思っているし、単に建物を直すだけではなくて、何か人や地域に貢献できるようになって、初めてこの家の復興ができたのだと思っています。

亡くなった祖母に「世のため人のためになるような生き方をしなさい」とずっと言われてきたので、それがこれからやるべきことだと、震災をきっかけにいろいろなことが繋がって、自分の生きる道なのかなと真面目に思っています。

実際に手を動かしてやってみると、見えるものがあるから面白いです。単に構想を描いたり、絵を描くだけではやっぱりダメなんですよね。実際にやってみて、そこから返ってくるフィードバックとか、その行為自体が何事にも代えがたき、しみじみとしたものなので。そこに娘も参加させて、同じ経験を共有したうえで、時には職業人の先達の視点で娘に対してフィードバックをする。それが、僕が娘だけにしてあげられる生きた学びだと思います。お互いに本気でやるから学びも多い。だから「本気のやおやさんごっこ」なのです。

全ては僕の自己満足じゃなくて、次の世代に何か有形無形のものを両方とも残してあげたい。それがこの建物にしても土地にしても、居久根にしても、「家」を引き継いだ僕の責務だと思っています。

ちひろさんが多くの時間を過ごすキッチン

書斎・居間のスペースにはミシンも置かれた

あとがき

フィールドワーク的住宅設計を目指して

小建築を通した古建築との出会い

私がはじめて古建築の改修に携わったきっかけは、顔の見えるクライアントのプロジェクトをやりたいと思うようになった時期と重なっていた。

30歳代前半、文化庁の芸術家在外研修員として、オランダのデルフトにあるMecanooという建築設計事務所で経験を積ませて頂いた頃のことであった。短い任期で現場まで見たいという私の希望を受け入れて頂き、彼らの初期代表作でもあるロッテルダムの事務所兼用住宅を、隣地の伝統的な長屋住居と接続し、内部的に増築していくというプロジェクトに携わることになった。その長屋は、半地下と屋根裏部屋を含めて4層で構成されており、長屋部分の間貸ししていた上2層の内部と正面の19世紀の面影を残すファサードをそのまま残し、それ以外の内外を改修するというものであった。

私自身、個人住宅の設計に携わったのは、実は、その時が初めてだった。それまで、日本とイタリアの建築設計事務所で経験を積んでいたが、公共建築などの大規模建築が多く、小さくても数千平米、大きなものでは百万平米というスケールの新築プロジェクトが中心であった。こういった、いわゆるメジャープロジェクトというのは、不特定多数の人々が使う建物の設計であり、クライアントの顔が見えないがゆえ、結果として、設計の論理だけで計画が進められていくことも多かった。若い頃は実務に飢えていたこともあり、夢中で取り組み、それらはとても貴重な経験であったが、同じような経験を繰り返し積むうちに、徐々に虚しさも感じるようになっていた。その虚しさの一つは「自分はいったい、誰のために設計をしているのか」という疑問からくるものだった。消費者志向が良いと言っているのではない。むしろその逆である。都合よく設定された仮想の利用者、あるいは、普遍的な単位として見なされた人間に対して、社会資産をつくることができるという思い込みの行きつく先が、結局は設計チームの自己充足でしかないのではないのかという疑念である。実際、このようなプロジェクトの多くは、バブル期の箱モノ行政しかり、建築そのものの必要性よりも、そのプロジェクトから派生する利権や投機自体に価値が見いだされているのであって、建築家はその中でただ泳がされているだけのようにも見えることがあった。

そして、もう一つは「設計をしているようでいてしていないのではないか」という自らの職能に対する疑問からくるものだった。涼しいオフィスでカフェをすすりながらスケッチ以上図面未満らしきものを描き、他の誰かが描いた詳細図面をチェックしているだけで、自分が設計したという錯覚を覚える。そういった、いつも水上側で見下ろしているのが建築家だというような、選民思想的価値観に安住していないかと感じるようにもなっていた。

そんな虚しさが、このオランダでの事務所兼用住宅のプロジェクトに携わったことで、少し解消された。特殊なプロジェクトというわけではなかったが、初めて、地に足がついた感覚があった。オランダの建築設計事務所は施工図まで描くことで知られている。もっとも、ここでも大規模プロジェクトではアーキテクト（建築家）とテクニシャン（技術者）とに線引きされるのだが、小住宅であったことから自ら志願し、両方を経験させてもらった。とても良い機会だったので、伝統的な長屋住居の改修設計を行いながら、フルオーダーメイドの現代住宅であった主屋のディテール図面と実物とを照らし合わせながら、設計というのは元来、モノとモノとの関係性を細部の細部まで決定していくことができる仕事であることを改めて認識した。その職能の価値や可能性は正当に評価されていないようにも思うが、自分も含め、建築家自身も安易にそれを放棄してしまってはいないだろうかと、自問するようにもなった。

そのようなことを改めて考えることができたのは、今思い返せば贅沢な経験であったが、全てがうまく行ったわけではない。このプロジェクトは、分厚い実施設計図面を描き終え、本見積を業者に手配しようという矢先に、大幅な企画の見直しでリスタートすることになった。上2層部分を間貸ししていたテナントが立ち退くことになり、内部4層の全てを一住戸として改修することになった。こうして、私の任期中には現場はおろか、設計すら最後まで終わらないということになり、一部を除き実現することのない改修工事の実施設計を終えたところでゲームオーバーとなった。

オランダで不完全燃焼に終わった私は、英国に移り、同じことを再チャレンジすることにした。小さな事務所で顔の見えるクライアントの小さな仕事を、設計から現場まで、すべて経験してから日本に帰ろうと決めた。とはいえ、普通に外国人として勤めると現場まで担当させてもらえないことが多いため、英国内の工事監理経験を必要とする建築家資格（UK Part3）の取得を名目に、ロンドンの建築設計事務所で働くことにした。

ヨーロッパでは、個人住宅や小さなプロジェクトの多くは、新築ではなく改修で占められている。そして、改修される建物は、19世紀以前に建てられたような古い建物ばかりだ。大方の建物は、英国であればグレードⅡと呼ばれる日本でいう登録有形文化財か、そうでなくとも、伝統的建造物群保存地区のようなエリアに建っているものであり、それらは、正面ファサードを保存しながら内部を改修することが一般的である。一定以上の古い建物になると、サーベイヤーによる記録が残っており、どこがいつの時代のものかがわかるようになっていたが、記録に残すことが重要であり、内部において新たに施す部分については、それほど厳しい制約はなかったというのが当時の印象である。

こうして私は、顔の見えるクライアントの仕事に携わることをきっかけに、古い建物の改修をいくつか経験することになった。デザイン云々はさておき、それらは、白紙に顔の見えない人の思いを都合よく想像し、自分本位の論理で

House with Studio in Rotterdam, Extension
Mecanoo 設計による代表作で知られる事務所兼用住宅（1991 年）と隣地に建つ伝統的な長屋住居をアトリウムによって仲介することで接続し、内部的な増築を行ったプロジェクト。設計変更によって最後まで携われなかったが、著者にとって、初めての個人住宅および古建築の改修設計経験となった。
主屋は施工図まで描くオランダの建築設計事務所ならではの、フルオーダーメイドによる高度なディテールの宝庫であり、当時の実施図面をバイブルのように参照し、多くのことを学んだ。

描く絵とは異なる。決して予定調和には進まない、プロジェクトと直接的な関係を持つ具体的な人や建物との間に、バランスを見いだす貴重な経験であった。しかし、本当の意味でそれを実感したのは、独立後、自らの責においてクライアントと向き合うようになってからのことである。

別邸COCOROの経験

ヨーロッパで得た、改修と新築を分け隔てなく建築として扱う感覚は、帰国後に役に立った。独立後、まだ間もない頃に、移築古民家の改修プロジェクト「別邸COCORO」（２００８年）もその恩恵を受けたものであった。

このクライアントは当初、自分たちの別荘として解体古民家の移築活用を考えていた。しかし、基本的な軸組を組み上げた段階で、自らが経営するホテルの別邸として有効活用する方針へと舵を切り、プランも含めた計画変更を伴う改修設計コンペを開催した。そして、縁あって私が選ばれることになった。

古民家の移築と現地再生の違いは、場所に根付いた記憶がリセットされているかいないかにある。これは、建築にとって非常に大きい。また、実務的にも、建物はいったんバラされ、他の場所で組み直される際、その構造などを建築基準法に適合すべく、原則として鉄筋コンクリート造の基礎や耐力壁も施される。つまり、重要文化財を曳家するような場合を除き、古材リサイクルによる新築と同じ手続きが踏まれることになる。

しかしながら、コンペの時点で既に棟上げされ、施工が中断されていたことから、初めて現地を訪れた時、この民家は荒地に佇む廃墟のような体をなし、新築と呼べるようなものではなかった。そして、その場所とは何の関係もなく、誰かに住み継がれてきたわけでもないが、まるで昔からそこに在ったかのような存在感があった。そこで、古建築を住まい手の記憶や意味が刻まれた歴史云々ではなく、単純に、場所を構成する年輪を帯びた物理的一要素として考えた。そして、そのいわば廃墟を、隠れ家のようなものにつくり直すというシナリオを設定した。

スケルトン状態だった骨組みの中に特徴的なスペースを見いだし、それらにストーリーを与えて複数の「間」をつくる。この、まるで子供が秘密基地をつくるかのようなアプローチを通して、滞在者にとっては縁もゆかりもない建物の中にどこか懐かしさを感じさせる、しかし、どこでもない場所、非日常をつくりだそうとした。そして、そのどこでもない場所をつくるために、ステレオタイプな「和」や「洋」といった属性を微妙に外した仕上げやディテールを、既存の骨組に対比させせながら組み込んでいったことで、全体的に無国籍感のある不思議な別邸となった。

このプロジェクトは個人住宅ではなく、一棟貸しの宿泊施設という、不特定多数の人のための施設ではあったが、クライアント（＝オーナー）の顔ははっきりと見えていた。オーナー夫妻自らが、まるで、自分たちの家に人を泊めるかのように、愛情をもって設計プロセスに参加していたからである。この小建築のための視察旅行にまで誘って頂き、類似施設に宿泊して計画について語り合った記憶は今でも鮮明である。彼らは「適当な格好でデザイナーがつくってくれればよい」というような考えではなく、彼ら自身が本当に望む別邸を共につくり出したいという一心で、私に依頼してくれたのだと感じることができた。個人住宅でなくとも、「顔の見えるクライアントのための仕事」が成立する場合もあることを実感できた、貴重な経験であった。

古建築と向き合う建築家の振り幅

この別邸COCOROと、本書で紹介してきたスミツグイエは、双方共に古建築の改修であること、顔の見えるクライアントの仕事であること、建築家を単なるマンパワーとしてではなく、職能として必要としてくれたという点においては共通している。一方、様々な点において対照的ともいえる違いがあるが、古建築を扱う上での建築家の役割の振り幅も、ここに示されているように思う。

別邸COCOROは、古民家としてはそれほど古いものではないことに加え、躯体移築であること、この建物に縁もゆかりもない不特定多数の人が使う宿泊施設であることから、古民家に刻まれた意味や記憶を辿り、それらとの関係性からというよりも、即物的な新旧の応答からストーリーを組み、デザインという具体的に目に見えるかたちで表現された。また、商業系施設の宿命として、当初の意志に関わらず、ゲストの要望や流行などを反映し、短期的なサイクルで変更されていくことも予想された。

一方、スミツグイエは、文字通り、クライアントの先祖代々住み継がれてきた農家住宅の現地再生による復興プロジェクトである。デザインはしてはいるが、それはある種、「意味」の引き出しを開けるための断片に過ぎない。より重要な部分は、一連のプロセスを通じて、鉄平さんやちひろさんの内面に刻み込まれ、語り継がれていくものと

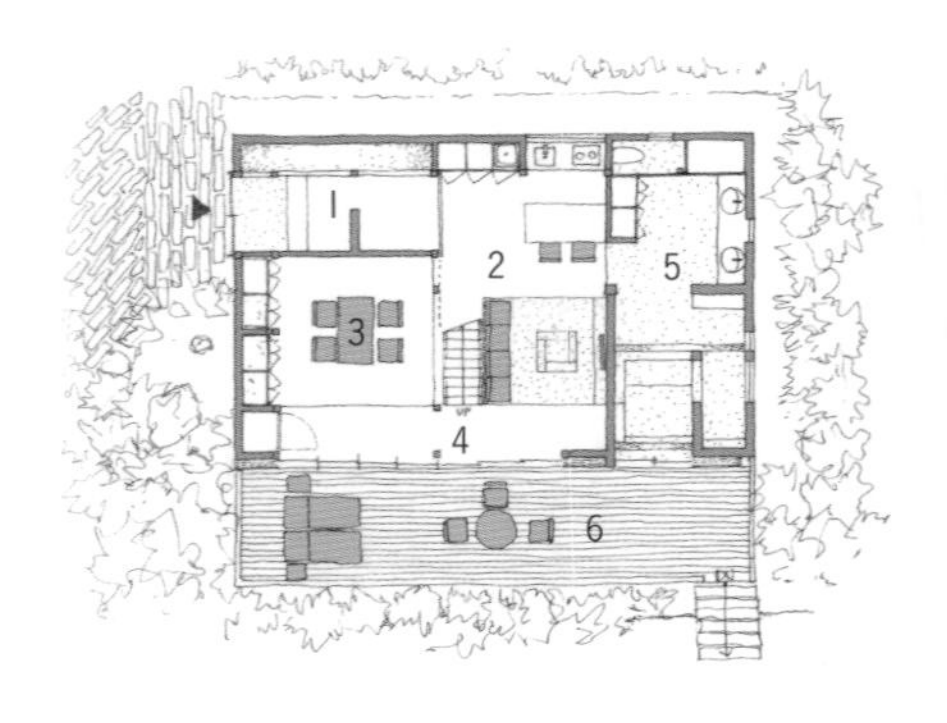

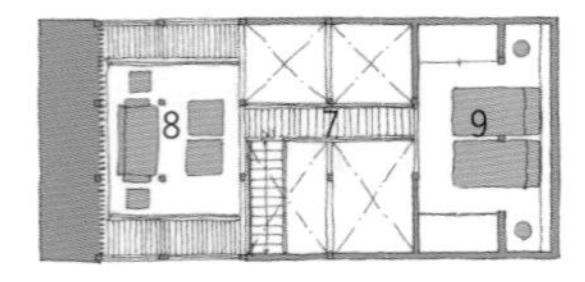

1. 玄関の間　2. 垂直の間　3. 水平の間
4. 縁側　5. 石の間　6. 濡れ縁
7. ブリッジ　8. 浮きの間　9. 穴倉の間

別邸 COCORO 平面スケッチ

垂直の間から水平の間を見る

垂直の間

濡れ縁

「間」を結ぶちょうな掛けの足触り

浮きの間・ブリッジ

石の間（浴室）

穴倉の間

石の間（洗面）

＊ p.258-259 の写真は全て別邸 COCORO

して実現したと考えている。もちろん、今後も変遷は続くであろうし、続くべきであるが、それは長期的な意志と外的要因との交渉においてであろう。そこで、本書のような体の記録として残しておくことの意義も生まれた。また、古い農家住宅は、武家屋敷や商家と異なり、圧倒的に記録を残していないことが多く、スミツグイエもその例外ではなかった。したがって、本書には、鈴木さん一家が、自分たちの豊かさのかたちを次世代へ語り継いで行くために、紛失することのない記録を残すという意味合いもある。

住宅設計をフィールドワークとして考える

この二つのプロジェクトに代表されるように、私は独立以降、古建築の改修以前に、顔の見えるクライアントを大切にしてきた。大規模から小規模、不特定多数から個人といった携わるプロジェクトの割合の変化は、「建築家スゴロク」とは真逆の経歴だ。しかし、脈略がないかに思える環境を渡り歩いた独立前の経験は決して無駄ではなかった。独立してからのプロジェクトの多くは、それらの経験を活かしつつも、独立しなければ、恐らくできなかった類のプロジェクトであると感じている。所員を雇ってプロジェクトをノルマとしてこなす経営スタンスを取ってこなかったため、良くも悪くもプロジェクト数は限定される。設計は生業の一つではあるが、ビジネスとして目的化し過ぎないようにすることで、クライアントとの出会いをいつも「奇跡」と捉え、一つ一つのプロジェクトに向き合って来た。彼らと過ごした時間は宝物であり、それ自体も、お金では評価できない報酬の一部のようなものと感じることさえある。

しかし、どうして私は、そこまでして顔の見えるクライアントの仕事にこだわるのだろうか。それは、「場所」への憧憬からである。人にとって、意味に満たされた場所での日常こそが、生きていく上での豊かさを生み出す大きな要素と考えている。ここで言う「場所」とは、人間主義地理学（現象学的地理学）のアプローチによるものだが、従来の定量的な地理的情報はもとより、人の経験を通した主観的な認識や感覚、あるいは、それらの複合的な現象とも言える相互主観的な趣にもはや留まることはない。政治や経済、その他の外的要因との力関係によって異種混淆し、絶えず生成、変化し続ける捉えにくい現象としてイメージされる。したがって、仮に場所に根付く感覚に価値を置くとしても、それは、固定的な意味での場所性を前提とするのは現実的ではない。そもそも、場所が本当に固定的であったことなどないはずだが、変化する速度が昔と今そして未来へと増加し続ける中、今や固定的であったことにすることすら無理がある。そういう流体のような場所を生きられたものとして捉えるためには、人はより能動的に場所に関わり続ける必要がある。そのために職業的建築家に何ができるだろうか。

　住まいは土地に定着する住宅とは限らないにしても、生きられた場所の最小にして最大とも言える単位である。まちづくりや公共施設、都市計画と規模が大きくなるにつれ、対象は、多様な「生きられた」を受け入れる最大公約数的な枠組みへと移動せざるを得ないからだ。しかし、より複雑系の現象としての場所に適した分析がなされ、それに基づいた不特定多数のための枠組みがつくられたとしても、結局、個々の豊かさというのは、個々の具体的な認識を通して感じ得るものである。それによって、人は豊かにもなれば貧しくもなる。したがって、人の認識力の幅や外部の力に左右される度合いの違いがどうであれ、個々の生きられた場所が具体的に生み出されるプロセスを仲介する中にも、職業的建築家の職能は見いだされ得るはずである。例えば、そのフィールドは、セルフビルド住宅と規格商品化住宅の間にあると言えるかもしれないし、名詞ではなく、動詞としての住まいを仲介する中にあると言えるかもしれない。

　つまり、「場所」を通した豊かさの実現を目指すのであれば、職業的建築家は技術者である前に、クライアントの意見に耳を傾け、感情移入的内側性のバロメータを上げ、彼らが本当に望むものが何かを共に探り続けることになる。「それは価値観の問題だから」と除外、留保するのではなく、「それは価値観の問題だから」こそ、向き合い、住まいとしての具体化を支援する。これは、営業的にクライアントに媚びるということではない。豊かさは、システムや技術、仕様といった手段だけで生み出されるものではないからだ。そして、さらに欲を言えば、そうやって実現したプロジェクトをクライアントとの間で自己完結させるのではなく、私性の社会化とも呼べる参照可能なものへと開いていくことも重要である。スミツグイエの第1期工事の時、鉄平さんとちひろさんにこのプロジェクトの記録を本にする承諾を得たのも、それが職業的建築家の職能における役割の一つであると考えたからである。

スミツグイエの第2期工事を終えた後、本書の企画に建築資料研究社出版部の編集者である鈴木さん（偶然にもクライアントと同性）が興味を示してくれた。この出会いがなければ、本書は実現していなかった。10年近くの間、書きためていた粗削りなメモを、なんとか人が読める状態にまでまとめることが出来たのは、彼の客観的な視点による編集力があったからであることは記しておかねばならない。もっとも、内容的に突っ込みどころ満載であることに変わりはないのだが、本書はいかに批判されないかを目的としているわけでもない。相対化しやすいテーマを批判することは簡単である。それよりも、私自身も気付いていない、ポテンシャルに目を向けて頂ける、次世代をつくる希有な才能の持ち主の出現を、図々しくも、心のどこかで期待していたりもする。

ここで、自分自身の日常の話を少しだけすると、私は農業を営む才能があるわけでも農地を所有しているというわけでもない。しかし、30歳代後半ぐらいから、半農半士ではないが、半農半建築士のようなスタイルに興味を持ち、現在、都市農業に力を入れる国分寺市の小さな土地の小さな家で建築士事務所を営みながら、週末だけではあるが地元の農家にボランティアに行っている。もともとは、微力ながら、地元で都市農業を応援したいと思い始めたことが、逆にたくさんの豊かさを与えてもらっている。スミツグイエとは比べものにならないが、「農」には、厳しさと表裏一体の、生活を多層的に豊かにするヒントがある気がしてならない。30歳代半ばまで遊牧民的に国内外を転々としていたが、独立後30歳代後半で「農」への興味が芽生え、40歳代になってスミツグイエに携わり、早くも10年が過ぎた。直感的ではあるが、いよいよ50歳代を迎えた私のＤＮＡにもとから組み込まれていたとしか思えないこの感覚から、目を背けるべきではないと考えている。「農」を手掛かりとした住まいの豊かさやライフスタイル、それに呼応する建築のあり方については、今後も考えていけたらと思う。

最後にこの場を借りて、改めて、スミツグイエを通して出会った鈴木さんたちを始め、プロジェクトに関わった全ての方々に、心から感謝の言葉を送らせて頂きたい。

２０２３年　6月　君塚　健太郎

写真右から著者、施主の鈴木鉄平さん、花さん、ちひろさん

スミツグイエ　第１期工事

設計・監理：きみづかアーキテクツ一級建築士事務所　君塚健太郎

耐震補強：エスフォルム　大内彰

植樹：山田茂雄造園事務所　山田茂雄　山田雄太郎

スミツグイエ　第２期工事

設計・監理：きみづかアーキテクツ一級建築士事務所　君塚健太郎

施工：共栄ハウジング　櫻井幸一

写真（特記以外）

フォトスタジオモノリス
p.1，p.2-3 上，p.4，p.5，p.8(3 点とも)，写 4-8，写 6-5，
写 7-5,11,18,21,22,25,36,37,40,45,52

中川敦玲
p.2 下，p.6，p.7(2 点とも)，p.140，写 5-6，写 7-19，p.248(2 点とも)，p.251，p.252(2 点とも)

鈴木鉄平・ちひろ（撮影・提供）
写 1-1，写 1-3～8,10～14，写 2-5,6,9,19,20，写 4-15，p.146，写 7-13，p.244，p.245，p.247

君塚健太郎
p.3 下，写 2-1,4,7,8,10～12，p.65～67(10 点)，写 2-13(2 点とも),14，p.79(2 点とも)，
写 2-15～17,21～23，写 3-1～10,11(2 点とも),12(8 点とも),13～15，p.124 (2 点とも)，
写 4-1～7,9,10(2 点とも),11～14,16，p.141～144，写 5-2,3，写 6-1,4,6～9,10(2 点とも),11，
写 7-1～4,6～8,10,12,14,16,17,20,23,24,26～35,38,39,41～44,46～51,53～58，p.258(垂直の間)

建築資料研究社
写 1-9，写 5-1，p.153 上，写 5-5,7，写 6-2，p.263

若林勇人
写 5-4

熊沢酒造（提供）
写 6-3

Christian Richters
p.255

Jimmy Cohrssen
p.258,259(垂直の間を除く)

公益財団法人 文化財建造物保存技術協会（提供）
『重要文化財関家住宅主屋・書院及び表門保存修理工事報告書』関恒三郎，2005 年
写 2-18，写 7-9

図版（特記以外）

君塚健太郎

p.9, p.10, 図 2-1, p.65, 図 2-2,4,5, p.78, p.79, p.92, p.93, 図 2-8, 図 3-1,7, 図 4-1〜6, 図 5-1, 図 6-1,2, p.183, 図 7-2〜12, p.258

IMAGES OF MEDIEVAL ART AND ARCHITECTURE BRITAIN: ENGLAND LONDON (THE PRIORY CHURCH OF ST. BARTHOLOMEW-THE-GREAT)

図 7-1

君塚 健太郎（きみづか けんたろう）
建築家、一級建築士・英国登録建築家
きみづかアーキテクツ一級建築士事務所主宰
1971 年 東京生まれ
1994 年 早稲田大学理工学部建築学科卒業、96 年同修士課程修了
1996-2001 年 日本設計勤務
2002-2003 年 Massimiliano Fuksas Architetto, Roma（イタリア）
2003-2004 年 Mecanoo Architecten, Delft（オランダ）
文化庁芸術家在外研修員
2004-2006 年 Munkenbeck + Marshall Architects,
Richard Mitzman Architects, London（イギリス）
2006 年 きみづかアーキテクツ一級建築士事務所設立（東京都国分寺市）
〈主な受賞歴〉
第 17 回 Best Store of the Year 特別賞
Design Week Awards 2009,Hospitality Environment Award (UK)
International Design Awards 2017, Bronze Award (USA) 他

スミツグイエ
東日本大震災からの古民家復興

2023 年 7 月 5 日　第 1 版第 1 刷発行
著者　　君塚健太郎
発行人　馬場栄一
発行所　株式会社 建築資料研究社
〒 171-0014
東京都豊島区池袋 2-38-1 日建学院ビル 3 階
TEL 03-3986-3239
FAX 03-3987-3256
https://www.kskpub.com/
装丁　　坂 哲二　Ricomend.jp
印刷所　シナノ印刷 株式会社

ISBN 978-4-86358-804-2